上海市哲学社会科学规划课题研究成果（2020BKS004）

法治导向：
高校思想政治教育
治理实践研究

Fazhi Daoxiang:
Gaoxiao Sixiang Zhengzhi Jiaoyu
Zhili Shijian Yanjiu

柯心 著

知识产权出版社
全国百佳图书出版单位
—北京—

图书在版编目（CIP）数据

法治导向：高校思想政治教育治理实践研究 / 柯心著 . —北京：知识产权出版社，2023. 6

ISBN 978 - 7 - 5130 - 8774 - 2

Ⅰ. ①法…　Ⅱ. ①柯…　Ⅲ. ①高等学校—思想政治教育—研究—中国　Ⅳ. ①G641

中国国家版本馆 CIP 数据核字（2023）第 094745 号

责任编辑：彭小华　　**责任校对**：潘凤越

封面设计：张国仓　　**责任印制**：孙婷婷

法治导向：高校思想政治教育治理实践研究

柯　心　著

出版发行：知识产权出版社有限责任公司　　**网　　址**：http：//www. ipph. cn

社　　址：北京市海淀区气象路 50 号院　　**邮　　编**：100081

责编电话：010 - 82000860 转 8115　　**责编邮箱**：huapxh@ sina. com

发行电话：010 - 82000860 转 8101/8102　　**发行传真**：010 - 82000893/82005070/82000270

印　　刷：北京中献拓方科技发展有限公司　　**经　　销**：新华书店、各大网上书店及相关专业书店

开　　本：880mm × 1230mm　1/32　　**印　　张**：8. 375

版　　次：2023 年 6 月第 1 版　　**印　　次**：2023 年 6 月第 1 次印刷

字　　数：202 千字　　**定　　价**：68. 00 元

ISBN 978 - 7 - 5130 - 8774 - 2

目录

CONTENTS

CHAPTER 01 >>

第一章 高校思想政治教育治理研究概述

第一节 高校思想政治教育治理研究的问题

中国共产党百年奋斗的重大成就和历史经验告诉我们，坚持中国共产党的领导是中国特色社会主义制度的根本特征和最大优势，要确保党始终总揽全局、协调各方，首要确保的就是以政治立场坚定为标准的思想纯洁与统一。思想政治教育是中国共产党的看家本领，是贯彻党的领导制度的基本工作法。思想政治教育的方向和效能，取决于自身治理水平的发展，既体现着党领导下治国理政的核心要义，也能动地反作用于国家运行社会治理的整体机器。本书对思想政治教育治理实践的研究将聚焦于特定领域——高校这一意识形态集聚地的思想政治教育治理现状及其治理实践的特定路径选择——法治导向。

一、研究背景

思想政治教育是锻造走在时代前列具有先进性和纯洁性鲜明政治品格的马克思主义政党的有力武器，是中国共产党奋斗百年取得重大成就的制胜法宝，是中国共产党带领全国各族人民实现第二个百年奋斗目标和实现中华民族伟大复兴中国梦凝心聚力的“生命线”。马克思指出：“理论一经掌握群众，也会变成物质力量。理论只要说服人，就能掌握群众；而理论只要彻底，就能说服人。”[1] 理论的说服过程，就是思想化为物质力量的过程，理论的彻底性也在说服人的过程中体现。中国共产党在百年奋斗各个鲜活生动的历史单元中，坚持唯物史观，将思想政治教育这一具备能动性的法宝与武器，以“生命线”的形式贯穿革命、建设和改革全过程，实现马克思主义“关键能行”的中国化、时代化飞跃，体现了我们党各项工作中的规律遵循和显著特质。

思想政治教育这一马克思主义实践体系中的独特武器，其自身的发展必然融合于中国共产党的百年奋斗图卷，在披荆斩棘下砥砺前行，在辉煌与成绩、苦难与曲折中螺旋上升发展。中国共产党的诞生伴随着马克思主义思想政治教育的开蒙启智，毛泽东曾经对思想教育在政治斗争中的地位加以定义，认为思想教育是团结全党的中心环节。[2] 党的历史上每一次思想的统一、力量的凝聚、成就的显现无一不体现着中国共产党思想政治教育的重要作用。因果相依，以意识形态为核心的思想政治教育植根于不断前进着的物质经济基础，在不同时段的社会大环境中，思想政治教

---

[1] 中共中央编译局：《马克思恩格斯选集（第1卷）》，人民出版社，1995，第9页。

[2] 毛泽东提出：“掌握思想教育，是团结全党进行伟大政治斗争的中心环节。”参见毛泽东：《毛泽东选集（合订本）》，人民出版社，2006，第995页。

育的具体实践有着不同的表征与内涵。《中共中央关于党的百年奋斗重大成就和历史经验的决议》提出了“要牢记中国共产党是什么、要干什么这个根本问题”，明确了当前是“比历史上任何时期都更接近、更有信心和能力实现中华民族伟大复兴的目标”的新历史方位，强调了“决不在根本性问题上出现颠覆性错误”以及要有“以咬定青山不放松的执着奋力”的信念伟力、思想定力和前进动力。因此，在新的历史方位上，要在“更接近”的阶梯上接续奋斗“再接近”，就要坚持党对一切工作的领导，坚持以人民为中心的根本立场，坚持和发展中国特色社会主义，那么从历史变革、社会需求的维度，以强有力的思想政治教育实践夯实党的建设，就是对巩固中国共产党人精神支柱，涤清中国共产党人政治灵魂，在全民族全社会层面凝聚共产主义远大理想和中国特色社会主义共同理想，实现中华民族伟大复兴中国梦的时代回应。

马克思主义认为，“理论在一个国家实现的程度，总是取决于理论满足这个国家的需要的程度”[1]。马克思主义在中国的实践自证了其科学性与真理性，历史脉搏也论证了中国选择马克思主义的正确性。一方面，思想政治教育的效能发挥，归根结底得益于马克思主义的指导，第二个百年奋斗新征程中，思想政治教育的工作实践要想得到大发展、大进步，助力中华民族赢得更加伟大的胜利和荣光，马克思主义的“指针”不可或缺；而另一方面，理论实现程度的动态实践过程，也正是理论的自我革命过程，马克思主义的思想政治教育工作也必将在马克思主义中国化实践道路上，以自身的科学化、规范化、成熟化转变来带动马克思主义理论内容的时代发展。

---

[1] 中共中央编译局：《马克思恩格斯选集（第1卷）》，人民出版社，2012，第11页。

中国特色社会主义的前进步伐，不断赋予思想政治教育新的建设动力。为了实现中华民族伟大复兴，党领导人民通过新民主主义革命“创造根本社会条件”，通过社会主义革命和建设“奠定根本政治前提和制度基础”，通过改革开放和社会主义现代化建设为实现中华民族伟大复兴“提供充满新的活力的体制保证和快速发展的物质条件”。中国特色社会主义进入新时代，社会经济关系处于新发展阶段，需要贯彻新发展理念、构建新发展格局，新时代治国理政方略必须有承载中华民族伟大复兴的宏伟目标得以实现的治理体系和治理能力与之相匹配，即在法治的轨道上实现国家治理体系与治理能力的现代化。思想政治教育作为各项工作的“生命线”，其自身治理也必将顺应这一历史潮流。

二、问题解决的必要性

思想政治教育这一“生命线”所贯穿的最为重要的一项工作就是人才培养，尤其要在高等教育方面实现“为党育人、为国育才”，实践“培养什么样的人、如何培养人以及为谁培养人”这一根本问题。青年兴则国家兴，青年强则国家强。世界各国对人才的竞争发端于高等教育，这里有国家发展所需要的知识的竞争，更有统治阶级的意识形态得以长盛不衰的立场的竞争。当今世界的竞争、意识形态的争夺，在某种意义上说就是在高校对青年学生的竞争和争夺。[1] 习近平总书记强调“中国的未来属于青年，中华民族的未来也属于青年”[2]。青年人是否秉持坚定的理想信念、

[1] 参见冯刚：《习近平关于大学生思想政治教育论述的理论蕴涵》，《重庆大学学报(社会科学版)》2018 年第 3 期。

[2] 习近平在中国政法大学考察时的讲话（2017 年 5 月 3 日），《人民日报》2017 年 5 月 4 日。

抱有健康向上的精神状态、具备全面扎实的综合素质，体现了一个国家是否富有发展活力以及核心竞争力，而这就是大学生思想政治教育更高的战略定位。能否做好大学生的思想政治教育，是事关长远的大事，能否将高校思想政治教育的改革发展问题研究清楚，是干好大事的思想基础和理论基础，这一出发点为本书聚焦高校思想政治教育治理这一题目提供了深入研究的理性空间和良好契机。

（一）落实高校立德树人根本任务的必要性

近年来，党中央作出一系列关涉高校大学生思想政治工作的重要部署：党的十八大报告指出："要坚持教育优先发展，全面贯彻党的教育方针，坚持教育为社会主义现代化建设服务、为人民服务，把立德树人作为教育的根本任务，培养德智体美全面发展的社会主义建设者和接班人。"[1] 党的十九大报告则进一步明确，"要全面贯彻党的教育方针，落实立德树人根本任务，发展素质教育，推进教育公平，培养德智体美全面发展的社会主义建设者和接班人"[2]。在2016年全国高校思想政治工作会议上，习近平总书记发表的重要讲话对高校思想政治工作提出了更新也是更高的要求。可以说，在中国向第一个百年奋斗目标冲刺的最后十年里，在对青年大学生的竞争和争夺中，思想政治工作作为高校立德树人根本任务所统领的各项任务的逻辑起点——扣好"人生的扣子"——站到了前所未有的战略高度，在意识形态领域斑驳交错

---

[1] 习近平：《坚定不移沿着中国特色社会主义道路前进　为全面建成小康社会而奋斗——在中国共产党第十八次全国代表大会上的报告》，人民出版社，2012，第35页。

[2] 习近平：《决胜全面建成小康社会　夺取新时代中国特色社会主义伟大胜利——在中国共产党第十九次全国代表大会上的报告》，人民出版社，2017，第43页。

的斗争中，高校思想政治工作坚持党的领导，坚持习近平新时代中国特色社会主义思想的正确指导，因事而化、因时而进、因势而新，结合国内外的新形势、新变化、新动向，提出了许多新观点、新论断、新要求，彰显了作为党和国家一切工作“生命线”的实践价值。

2021 年，与全国高校思想政治工作会议时隔五年，教育部召开新闻发布会总结近五年来高校思想政治工作的进展：认为取得了“格局性变化、历史性成就”❶。会上明确定位高校思想政治工作自党的十八大以来“为党和国家全局作出了积极贡献”——以大学生理想信念的巩固助力“意识形态领域形势发生全局性、根本性转变”，以大学生坚定“四个自信”促进“文化自信明显增强”，以大学生做到“两个维护”，增强“四个意识”，实现“全社会凝聚力和向心力极大提升”，具体体现在广大学生的爱党爱国爱社会主义的思想基础更加巩固，听党话跟党走的决心更加坚定，制度自信进一步增强，高校大学生意识形态认识发生决定性转变。教育部调查显示，99.4% 的学生认为“中国共产党具有无比坚强的领导力，是中国人民最可靠的主心骨”。具体来看，在思想铸魂这一根本育人主线上系统谋划整体推进习近平新时代中国特色社会主义思想进教材、进课堂、进头脑，实现了全覆盖、全方位、全融合的宣传教育；在坚持党的领导这一根本政治立场上，切实强化党对高校的全面领导，巩固了高校党的政治建设的组织保障、制度保障和机制保障；在夯实社会主义核心价值观这一根本思想基础上，持续巩固爱党、爱国、爱社会主义教育，实现了育人功

---

❶ 《关于全国高校思想政治工作会议精神贯彻落实情况》，教育部思想政治工作司，http：//www.moe.gov.cn/fbh/live/2021/53878/sfcl/202112/t20211207_585342.html，访问日期：2021 年 12 月 7 日。

能的日常融入；在思想政治工作体系建设效能提升这一根本治理目标上，聚焦四个发力点——全面推进育人体系建设、着力推动思政工作改革创新、不断加强两支队伍建设、提升协同育人工作合力，取得了显著成效。历史性成就来源于格局性变化，全国高校一盘棋，对照中央 31 号文件[1]，台账式地推进落实了 9 大类 108 项任务，持续推动新时代高校思想政治工作在实践中加强、在创新中发展。

思想政治工作是对高校立德树人根本任务的践行，只有持续纵深推进这项工作才能鲜明地凸显我国教育的社会主义性质与立德树人的质的规定性，方能揭示中国高等教育人才培养的目标（培养什么样的人）、任务（如何培养人）与要求（为谁培养人），继而真正地将这三者统一在育人育才过程中，并与国家社会各项工作紧密结合起来，培养出合格的、全面发展的社会主义建设者和接班人。也就是说，高校立德树人根本任务的质必然决定于思想政治工作的质，前者的实施完善必然需要后者的动力引擎，这也决定了高校思想政治工作相关研究的必要性。

（二）巩固和发展中国特色社会主义制度的必要性

党的百年奋斗开辟了实现中华民族伟大复兴的正确道路，中国特色社会主义制度是中国特色社会主义正确道路的制度体现。中国特色社会主义制度是中华人民共和国成立以来特别是改革开放以来我们党和国家在实践中逐步形成的，集中体现了社会主义的特点和优势，具有鲜明的本质特征，具有无比巨大的优势，是我们坚定道路自信、理论自信、制度自信、文化自信的基本依

[1] 即《关于加强和改进新形势下高校思想政治工作》，中共中央文件（中发）〔2016〕31 号。

据。把中国制度优势更好转化为国家治理效能，是实现第二个百年奋斗目标、实现中华民族伟大复兴中国梦的有力保证。习近平新时代中国特色社会主义思想明确指出："全面深化改革总目标是完善和发展中国特色社会主义制度、推进国家治理体系和治理能力现代化。"❶ 可见，在中国特色社会主义科学制度体系和国家治理现代化的道路上不断总结推进治理实践与治理理论不断取得突破进展，是中国共产党在新的历史方位上问答三个重大时代命题❷的应有之义。据此，"党不断推动全面深化改革向广度和深度进军，中国特色社会主义制度更加成熟更加定型，国家治理体系和治理能力现代化水平不断提高，党和国家事业焕发出新的生机活力"❸。

高校思想政治教育是办好中国特色社会主义大学的根本保证，也是习近平总书记治国理政新理念新思想新战略的重要工作载体。一方面，作为国家治理的有机组成部分，它是国家治理的重要形式。高校思想政治教育从观念争夺与行为规范的双重维度加强"塔尖"人才队伍对国家治理建构的驱动，进而在走向中国式现代化的进程中以"人才"为支点发挥关键作用。高校思想政治教育对"立德树人"根本任务的把握决定了其自身治理的完善需要且必须与国家治理的现实需要统一起来，实现与国家治理的理念同

---

❶ 中共中央党史和文献研究院：《习近平新时代中国特色社会主义思想学习论丛（第四辑）》，中央文献出版社，2020，第98页。

❷ 即《中共中央关于党的百年奋斗重大成就和历史经验的决议》中提出的，新时代坚持和发展什么样的中国特色社会主义、怎样坚持和发展中国特色社会主义，建设什么样的社会主义现代化强国、怎样建设社会主义现代化强国，建设什么样的长期执政的马克思主义政党、怎样建设长期执政的马克思主义政党等重大时代课题。

❸《中共中央关于党的百年奋斗重大成就和历史经验的决议》，人民出版社，2021，第26页。

向、制度同构和实践同行，从而在国家治理体系完善过程中实现自我完善。由此，高校思想政治教育才能实现自身结构体系的优化与更新，从而巩固国家治理体系和治理能力的现代化。另一方面，它是国家治理现代化精神动力的内燃机，制度优势的思想基础在于坚定“四个自信”，在于共同的理想信念、价值理念和道德观念，这些源于思想深处的内生动力，必须以能动的方式将其不断激发，方能使我们在赓续奋斗的同时不畏改革的难关，勇于继续啃硬骨头，警醒我们决不能停下脚步，决不能有松口气、歇歇脚的想法。这种能动的方式体现在高校人才培养中就是确保并提高思想政治教育的效能，其根本路径就是解决好高校思想政治教育的治理问题。

（三）实现高校思想政治教育现代化的必要性

辩证唯物主义认为事物是发展变化的，发展变化的矛盾促进着事物的发展变化。矛盾因势而变，事物的内部矛盾是事物变化发展的根本原因，事物的外部矛盾是事物变化发展的条件。在马克思主义发展观的指导下，高校思想政治教育有着决定其本质的主要矛盾，也有着影响其变化发展的其他矛盾（包括外部矛盾和内部次要矛盾），这些矛盾的运动推动着思想政治教育遵循其固有规律的运动和发展，具体来说就是“从形式上看，是螺旋式上升或波浪式前进，方向是前进上升的，道路是迂回曲折的，是前进性与曲折性的统一”。发展代表一种运动方向上的前进，因此高校思想政治教育前进上升的总体方向是客观必然的，但道路绝不会笔直无阻，而将在解决各类矛盾羁绊的曲折中上升或前进。

党的十九大判断了新时代的社会主要矛盾的新内涵。社会主要矛盾变化的客观事实关系着深入理解新时代中国特色社会主义的本质，也关系着社会主义现代化强国的建设战略。习近平总书记强调："发展是解决我国一切问题的基础和关键。"要实现党长期执政和国家长治久安，就要坚持用发展的办法解决前进中的问题，解决当前不平衡不充分的主要矛盾，上层建筑方面则着眼于中国特色社会主义制度的坚持与发展以及国家治理体系和治理能力的现代化。可以看到，在法治轨道上推进国家治理实践与治理理论不断取得突破进展的同时，高校意识形态场域内，思想政治教育治理体系与治理能力现代化的改革序幕也完全揭开，这场改革恰逢新时代社会主要矛盾发生历史性变化的重要时期，身处社会主义现代化强国建设战略之中，这是一场高校思想政治教育以现代化为目标的改革。

我们要看到高校思想政治教育的历史性成就，但也要看到改革的阻力，警惕当前存在的问题、隐藏的风险或者更加严峻的挑战，比如法治化程度较低、治理理念滞后、系统机制不健全、载体协同效能低、队伍素质不高、主体权力失衡等现状。现代化需要探索改进，高校思想政治教育治理不能只作摆在脑袋里的图纸，而应在具体实践中直面内外部的复杂矛盾及其所决定的高校思想政治教育现代化的曲折道路。这要求我们从实践的视角，在立足社会主要矛盾的大前提下，研究清楚各对矛盾的本质及其互相联系，把问题的解决摆在法治的轨道上，放在国家治理体系与治理能力现代化的进程中。一方面，运用马克思主义科学发展观破解思想政治教育改革发展中的主要矛盾并且改善次要矛盾，以系统的、实践的、发展的理论指导高校思想政治教育治理现代化；另一方面，要在理论层面对治理实践固化提炼，以推动高校思想政治教育治理理论的丰富与完善。

三、问题解决的可能性

研究高校思想政治教育治理是探索教育现代化的应有之义，在高等教育规模化发展的几十年里，关于教育现代化变革的研究层出不穷，它们积淀了丰富的理论成果，更重要的是推动了实践领域向不断创新的方向前进。值得指出的是，在新时代的历史方位上，面对新的矛盾和困难，法治轨道将为实践探索提供方向指导和道路遵循。

（一）实践导向符合高校思想政治教育治理研究的本质

高校思想政治教育是教育教学的实践活动，其治理亦在实践中发生，因此相关问题研究的本质是一个实践问题，从实践特性深入研究高校思想政治教育治理符合问题解决及路径论证的客观本质。其一，问题的设定符合实践与认识的关系。实践是认识的来源，也是检验认识真理性的标准，社会的实践蕴含着真理的认识标准。从辩证唯物主义的认识论出发，实践的观点既是第一也是基本。实事求是思想路线指出，只有人的认识符合客观规律，才能使工作符合预期、取得胜利。本书问题的设定源于高校思想政治教育治理实践的矛盾现状，思想政治教育始终贯穿于中华人民共和国成立以来的高校教育教学过程中，随着高等教育现代化转型而发展，并受内外部环境影响而变化，整体上符合社会经济的发展需求，但总是有不匹配不适应的现象存在，在新时代中就体现在思想政治教育治理实践不平衡不充分的体系矛盾上。找准问题本质就能把准研究的方向，从实践视角切入，才能够把准高校思想政治教育治理的研究方向。

其二，以实践为问题研究的逻辑出发点符合认识论的辩证法。马克思主义认为，只有人们采取了社会实践这个方法，才能检验自己对外界的认识是否符合真理性标准。“要理解，就必须从经验开始理解、研究，从经验上升到一般。”[1] 映射在高校思想政治教育治理研究的实际情形中，把目光放在治理实践过程（问题的发现——解决）中，通过路径的实验使人们达到思想中所预想的结果，进而使人们的认识被证实（办法的提出——论证），这样的研究逻辑是科学可行的。因此，本书将把高校思想政治教育治理研究的切入点扎根在实践导向方面，聚焦实践前沿、把握现实发展需求、推动研究成果的实践转化，创新工作协同机制，并最终在高校思想政治教育治理体系现代化完善路径中完成论证闭环。

其三，问题的假设观点符合时代期许。对客观世界的规律性的认识关键在于最终能动地改造世界。“没有革命的理论，就不会有革命的运动。”[2] 马克思主义看重理论，正是，也仅仅是，因为它能够指导行动。本书所假设的研究观点，是终将回到高校思想政治教育治理实践中去的结论。我们处在一个更快发展更大变革的时代中，行动与改造应该是研究的最终目的，我们从实践中得来的理论，不能把它空谈一阵，束之高阁，并不实行。否则，这种理论再好也是没有意义的，相反要推动认识的“再实践”，才能促进理论的验证与升华。因此，高校思想政治教育治理的实践研究方向符合时代期许。

（二）习近平法治思想为问题解决提供指导思想和道路遵循

高校思想政治教育相关问题的研究解决，根本上要破解自身

---

[1] 列宁：《黑格尔〈逻辑学〉一书摘要》，载《列宁全集（第55卷）》，人民出版社，1990，第175页。

[2] 列宁：《俄国社会民主党人的任务》，载《列宁全集（第2卷）》，人民出版社，1984，第443页。

治理的实效性、系统性、协调性等方面的矛盾，而这些都能统一到规范性的解决路径上。原因在于，从治理实践中升华并进一步用以指导实践的理论认识，在治国理政层面最有效最经济的固化武器就是法治，这既是习近平法治思想为问题解决给予的启发，更是其所提供的指导思想和道路遵循。

我们知道，国家是阶级矛盾不可调和的产物，国家治理现代化并不会像自然界的发展趋势那样自发地产生和发展，而必须借助人的能动作用激发发展活力、增强发展动力。中国特色社会主义制度建设的实践证明，中国式国家治理体系是具有强大生命力和巨大优越性的制度和治理体系，中国共产党人以中国化的马克思主义为指导，能动地将这一体系根深基牢地“植根中国大地和深厚中华文化”之中，是以深得人民拥护，“法律是治国之重器”[1]，全面依法治国是国家治理领域一场广泛而深刻的革命，是实现国家治理体系和治理能力现代化的必然要求——这是习近平法治思想的核心要义，也是习近平法治理论对马克思主义法治理论中国化的最新成果，巩固和发展这个体系，关键要发挥法治的重要依托作用，在法治的轨道上加以推动。

法治是治国理政的基本方式，习近平法治思想是在法治轨道上推进国家治理体系和治理能力现代化的根本遵循。[2] 它当然地为各项工作的治理现代化提供指导思想，明确了必须正确把握的重

[1] 中共中央宣传部、中央全面依法治国委员会办公室编《习近平法治思想学习纲要》，人民出版社，2021，第1页。

[2] 党的十八大以来，习近平总书记着眼国家治理面临的新形势新任务，明确要求坚持全面依法治国，体现我国国家制度和国家治理体系的显著优势，为巩固和发展“中国之治”提供重要保障。习近平法治思想，贯穿经济、政治、文化、社会、生态文明建设各个领域，涵盖改革发展稳定、内政外交国防、治党治国治军各个方面，为深刻认识全面依法治国在治国理政中的重要地位提供了科学指引，为推进国家治理体系和治理能力现代化、建设更高水平的法治中国提供了根本遵循。

大理论问题和科学方法论。因此，在国家治理现代化对思想政治教育治理提出了新要求时，必须坚持习近平法治思想的指导地位，才能在法治的轨道上研究好高校思想政治教育治理实践问题，确保思想政治教育治理依照中国特色社会主义制度展开，符合新时代中国式现代化建设要旨；才能开辟规范完善的路径解决好高校思想政治教育治理的实践矛盾，确保思想政治教育治理体现出、运用好国家制度和国家治理体系优势，符合新时代高校育人事业的新任务新要求。除此之外，习近平法治思想中深刻阐明的一些关系问题，如政治和法治、改革和法治、依法治国和以德治国、依法治国和依规治党等，都能在思想政治教育治理实践中发挥厘清思想、明辨是非、指导实践的作用。

第二节　高校思想政治教育治理研究的目的及意义

党的十八届三中全会首次提出“推进国家治理体系和治理能力现代化”，直至党的十九届四中全会，党中央专题讨论了这项全党的重大战略任务，同时将坚持和完善中国特色社会主义制度与国家治理任务两者施以战略统筹，使得在各个领域的业务工作与理论研究中，“治理现代化”已然广泛出现并逐步成为高频词汇。[1] 相关对象本体与行为的治理现代化路径研究随着社会经济发展的需

[1] 2022年1月25日，在中国知网（CNKI）中以“治理”为关键词搜索，所得文献29 237条结果，其中2012—2022年共17 233条结果；以“治理”为篇名，所得文献354 446条结果，其中2012—2022年共206 797条结果。近十年有关研究占全部“治理”研究总量的近60%。

求应运而生，思想政治教育学术界亦如此，科研工作者们敏锐地把握住了这一前沿热点，从治理的角度开启了思想政治教育新的研究视角，也取得了不少成果，但由于研究时间尚短，难免在学理性、系统性上有待完善，尤其是需要极大地丰富关于实践和问题的创新精神。因此，对思想政治教育治理现代化的研究还存在着很大的探索空间。

一、研究目的

本书是在前人研究成果的基础上，顺应思想政治教育治理研究潮流的进一步探索，即在思想政治教育治理现代化方向确定的大前提下，提出法治导向的实践路径假设，并从理论与实践层面加以论证，且期望有所创新。中央会议精神为国家治理指明了方向，同时也对思想政治教育治理提出了新要求，这一要求的落实需要在宏观层面回应国家治理新形势、新理念和新价值。法治是国家治理现代化的基本方式、重要标志和必然要求，“法治轨道”是研究中必须关注的，应放在首位。从这个研究逻辑出发，思想政治教育治理实践研究应该坚持以法治为导向，在领域内构建系统完备的法治体系，包括治理体系和治理能力现代化的目标与内涵、价值与原则、过程与实施、监督与保障等，进而对法治化涉及的思想政治教育法律基本理论创新、治理实践中的制度机制创新以及制度执行评价创新等要素进行深入研究，以上这些都需要在法治导向下审视和选择。

因此，本书研究的根本目的，是发掘分析该领域治理运行的行为机理与内在逻辑，总结其中有待法治化的体制机制，继而关联性地提出符合法治导向的高校思想政治教育治理实践中富有启发性的新观点新路径，在法治轨道上促进思想政治教育现代化的目标达成，助益高校人才培养，使其高质量完成立德树人的根本任务，确保社会根本制度的优越性得以显现。具体包括三个方面。

一是增强治理的科学性。真理是由相对走向绝对的永无止境的过程，任何一门学科的发展与成熟都不能停歇，都需要准确把握时代脉搏，与时俱进地提升自身的科学性，只有高扬科学旗帜，科学的理论和方法才能经由现象透视规律与本质。自 1984 年创立思想政治教育学科，基本理论已自成体系，而“治理”作为思想政治教育自我完善的内生行为，可以说是一项“年轻”的实践活动，这项行为是什么、为什么、怎么做，其自身有什么规律，又如何顺应思想政治教育基本规律，亟待进一步在工作上予以深化提炼，在理论上进一步创新完善。对社会发展和自我发展客观需要的理性回应，是进一步增强自身治理科学性的必然过程。

二是开拓治理的路径选择。“治理”传统上属于政治学、管理学研究范畴，法学则涉足时间尚短。但“法治”是党的十八大以来党的理论的重要创新之处，并且开创性地形成了习近平法治思想，在各领域树立了奉法强国的坚定信念，倡导了遵法治理的法治思维。在法治视野下探索思想政治教育治理的规范化完善，需要着重论证“法治”在实际工作中的必要性、可行性、引导性和合义性，充分挖掘“良法善治”的中国智慧、中国方案的丰富养分，这是确保法治在高校思想政治教育治理道路上能够起到固本清源作用的关键所在。

三是提高实践的有效性。大学是人的全面发展的关键时期，大学生的价值引领有效性关系到“人生的扣子”能否正确扣好，关系到青年一代能否成为合格的接班人。我们的研究要旨，是寻找科学的治理方式，让这项事关中国青年人的思想建设工程始终保持先进性、达成现代化的目标，最终能够匹配高校立德树人的根本任务的时代要求，最大限度地实现其应然价值，在整个中国特色社会主义制度中起到发挥优越性的保障作用，以其自身的治理完善为中国之治添砖加瓦，贡献绵薄之力。

二、研究意义

习近平总书记有关治国理政新观点新思想新战略以及加强和改进学校思想政治教育工作的重要讲话精神，对高校育人事业现代化提出了更高要求，即完善相应的治理体系并且实现治理能力有效提升。本书着重通过分析政策规范中的现有状况与问题根源，为法治导向下的治理路径提出建议，从研究意义来说，既丰富了本学科与法学交叉的基础理论内容，也为调和新矛盾、构建高校思想政治教育治理体系提供了实践关照。

（一）理论意义

高校是本学科开展研究的重点领域，专门面向高校思想政治教育治理而展开的研究方兴未艾。总体上看，研究中还主要存在基本观点有待明晰、根本性问题需要进一步深入、法治化转型亟须理论创新等薄弱之处，如相应的范畴、原则、价值理念、权利义务、治理目标、行为特征等，都要科学地进行梳理、判断和回答。要准确把握其中的理论蕴含，不但需要有科学的指导思想，更需要在实践中不断运用、探索、丰富和总结，本书将对既有理论进行归纳梳理，并从法治视角创新性地提出相应的理论假设，继而以实证法论证，以期对高校思想政治教育治理的理论内涵加以丰富。

一方面，有助于为高校育人开拓新的理论阵地。育人质量是现代大学治理能力的重要指标，是实现国家长治久安的人心基础和力量源泉，教育深化改革要从增进育人成效入手，方能发挥教育在国家治理现代化中的启智功能。本书与以往研究的不同之处在于，将改变仅仅将思想政治教育置于宏观视角的国家治理、社会治理乃至教育治理中来研究其在整体治理体系中的角色与功能这一传统思路，而以其现代化为研究先导，更加关注治理行为本体、治理主体间的关系以及治理法治化。本书将在法治中国建设的大背景下，主要聚焦于中观至微观层面，分别从治理境遇、治理行为生成、法律权利义务本源、法治化相关概念以及完善路径等方面展开研究。如此，不单有助于开拓高校育人体系新的理论阵地，也有利于重塑现代大学治理理论结构，进而从宣传教育以及意识形态等方面完善国家治理现代化理论体系。

另一方面，有助于提升高等教育领域推进全面依法治国的理论认识。法治代表着公平公正，是解决社会矛盾、平衡各类复杂利益关系最经济有效的工具。高等教育是人民群众关注度极高的公共领域，该领域能否跟上全面依法治国的步伐，决定了高等教育能否实现教育公平、能否规范有效地通过教育手段解决各类社会利益不平衡不充分的问题。因此，新时代中国高等教育治理的实质就是基于法律的治理，法治是高等教育治理的基础和保障，但囿于人们对教育“软性”的传统评价，使得教育法治化相较其他领域尤显空泛。思想政治教育是高等教育体系内的关键环节，事关合格接班人德智体美劳中“德”的方向的把握，不能因为是教育中最“软性”的部分，而忽视法治对自身治理的促进意义。本书以法治为导向完善高校思想政治教育治理，不仅为思想政治教育治理与法治的融合寻找理论依据，也为高等教育法治化、现代化的相关研究增进理性认识。

（二）现实意义

高校是思想政治教育的重要场域，立德树人的根本任务决定了它的特定社会功能，党的十九届四中全会对加强思想政治教育治理提出新要求，这既是理论的也是实践的，其复杂性和系统性需要运用学科交叉的研究范式。因此，本书从治理实践着手研究，以中国特色社会主义制度优势为基石，以法治为导向，旨在从党内法规的思想引领力、国家法律的制度约束力、法治方式的治理行动力、评价考核的责任追诉力以及治理队伍的改革创新力等方面加以实践创新，达到思想政治教育治理理论与治理实践的内在契合，这对在法治轨道上推进新时代中国高校思想政治教育治理现代化有着重要的实践意义。

一方面，有助于解决突出问题、调和突出矛盾。思想政治教育是对社会经济发展以及教育对象特质变化最为敏感的实践活动，当前许多领域正经历着从传统的管制向治理转变的过程，思想政治教育亦然。人民群众对教育的新期待带来外部压力，社会经济发展对大学生的思想素质要求与现状之间的新矛盾涌动内部压力，可见深化教育改革的迫切需要同样延伸到了这项工作中。然而问题的提出，并不代表问题能得到合适的解决，就高校思想政治教育现代化这一方面而言，改革的阻力依然存在。比如，管理惯性明显，治理意识严重缺乏，治理手段单一，治理方式行政化政策化意味仍然浓厚，治理体系法治化程度不足，等等。可见，改革之路还任重而道远，本书希望通过研究能够产出支持实践的成果，以此推动思想政治教育“灌输”的行为模式如何化“管”为“治”，以规范化的方式提升政策效力，转变改革思路，创新体制机制，从而破除传统管理带来的治理困境。

另一方面，有助于通过治理法治化完善最终实现高校育人事业的现代化。我国高校思想政治教育仍然停留在政策高位推动阶段，其根本原因在于我国高等教育整体法治化程度较低，思想政治教育法治水平更是处于起步阶段。这主要体现在思想政治教育体系中相关权利本位不清晰、法律关系模糊、管理与治理界线不明、对社会共治规定不足、权利或权力规制缺位等，由此可见，法治理念相较高等教育自身发展已明显陈旧，不适应高等教育治理改革的基本需求。对高校育人工作来说，只有加大对治理法治化的研究，才能促成思想政治教育法治体系的内容更加完善、结构更加优化，以规范化方式促进育人工作从传统的管制向治理转型，构建思想政治教育多元共治格局，并通过多元共治格局的反作用，助力高校立德树人工作的法治化运行。

第三节　高校思想政治教育治理研究的现状

本节研究数据主要来源于中国知网（CNKI）、北大法宝、教育部网站等平台。包括已发表论文的研究现状分析以及法律法规（含党内法规）与相关政策分析。

一、既有研究现状

（一）已发表论文数据

以近十年（2012—2022）[1] 为统计区间，在中国知网（CNKI）以“思想政治教育”为主题词搜索论文，共得出 163 842 条结果，进一步以“治理”为主题词，在前一步结果中搜索共得到 1 134 条结果，如表 1－1 所示，可以发现 2016 年和 2020 年论文数量增幅明显，较前一年约有 50% 的增幅，这体现了思想政治教育学科与

[1] 中国知识资源总库，检索时间为 2012 年 1 月 1 日至 2023 年 1 月 26 日。

社会发展相关照，且始终服务于党的理论创新的研究特质。

表 1－1　历年以思想政治教育为主题词的论文数量

年份	2012	2013	2014	2015	2016	2017	2018	2019	2020	2021	2022
篇数	31	37	61	69	103	128	102	148	223	229	2

众所周知，2016 年全国高校思想政治工作会议召开，掀起了高校思想政治教育研究的新一轮热潮，如何将高校立德树人的根本任务与习近平新时代中国特色社会主义思想紧密结合并开展相关研究，是当时的学术关切，其中“治理”作为习近平治国理政的重要观点，当然地撬动了高校思想政治教育治理的研究契机；2020 年则处于第一个百年奋斗目标即将达成之际，社会主义制度优越性的集中体现亟须总结各方面的制度优势和治理经验，用以拓展各项工作的治理革新，因而高校领域有关育人治理的研究也再次密集起来，热度延续到 2021 年。除此之外，思想政治教育学科论文题目中，“高校”是排名首位的高频词汇，[1] 这既说明了大学生群体作为思想政治教育对象的典型性和重要性，也说明了高校这一意识形态场域举足轻重的意义所在。2022 年是第二个百年奋斗目标的开局之年，也是全国高校思想政治工作会议召开五年后的承启之年，本书的研究主题既符合思想政治教育学科的时代走向，也符合高校人才培养的实践需求。

在中国知网（CNKI）以“思想政治教育”“治理”同为主题词搜索 CSSCI 来源期刊文章共 173 篇，如表 1－2 所示。可以看到，研究热度基本趋同前段分析，说明重要期刊对思想政治教育治理问题的关切程度。

---

[1] 张丽、裴学进：《20 年思想政治教育学科研究概况与特征探要——基于 CNKI 的中文核心期刊与 CSSCI 论文的词频分析》，《思想教育研究》2020 年第 11 期。

表1-2　CSSCI上以“思想政治教育”“治理”为主题词的论文数量

年份	2012	2013	2014	2015	2016	2017	2018	2019	2020	2021	2022
篇数	4	3	13	14	9	20	16	15	41	37	1

以“思想政治教育”“治理”同为主题词、“高校”为篇关摘搜索CSSCI来源期刊文章共53篇，见表1-3，其中全国高校思想政治工作会议召开后发表的文章为45篇，占比85%。

表1-3　CSSCI上以“思想政治教育”“治理”为主题词、“高校”为篇关摘的论文数量

年份	2012	2013	2014	2015	2016	2017	2018	2019	2020	2021	2022
篇数	0	2	3	3	2	6	7	5	15	9	1

以“思想政治教育”“治理”同为主题词、“法治”为篇关摘搜索CSSCI来源期刊文章共10篇，同样集中在2016年以后，共7篇。进而将主题词聚焦“高校思想政治教育”，其他搜索条件不变，则仅有2016年1篇文章关注高校思想政治教育治理中的法治路径。❶ 以“高校思想政治教育”为主题词，“法治”为篇关摘搜索CSSCI来源期刊文章共24篇，主要集中于探索将法治教育作为思想政治教育的重要内容融入高校立德树人过程中的重要性、必要性以及可行性，仅有3篇文章对高校思想政治教育相关体制机制模式法治化路径进行探索，❷ 且时间集中在五年以前。

❶ 韩克芳：《论国家治理现代化过程中德治与法治的结合》，《学术探索》2016年第12期。

❷ 具体包括时名早：《法治背景下高校思想政治教育体制分析》，《教育理论与实践》2016年第2期；邓叶芬：《关于高校网络思想政治教育法治化的思考》，《思想理论教育》2015第8期；王非：《法治思维在高校思想政治教育工作中的核心价值和培养模式建构探析》，《思想理论教育》2014年第6期。

通过以上论文数据分析可得，高校是本学科研究的重点场域，其中治理现代化是近十年来的显性切入点。然而治理现代化在法治轨道上的实践路径及其相应的理论基础，特别是法权基础，专门的、系统的研究则较少涉及，这与党的十九大尤其十九届四中全会后，各行各业在法治轨道上推进的治理研究热度相比有所不及，究其根源，可能仍然是思想政治教育本身重引导轻强制的特质造成的，因此在法治导向下研究高校思想政治教育治理是解决其内在矛盾的重要突破点，是对其自身完善的重要推动，但囿于既有研究成果并不丰富，本书的研究任务必然相当艰巨。

（二）已发表论文研究现状

对已发表论文的数据进行分析，得出了高校思想政治教育治理研究趋势，以下将针对 CSSCI 已发表论文的研究情况进行分析。

1. 关于思想政治教育治理基本理论

这些文章主要是有关治理本体实质与特性的直接研究。如《现代性视域中思想政治教育治理的生成逻辑、基本内涵及时代价值》[1]，《思想政治教育治理体系现代化的价值要义与基本特征》[2]，《推进新时代思想政治教育治理体系现代化》[3]，《试论现代社会的思想政治教育治理》[4]，这些文章对治理运行的生成逻辑、基本内涵、核心价值、权力向度、基本特征等基础性理论进行了论述，并逐渐体现出由个体化理论分析向整体化理论架构延展的趋势。

---

[1] 冯刚、徐先艳：《现代性视域中思想政治教育治理的生成逻辑、基本内涵及时代价值》，《教学与研究》2021 年第 5 期。

[2] 张智：《思想政治教育治理体系现代化的价值要义与基本特征》，《广西社会科学》2021 年第 12 期。

[3] 冯刚：《推进新时代思想政治教育治理体系现代化》，《中国教育报》2020 年 3 月 19 日第 5 版。

[4] 蔡如军、金林南：《试论现代社会的思想政治教育治理》，《思想理论教育》2018 年第 1 期。

这些研究主要认为，理论、实践与现实逻辑需要是生成治理的土壤，其基本内涵包括了育人理念管理弱化的转变以及育人共同体的权力协同，并在领域、环节、层级形成体系建构，且在时间维度上强调持续性、动态性和反思性，在主体多元化、形态有序化、运行开放化、组织协同化、效能显著化等方面具有特征，其价值要义在于坚持创新发展，从宏观上奠定意识形态基础进而成为实现国家发展目标的政治保障与重要支撑，从中观上实现思想政治教育内涵式发展，并从微观上促进大学生实现人的全面发展并以之为中国之治提供合格人才支撑。

关于思想政治教育治理基础理论的研究数量有限，且主要集中在近三年，可见在党的十九届四中全会之后，思想政治教育学界更加关注思想政治教育治理原发性的研究，包括其现代化进程中的新形势、新理念和新价值。尽管高校是主要的治理主体，但专门聚焦高校主体特征而展开的相关治理基础理论研究还非常少。

2. 关于高校思想政治教育治理模式选择

这些研究从不同模式的治理观念与现状着手，分析指出存在的问题与困境，进而提出改革假设与完善构思。

有一部分文章是从国家治理、社会治理框架下对思想政治教育治理模式的思考，如《国家治理现代化视域下高校思想政治教育制度建设探究》❶，确认了国家治理现代化与各领域制度完善存在目的的一致性，提出加强党对高校思想政治教育的全面领导，要把制度优势转化为实质效能的路径建议；《论治理视野下的高校思想政治教育集成创新》❷，提出高校思想政治教育治理的有

❶ 陈宗章：《国家治理现代化视域下高校思想政治教育制度建设探究》，《思想教育研究》2021 年第 1 期。

❷ 郑军：《论治理视野下的高校思想政治教育集成创新》，《江苏高教》2020 年第 2 期。

效供给侧改革需要运用集成创新思维，发挥其“互补、相容”“整体功能倍增”“融合创新”等效应，对治理目标、结构、机制等假设了基本创新路径；又如《社会治理与思想政治教育的发展》❶，主要观点为承认社会治理与思想政治教育内在关联，能够在联系中充分发挥思想政治教育的政治功能、经济功能和文化功能，推进社会治理顺利开展，提出思想政治教育要在社会治理进程中拓展教育领域，发展教育功能与教育方法，实现内涵式发展与完善。

还有一部分文章从不同的研究视角架构了治理模式。如《网络空间视域下高校思想政治教育治理的创新发展研究》❷，致力于从网络空间的系统重构与协同共建、信息生产与供需平衡、秩序调控与活力创造、动态开放与价值对话四个新层面提出更具解释力、影响力和说服力的高校网络思想政治教育治理构图；《整体性治理视阈下高校思想政治教育管理模式构建》❸，运用整体性治理理论对思想政治教育管理中出现的目标偏离或者手段冲突的问题，进行了封闭化、碎片化问题解析，提出高校思想政治教育应回归公共性，最终形成“大思政”的格局。

3. 关于高校思想政治教育治理现代化

思想引领和道德教化在各个教育阶段中都具有基础性作用，高校思想政治教育治理体系是依法治校的有机组成部分，其治理效能现代化既是自身内涵式发展的重要步伐，也是现代大学制度

---

❶ 郑永廷、田雪梅：《社会治理与思想政治教育的发展》，《思想理论教育》2017 年第 6 期。

❷ 李颖、靳玉军：《网络空间视域下高校思想政治教育治理的创新发展研究》，《重庆大学学报（社会科学版）》2020 年第 3 期。

❸ 李娜、顾永东：《整体性治理视阈下高校思想政治教育管理模式构建》，《江苏高教》2018 年第 11 期。

发展的核心环节。因此，较多文章分别从大学自治的矛盾分析、发展规律、现代化内涵等方面加以深入探索，施以高校思想政治教育治理现代化的未来展望。

比如有些研究分析高校思想政治教育当前的治理风险或内在矛盾，为治理现代化奠定了客观基础，如《新时代高校思想政治教育治理风险评估》[1]指出了新时代高校思想政治教育治理需要关注风险识别、风险分析、危机评价三个单元，以强化风险感知力、定位风险诱因、评判风险等级；如《新时代高校思想政治教育主要矛盾探析》[2]认为，当前高校思想政治教育在师资队伍、话语形式、教育载体、教育环境方面存在的问题，严重阻碍了高校育人工作中主要矛盾的化解；《新时代高校思想政治教育管理规律初论》[3]，将相关矛盾分为高校思想政治教育管理目标的稳定性与管理境况的变化性的矛盾、高校思想政治教育"主渠道"与"主阵地"的职责矛盾、高校思想政治理论课显性教学形式的直白效应与专业课隐性教育形式的意会效果的矛盾等管理规律，以期提升管理质量推进科学发展。

也有些研究分析思想政治教育模式发展历史，为治理现代化提供了历史索引，如《新中国70年思想政治教育模式发展的内在理路》[4]，归纳总结了中华人民共和国成立以来思想政治教育模式的形成和发展过程，强调党的十八大以来形成了整体化、融入式

---

[1] 陈元、黄秋生：《新时代高校思想政治教育治理风险评估》，《学校党建与思想教育》2021年第8期。

[2] 彭正德、邵似玉：《新时代高校思想政治教育主要矛盾探析》，《思想教育研究》2020年第7期。

[3] 尚磊、王习胜、吴玉剑：《新时代高校思想政治教育管理规律初论》，《思想教育研究》2020年第9期。

[4] 佘双好：《新中国70年思想政治教育模式发展的内在理路》，《南京师大学报（社会科学版）》2019年第4期。

和多样化的思想政治教育模式，文章关于思想政治教育模式变迁的分析对其从管理到治理的历史变迁有着重要的借鉴作用。

此外，还有研究思想政治教育治理现代化的实践路径的，如《思想政治教育治理现代化的内涵、特征与发展路径》[1]，在分析内涵与特征基础上，着重提出两个层面的发展路径，从治理组织上包括推进制度构建、改革创新、科学发展的现代化，从治理要素上包括主体、客体、目标、方式的现代化路径；《思想政治教育治理体系和治理能力现代化探析》[2]，则主要分析了国家体系与思想政治教育治理体系相互依存、互为促进的关系，以及两者有机统一于高校育人实践路径的必然。

值得注意的是，还有相当一部分研究是从思想政治教育对国家治理、社会治理的功能性、价值性剖析入手，这些研究也为思想政治教育治理现代化提供了不同角度的观察点。如《国家治理价值体系建设中的思想政治教育功能研究》[3]、《思想政治教育参与社会治理的路径优化》[4]、《思想政治教育：提升国家治理能力和国民素养的重要途径》[5]，他们的主要观点是：思想政治教育在国家治理价值体系建设中发挥重要功能，并在国家治理所需的主流价值体系、核心价值体系、价值共识三个层面发挥重要功能，在社

---

[1] 王学俭、阿剑波：《思想政治教育治理现代化的内涵、特征与发展路径》，《思想理论教育》2020 年第 2 期。

[2] 徐艳国：《思想政治教育治理体系和治理能力现代化探析》，《清华大学学报（哲学社会科学版）》2014 年第 3 期。

[3] 王莉：《国家治理价值体系建设中的思想政治教育功能研究》，《思想政治教育研究》2018 年第 10 期。

[4] 代玉启：《思想政治教育参与社会治理的路径优化》，《思想理论教育》2017 年第 6 期。

[5] 杨威：《思想政治教育：提升国家治理能力和国民素养的重要途径》，《思想教育研究》2015 年第 12 期。

会治理体系中，思想政治教育也以多维图谱形式呈现功能化，用核心价值引领矛盾化解和思想共识，亦有效介入社会治理个案，在丰富参与治理方式、增强参与治理维度等方面可以成为我国社会治理的软实力和巧实力。

因此，这些研究表明，把治理作为一种观念和手段引入思想政治教育，既是后者服务治理、提高自身功能的必然要求，也是在育人工作中运用新理念、新方式和新思维的现代转型需要，要从明确思想政治教育治理的内涵、制度机制完善、质量评价完善等方面加以推进。

4. 关于高校思想政治教育治理的法治化增进

法治导向下开展高校思想政治教育治理实践研究是本书的主要方法和路径选择，通过对既有文献的梳理发现，法治或法制[1]主题在思想政治教育研究领域并不陌生，尤其是党的十八大以后，法治思维、法治教育、法制完善均在该领域有所涉及，主要集中在三个方面。

一是将法治作为思想政治教育的重要组成内容加以论述和实施，围绕宪法教育、规则教育、法治思维融入思想政治教育等主题。如《对高校思想政治教育中融入法治教育的思考》[2] 一文提出，在全面推进依法治国的背景下真正让法治融入教育之中，就

---

[1] 本书中法制、法制化、法治、法治化为高频词，除引用法律法规、政策文件、研究文献的原文以及书中另有说明以外，本书中的“法制”主要指法律法规等制度性文本；“法制化”指相关制度体系的制定完善；“法治”指运用法律法规等制度来规范、治理各个社会主体行为以及关系的动态过程；“法治化”指在治理完善过程中，通过营造稳定的体系环境以及采取可持续发展的制度措施实现依法治理现代化。

[2] 林凯、周晨：《对高校思想政治教育中融入法治教育的思考》，《学校党建与思想教育》2019 年第 9 期。

需要改革融入的内容与方法、创新体制和模式，建立一套科学完整的法治教育体系；《法治社会建设视域下高等院校思想政治教育的创新》[1] 一文认为，要从高校育人体系的内在因素着手宣传法治内容，构建高等院校思想政治教育的创新平台；《将全面推进依法治国理念融入大学生思想政治教育的若干思考》[2] 一文认为，高校应抓住全面推进依法治国的契机，将这一理念及时融入青年学子的日常教育；《法治教育中的思想政治教育渗透》[3] 一文强调，法治教育与思想政治教育在教化社会主体过程中相辅相成，法治教育是思想政治教育的重要内容。

二是将主要视角置于如何灵活运用法治思维改革高校思想政治教育体制方面，具体包括挖掘核心价值、设计引入路径、创新培养模式、建构方式群落等，通过全面提升教育工作者的治理能力和治理体系的法治化水平，发挥法治育人的重要作用，达到“教育引导、政治引导、法律引导”三位一体。如《法治背景下高校思想政治教育体制分析》[4]、《关于高校网络思想政治教育法治化的思考》[5]、《法治思维在高校思想政治教育工作中的核心价值和培养模式建构探析》[6]。

三是运用法学方法论探索治理的法治化路径。如《大学治理

---

[1] 赵红梅：《法治社会建设视域下高等院校思想政治教育的创新》，《黑龙江高教研究》2017 年第 6 期。

[2] 韩宝庆：《将全面推进依法治国理念融入大学生思想政治教育的若干思考》，《思想理论教育导刊》2015 年第 12 期。

[3] 石雁：《法治教育中的思想政治教育渗透》，《思想教育研究》2013 年第 12 期。

[4] 时名早：《法治背景下高校思想政治教育体制分析》，《教育理论与实践》2016 年第 2 期。

[5] 邓叶芬：《关于高校网络思想政治教育法治化的思考》，《思想理论教育》2015 年第 8 期。

[6] 王非：《法治思维在高校思想政治教育工作中的核心价值和培养模式建构探析》，《思想理论教育》2014 年第 6 期。

视域下高校思想政治教育法制建设》[1] 一文认为，要解决当下高校思想政治教育法制建设结构体系不协调、评价体系不科学、问题解决不依法、主体覆盖不全面等现实问题，需要“构架完善的法制基本体系、落实上级的宏观法制精神、构建对等的法制权责范式和营造浓郁的法制文化氛围”等；《论法治视域下的思想政治教育治理现代化》[2] 一文则进一步提出，思想政治教育治理现代化集中体现在思想政治教育治理法治化，思想政治教育治理要运用法治的“良法”价值以实现“善治”，要以党内法规与法律的方式促进治理体系法制化和治理能力法治化，使两者共同推动思想政治教育治理现代化。

从总体上看，运用法治思维、加强法治教育、提升法治功能在高校思想政治教育研究中关联频次较高，研究成果也比较丰富。但是探索高校思想政治教育治理现代化的“良法”与“善治”的研究则颇为有限，尤其对治理行为所指向的法权基础、治理“良法”所保护的法律关系、治理实践所对应的“立法”“依法”“执法”“守法”法制体系以及相关法律法规、党内法规、党和国家政策在整个治理体系中的效力层级等均未有足够的研究。

因此，基于对国内现有研究的梳理发现：从研究对象上看，目前有关思想政治教育治理本体的研究更多的是从宏观性、理论性、概括性和引导性方面展开，而实践性、针对性和机制性的研究还远远不足，其中高校思想政治教育治理的研究也相应较少。从所运用的学科知识方面看，以思想政治教育为主，兼有管理学、

[1] 胡守敏：《大学治理视域下高校思想政治教育法制建设》，《社会科学家》2020 年第 11 期。

[2] 李淼磊、周刚志：《论法治视域下的思想政治教育治理现代化》，《思想教育研究》2021 年第 5 期。

教育学、社会学和政治学等，而作为推进“国家治理体系和治理能力现代化”最经济有效的法律手段所依托的法学学科，在现有的思想政治教育治理研究中却较少运用。从研究结论上看，实现思想政治教育治理各维度的理论跨越，阶段性地形成了价值界定、理念界定和内涵界定，回答了“是什么”“为什么”和“要怎样”的问题，在一定程度上构成思想政治教育治理的理论支撑，但从实践命题的角度，如何将科学理论应用于相应的实践需求，并在实践中通过制度机制的创新进一步完善思想政治教育治理的可操作性，即“怎么做”，还有待进一步研究。

二、法律法规与政策数据

在北大法宝中以“思想政治”以及“高校”“高等学校”“大学生”为搜索词检索中央法规文件得到159篇，其中部门规章类文件136篇、党内法规制度文件22篇、团体规定文件1篇[1]，以上文件多数集中在2004年以后颁布实施，2004年以前的仅有9篇。可见，在2004年以后中央前后发布了2篇最高层级的文件，带动高校思想政治教育作为一项独立的专项工作不断完善发展，其重要性明显提升，既体现了国家对大学生思想政治情况及其教育工作的重视，也反映高校思想政治教育在新形势中不断变革的战略需要，教育部则在中央文件精神的框架下牵头发布了一系列部门规范性文件，进一步规范工作、提高要求。以部门为发文主体的文件中，部门规章1篇[2]，部门规范性文件42篇，部门工作文件

---

[1] 《共青团中央关于进一步加强和改进大学生思想政治教育的实施意见》（中青发〔2005〕16号）。

[2] 《新时代高等学校思想政治理论课教师队伍建设规定》（教育部令〔2020〕46号）。

93 篇，规范性文件较为集中在 2004 年至 2021 年，其中涉及实质规范性内容的文件约 5 篇❶，具体数据分布见表 1 –4。

表 1 –4 在北大法宝以关键词搜索所得规范性文件数量

检索词 \ 篇数 \ 效力级别	部门规章	部门规范性文件	部门工作文件	党内法规制度	团体规定
高等学校	1	16（8篇2004年以前）	14	9	0
高校	0	25	75	10	0
大学生	0	1	4（1篇2004年以前）	3	1
合计	1	42	93	22	1

党内法规制度中，教育部党组单独发文的 6 篇，联合中宣部、中组部发文的 13 篇，中共中央、国务院发文 3 篇，具体发文时间范围为 1984 年至 2019 年。1987 年、2004 年、2016 年中央均专门针对高校思想政治教育工作发文，对该项工作给予了战略性发展性的指导意见。其余党内法规除了落实中央精神进一步规范思想政治教育工作以外，还有相应的关注要点即思想政治理论课以及思想政治教育队伍建设，见表 1 –5。

❶ 《教育部国家文物局关于充分运用革命文物资源加强新时代高校思想政治工作的意见》（文物革发〔2021〕25 号）、《教育部等八部门关于加快构建高校思想政治工作体系的意见》（教思政〔2020〕1 号）、《教育部关于印发〈高校思想政治工作专项资金管理暂行办法〉的通知》（教财〔2018〕13 号）、《教育部关于印发〈新时代高校思想政治理论课教学工作基本要求〉的通知》（教社科〔2018〕2 号）、〈教育部办公厅关于印发《贯彻落实〈高校思想政治工作质量提升工程实施纲要〉部内分工方案》的通知〉（教思政厅函〔2018〕2 号）。

表1-5　在北大法宝中的关键词搜索所得党内法规列表

年份	文件名称	关注点
2019	中共教育部党组关于印发《"新时代高校思想政治理论课创优行动"工作方案》的通知	思政课
2017	中共教育部党组关于印发《高校思想政治工作质量提升工程实施纲要》的通知	思政工作
2016	中共中央、国务院《关于加强和改进新形势下高校思想政治工作的意见》（文中简称中央31号文）	思政工作
2016	中共教育部党组关于学习贯彻落实全国高校思想政治工作会议精神的通知	思政工作
2015	中央宣传部、教育部关于印发《普通高校思想政治理论课建设体系创新计划》的通知	思政课
2013	中共中央组织部、中共中央宣传部、中共教育部党组《关于加强和改进高校青年教师思想政治工作的若干意见》	队伍建设
2013	中共中央宣传部、教育部关于开展《全国大学生思想政治教育工作测评体系（试行）》贯彻执行情况自测自评工作的通知	思政工作
2012	中共中央宣传部、教育部关于印发《全国大学生思想政治教育工作测评体系（试行）》的通知	思政工作
2010	中共中央宣传部、教育部关于高等学校研究生思想政治理论课课程设置调整的意见	思政课
2009	中共中央宣传部、教育部关于做好高校思想政治理论课骨干教师参观考察活动的通知	思政课

续表

年份	文件名称	关注点
2008	中共中央宣传部、教育部关于进一步加强高等学校思想政治理论课教师队伍建设的意见	思政课
2007	中共中央宣传部、教育部关于组织高校思想政治理论课骨干教师研修的意见	思政课
2006	中共中央宣传部、教育部、新闻出版总署关于加强高校思想政治理论课教材出版管理的通知	思政课
2005	中共中央宣传部、教育部关于印发《〈中共中央宣传部、教育部关于进一步加强和改进高等学校思想政治理论课的意见〉实施方案》的通知	思政课
2005	中共中央宣传部、教育部关于进一步加强和改进高等学校思想政治理论课的意见	思政课
2004	中共中央、国务院关于进一步加强和改进大学生思想政治教育的意见（文中简称中央 16 号文）	思政工作
2000	中共教育部党组关于印发《关于进一步加强高等学校学生思想政治工作队伍建设的若干意见》的通知	队伍建设
1999	中共教育部党组关于高等学校学习贯彻《中共中央关于加强和改进思想政治工作的若干意见》的通知	思政工作
1998	中共教育部党组关于做好秋季开学后高校师生形势与政策教育和思想政治工作的通知	思政工作
1993	中组部、中宣部、国家教委关于印发《关于新形势下加强和改进高等学校党的建设和思想政治工作的若干意见》的通知	思政工作

续表

年份	文件名称	关注点
1987	中共中央关于改进和加强高等学校思想政治工作的决定	思政工作
1984	中共中央宣传部、教育部、共青团中央关于加强高等学校毕业生思想政治教育工作的通知	思政工作

在北大法宝中以“思想政治”为搜索词搜索全文内容，人工筛选后得法律层级文件2篇，分别是《中华人民共和国高等教育法》（以下简称《高等教育法》）与《中华人民共和国教师法》（以下简称《教师法》），两部法律文件均对高校思想政治工作与思想政治教育作出相应规定。

以“思想政治”为搜索词对标题进行搜索，得地方法规规章1 128篇，其中地方规范性文件144篇，2004年以后发布的有130篇；地方工作文件970篇，2004年以后发布的有960篇；行政许可批复13篇，2004年以后发布的有11篇。在地方规范性文件中，涉及高校思想政治工作整体性要求的共2篇❶，均为对应教育部党组《高校思想政治工作质量提升工程实施纲要》的下位文件。

检索上海市地方法规规章得46篇，其中地方规范性文件8篇、地方工作文件36篇（与高校相关的29篇），行政许可批复2篇。地方规范性文件中与思想政治理论课相关的6篇，其余2篇分别涉及高校学生生活园区和民办高校学生的思想政治教育工作；与高校相关的地方工作文件中涉及思想政治理论课的28篇，其余1篇

---

❶ 中共湖南省委教育工作委员会、湖南省教育厅：《关于实施湖南省高校思想政治工作质量提升工程的意见的通知》（湘教工委发〔2019〕3号）；中共福建省委教育工委、福建省教育厅：《关于印发福建省高校思想政治工作质量提升工程实施方案的通知》（闽委教思〔2018〕59号）。

涉及大学生思想政治教育优秀工作案例选拔；行政许可批复均涉及思想政治理论课。以上规范性文件均在2004年以后发布。

第四节　本书聚焦的研究方法与创新点

一、研究方法

本书拟采取历史分析法、文献研究法、实践分析法、比较分析法、规范分析法等研究方法。

其中历史分析法通过对建党以来思想政治教育发展，结合30多年来高等教育改革历史进行研究，动态剖析我国高校思想政治教育治理问题，发掘法律颁布及政策制订对治理变革的影响，为寻找治理法治化路径推演历史逻辑。

文献研究法主要解决切入点的理论支撑，重点对现有研究成果所形成的治理理论进行归纳提炼，用以引导实践研究，另一方面法律规范、党内法规以及国家政策文件作为国家意识形态的重要载体，同样体现国家核心价值理念对思想政治教育治理实践的影响，显然也是重要的文献研究资源。

实践分析法将收集各地各高校在思想政治教育治理微观实践层面的特色做法，以开拓机制体制的创新思路，并将在一定范围内运用阶段性研究成果，对照分析其对于治理工作的实际提升效果。时代是出卷人，高校思想政治教育治理不仅是理论问题，更最终需要付诸实践，该研究方法就是要把当前经济社会发展阶段和具体的社会生存环境放进来，更要与国家治理体系和治理能力现代化建设的实践结合起来。

比较分析法将主要针对传统社会法治与思想政治教育的相关研究、新时代法治与法治导向下的思想政治教育治理研究两者进行比较，对法治有效运行的基本要素与思想政治教育治理体系有效运行的基本因素进行比较，挖掘先进实践经验和可行路径。

规范分析法是本书跨学科研究的特色所在，将对现有思想政治教育治理政策进行规范文本分析，并从规范形式、要件、关系、逻辑等角度进行实践完善。

本书主要为应用研究，最主要是运用这些方法以法治为导向推进思想政治教育治理实践，建构适用于思想政治教育治理的法治体系。过程中的难点主要是在交叉学科方法使用中要避免简单的概念挪用，而应该将交叉学科的研究范式与思想政治教育治理实践相结合，共享价值认识与研究融入，进而努力化解法治“硬法”与育人“软法”的内在冲突，寻求体系中的价值平衡点。

二、创新点

第一，研究方法创新。与治理相关的一般研究方法和手段主要围绕教育学、管理学、经济学和社会学，以此映射并获取关于高校育人工作现代化变革的经验知识，以至于以人为核心的思想政治教育治理理论在研究方法上缺乏特质感与归属感。因此，本书创新性地将法学学科的实证分析法、实践分析法、比较分析法、规范分析法等加以运用，在一定程度上为思想政治教育治理研究方法提供灵感。

第二，切入点创新。以高校思想政治教育治理的行为本源为分析切入点，分别从理论支持与实践逻辑展开治理行为的必要性与可行性论述，提出科学治理是高校思想政治教育治理矛盾运动的必经之路，也是教育现代化的应有之义，在此基础上进行与法治的关联分析，论证法治轨道是治理行为的内生选择。

第三，研究内容创新。现有关于思想政治教育治理的研究多数聚焦于治理视域中的思想政治教育，而对思想政治教育视域中的治理则关注不够，关于思想政治教育治理更多地从宏观性、理论性、概括性和引导性方面展开，并没有更多顾及治理在思想政治教育中的实操困难，从而造成理论抽象与实践具象的矛盾，造成实践性、针对性和机制性的研究还远远不足，其中高校思想政治教育治理实践的研究内容则更少。本书在研究内容上有所突破，拟在前人理论性研究的基础上，对思想政治教育治理的实践问题深入剖析，并进一步结合高校育人特点进行运用性研究。

第四，法治化路径创新。法治是最忠诚、最可信的实践保障，本书创新性地设置了高校思想政治教育治理法治化只能是“软法”的理论标靶，提出以“硬法”为主导的制度之“治”，甄别高校思想政治教育治理体系中需要法治化的要素，提出法治路径建议以强化治理约束力，如治理主体法定资格、治理法律关系、治理主体权责配置等具体方面。

第五，研究目标创新。本书为应用研究，主要服务于一线思想政治教育工作者，因此研究目标主要体现在实践运用层面，以构建体系、完善制度的路径实现其本身的科学性、系统性和可操作性。

CHAPTER 02 >> 第二章

高校思想政治教育治理的内涵与行为分析

第一节　高校思想政治教育治理的理论支撑

中央31号文件[1]精神指出，在新形势下“要推进高校思想政治工作改革创新……推动高校思想政治工作制度化”。可见，现阶段高校思想政治教育的发展目标在于前瞻性的改革创新并形成对应的制度体系，也就是通过结构性创新实现内涵式发展。这种“模式创新——制度形成——体系构建——效能提升”的进阶正是新时代“中国之治”理念在高校育人工作中的集中体现。思想政治教育既是一项教育实践活动，也涵盖在国家治理实践范畴之中，具有鲜明的政治属性和时代特质，其本身体现着对应

[1] 中共中央国务院《关于加强和改进新形势下高校思想政治工作的意见》。

的政治逻辑，因此，支撑高校思想政治教育治理的理论观点也必然蕴含着马克思主义政治立场的逻辑理路。

一、“中国之治”国家治理理论的延伸

马克思主义理论体系当中，国家治理是国家学说的重要组成部分，包括无产阶级如何夺取和建立独立政权，如何建设社会主义国家并不断向共产主义前进。中国共产党在第一个百年征程里，赓续以中国化的方式践行马克思主义国家理论。中华人民共和国成立以后，社会主义革命、建设、改革开放、现代化建设新时期直至中国特色社会主义新时代的不同历史阶段中，党的主要任务就是建设一个符合中华民族精神气质的社会主义国家，其中关键在于不断创新中国化的国家治理道路与模式，为一个落后国家如何建设成一个社会主义现代化国家探索出“中国之治”的样本参照，这一过程正是马克思国家治理理论中国化的过程。

社会阶级矛盾不可调和从而产生了“国家”这一阶级统治的工具，国家的基本职能就是阶级统治。在中国化的进程中，我们意识到国家治理不可能绕过阶级统治以及阶级性这一根本，产生于西方语境中的“治理”，显然不能直接套用于民主、法治及公民社会等情况都明显异于西方的中国，“治理行为是一种政治行为，它体现着一定的政治价值”[1]。西方所谓的治理，与中国特色社会主义国家的治理有着不同的理论逻辑，更有着不同的政治立场，其根源在于人民民主专政国家与资本主义国家在政权归属阶级的性质方面存在根本区别。这一区别提醒着我们在中国式治理的探索道路上必须坚持马克思主义国家学说的基本理论和观点。

---

[1] 俞可平：《中国的治理改革（1978—2018）》，《武汉大学学报（哲学社会科学版）》2018 年第 3 期。

“政治统治到处都是以执行某种社会职能为基础，而且政治统治只有在它执行了它的这种社会职能时才能持续下去。”❶ 当人民民主专政通过根本政治前提和制度基础得以确立时，国家治理目标即明确为维护统治地位以及确保社会的稳定发展，由此社会管理职能逐渐转变为国家的主要政治活动。社会主义国家的治理目标不单体现为物质生活的提高，同时也有精神财富的积累，是一种国家、社会、个人各层面的和谐状态。这种和谐状态既需要物质生产力的高速发展，同时也需要共同的价值理念的引领，以达到上层建筑能动于经济基础的反作用。国家治理中共同的价值理念不单单赋予统治阶级统治地位的合法性，更凝结了全社会层面团结向上的精神力量，这时国家治理的精神核心伴随着统治阶级的价值建构独立出来，滋养了思想政治教育——这一精神生产资料的生产与再生产活动，以政治价值观宣传巩固为主要形式，活动成果则是意识形态这种具有统治阶级属性的“观念上层建筑”，以意识形态构建为核心内容的思想政治教育在国家治理体系中发挥越来越重要的作用。

在社会主义国家，思想政治教育天然地继承了马克思主义国家学说的政治性、阶级性等理论观点。“支配着物质生产资料的阶级，同时也支配着精神生产资料”，“他们作为思想的生产者进行统治，他们调节着自己时代的思想的生产和分配”❷。统治阶级的政权稳固不单要控制物质的，还需要控制精神的生产资料领域，精神方面的支配活动体现在本阶级意识形态的“生产和分配”。思想政治教育就是树立与传播它的主要“生命线”。它承担着对统治阶级意识形态的叙述、传播、反馈、完善等职能，从精神层面确

---

❶ 中共中央编译局：《马克思恩格斯文集（第9卷）》，人民出版社，2009，第187页。
❷ 同上书，第550—551页。

保统治阶级的领导权、话语权，保障国家权力的实施效果，实现社会的稳定与国家的长治久安。

思想政治教育的有效性作用于主流意识形态的安全，尤其对核心价值观的生命力、凝聚力和感召力产生重要影响。高校是意识形态争夺与冲突的重要场域，大学生也是当代青年人中思想最为活跃的人群，因此高校思想政治教育具有通过治理提升效能的必要性和紧迫性，以期将其树立和巩固社会主义核心价值观的作用在中国主流年轻人中持续发挥。因此，思想政治教育活动的效能本身就是国家治理效能的组成部分，提升其效能才能保证高校稳定有序，维护国家意识形态安全，从而维护社会稳定。

中国特色社会主义的制度优势之所以得以显现，正是因为国家治理理论体现着马克思主义的思想火花，并为建设社会主义强国和实现中华民族伟大复兴提供着方方面面的理论支撑，这种理论支撑的功能发挥完整度基于中华民族整体上对中国之治理论的一致认识。故而，要提升思想政治教育治理效能也必须在坚持马克思主义政治观点以及中国特色社会主义国家治理理论框架内进行探索与创新。高校思想政治教育治理必须坚持中国共产党的领导，坚持代表人民的利益，而不能是随意的、自发的和散漫的，不能停留在学理的层面，也不能“拿来主义”“移植主义”，关键要在精神的、价值的层面确保政治立场的一致性。

二、“共同体”社会治理理论的同构

马克思对黑格尔的国家学说进行了反思，在其国家与社会相分离呈二元性关系的观点上，初步以唯物史观确立了人民是社会历史主体的理论概念，强调了社会治理理论中人本性、人民性、社会自主性的特征，这一观点意味着，回归社会是人类历史发展的趋向[1]，社会领域从国家的分离承载着人类经济社会的进步，这一进步是社会治理的生成逻辑。改革开放带来中国经济腾飞，以“国家建设”为主导的“总体性社会”日益在“多元建设”共同参与的“自主性社会”中消解。随着社会个体横向网络结成、自愿性社会组织涌现、社会自治机制生成、公民精神确立，一个边界明晰的社会领域已然形成，为社会主义性质的全新社会提供了治理契机。当前，中国社会正处于改革的攻坚克难期，艰巨复杂的社会治理任务必然需要跳出单一政府行为和单纯的政治命题，在马克思主义国家理论的指导下，回归社会进行国家与社会关系的重构，才能创造新型治理模式。

党的十八届三中全会首次提出“推进国家治理体系和治理能力现代化”[2]，并提出了“治理社会主义社会这样全新的社会”这个新问题，开启了以习近平同志为核心的党中央在全面深化改革道路上，将传统“管理”模式转向多元多向多维的立体系统治理新征程，并着力从社会治理维度创新着中国治理的本土特色。党的十九大报告进一步指出要“打造共建共治共享的社会治理格局”[3]，这体现了符合中国基本国情与发展需求的“中国之治”与“西方治理”在核心观点上的区别，凝结了中国特色社会主义社会治理理论的重要创新，具有鲜明的中国特色。党的十九届四中全会专题研究坚持和完善中国特色社会主义制度优势目标下的治理问题，并形成重要决定，进一步发展了中国特色社会主义治理理

[1] 参见刘燕妮：《“共建共治共享”社会治理的生成逻辑和制度优势》，《重庆社会科学》2022年第1期。

[2] 《中国共产党第十八届中央委员会第三次全体会议公报》，《人民日报》2013年11月13日，第1版。

[3] 习近平：《决胜全面建成小康社会 夺取新时代中国特色社会主义伟大胜利——在中国共产党第十九次全国代表大会上的报告》，人民出版社，2017，第19页。

论。决定中明确，社会治理是国家治理的重要方面，也对社会治理的体系结构作出了中国式推动，即以“党委领导”为优势，明确政府职责，运用多元化协商协同的参与方式，施以法治和科技的坚强保障，来加强和创新社会治理，提出完善正确处理新形势下人民内部矛盾有效机制，建设人人有责、人人尽责、人人享有的“社会治理共同体”[1]。“社会治理共同体”这一新表述将马克思主义的社会治理理论上升到一个新的高度，兴起的中国“公民社会”因其社会主义社会的本质，超越且跳出了西方“公民社会”由来已久的“反对国家”传统，生动地描述了治理主体之间的共同利益需求和富有活力的结构关系。在这个新的理论观点中，以中国人民和中华民族的整体利益为核心，将党委、政府、社会、公众四个关键主体划入同心圆中，发挥民主协商的制度优势，以法治提供制度保障，以科技提供动力支撑，为中国治理勾画了一幅共建共治共享的美好理论蓝图。

“社会治理共同体”的理论创新是对马克思主义人类社会理论的继承和发扬，治理共同体外部形式的有效缔结之内部前提在于价值共同体认同这一精神核心的结成，才能以多元结构实现社会和谐发展。价值共同体的形成就是社会意识形态聚合融洽直至统一的过程，其间思想政治教育以显性或隐性的“生命线”载体贯穿，从其行为本源来看，目标在于发现个人思想品德与社会意识形态之间的差序矛盾，从而推动个体化、多元化价值观念与当前社会价值共同体认同之间的矛盾差距不断趋同。思想政治教育作用于个人，却在社会各类集合之间产生政治思想联系的调节器，加强思想政治教育治理，正是要通过提高工作实

---

[1] 《中共中央关于坚持和完善中国特色社会主义制度、推进国家治理体系和治理能力现代化若干重大问题的决定》，人民出版社，2019，第40页。

效，缓解个体与价值共同体之间的矛盾，通过个体与社会的良性互动趋近价值认同，形成社会意识形态整体积极向上的良好政治环境。

思想政治教育是把价值观念进一步转化为行动的中间活动，它不可能脱离社会运行环境，必须在社会中发挥作用。因此，思想政治教育治理与社会治理在国家治理体系中以不同的执行方式，反映和反作用于国家政治实践，并达到解决社会矛盾、调节社会关系的统一目标。功能归属上的同质性，使得二者在治理理论上具有同构性。这种同构性主要体现在，首先，两者都遵循上层建筑适应和促进经济基础发展的能动性作用规律，前者解决的是思想能动性问题，后者解决的是政治能动性问题，两者统一于统治阶级的经济基础和政治需求，思想政治教育治理与社会治理都需要积极回应新时代的新矛盾，实现着适应性发展向创新性发展的跨越，并且两者均带有强烈的政治性，这为他们的互构关系提供了政治理论依据；其次，两者都需要在社会共同价值体系内“同频共振”，思想政治教育也是一项社会实践活动，在社会变化中具有变化的地位及任务，它“渗透在社会结构中，形成普遍性的表达方式”[1]，作为社会系统中的一部分与其他结构组织相互依赖作用的必然，决定了它的有效表达基于扎根社会的程度以及服务社会的质量，社会的发展变迁成为社会治理创新发展的动因，也向思想政治教育治理同向变革发出了时代诉求，两者都需要在新发展阶段的共同价值指引下，立足社会发展现状和发展要求不断更新自身，以更好地反作用于国家治理体系；最后，治理共同体的

[1] 卢岚：《思想政治教育创新：一种社会结构的视角》，《理论与改革》2018 年第 3 期。

创新为两者奠定了共同的理论基础，“共建共治共享”[1]的社会治理格局描述了治理主体的共同价值，也为思想政治教育治理确立了工作目标——确保社会主义社会与人民民主专政国家之间、人民与政府之间、个体与社会各类集合之间在共同价值上的一致性，“七位一体”的和谐结构使社会治理组织富有活力，也为思想政治教育治理规划了工作路径——构建“政府主体”或“市场主体”以外的多元主体协同平台，“人人有责、人人尽责、人人享有”为新矛盾的解决提供了一种新的思想动员，也为思想政治教育治理设定了更高的价值认同——全国各族人民共同参与的中华民族伟大复兴的中国梦。

三、人的全面发展理论的旨归

关于人性，“自由”是东西方不同社会形态下皆有的共识，但对于“自由”的不同界定以及权利指向，却有着实质区别。孟德斯鸠“天赋人权”从人的自然属性出发强调人的自由平等，推演出资本主义社会中人的基本权利，认为“人做自己的主人”，且具有“生而具有的法权”，是一种人性的法权，这种权利指向事实上是用全体人民的名义提出了资产阶级的需求；而马克思以黑格尔哲学观点为萌芽，指出“人的全面发展”的概念的基本特征，将人的全面发展主要建立在人的社会属性上，强调人的全面发展的社会本质，认为人所处于的社会关系滋养着他的发展，而人的职责使命与任务也在于贡献并最大限度地发挥自身的全部能力，包

---

[1] 党的十九届四中全会明确指出，要坚持和完善共建共治共享的社会治理制度，完善党委领导、政府负责、民主协商、社会协同、公众参与、法治保障、科技支撑的七位一体的社会治理体系，建设人人有责、人人尽责、人人享有的社会治理共同体。

括体力、智力、自然力和社会力等，以之反哺于社会，此外，他从伊壁鸠鲁的有关追求人生自由的思想出发，主张个人的本性应当是自由的[1]，并且人作为“一切社会关系的总和”[2]，其社会实践活动的需求基础在于通过改变现实环境来实现人的自由和发展，是人的完全彻底解放。

马克思主义理论体系中关于人的全面发展理论还强调，个人本身对驾驭外部世界能力的控制力，是利用客观世界孕育个体才能得以实现发展的基础。[3] 这也是学校育人工作的核心理论来源，高校思想政治教育应该以人的全面发展为治理要旨，以治理现代化目标的达成来回应马克思主义关于人性的基本思考。对于大学生而言，他们正处于一段重要的、自由而全面发展的必然时期——“拔节孕穗”期，当代大学生自由个性的养成需要从知识体系、价值观塑造以及情感心理等方面强化，而现实情况却是存在体系不完整、观念未成型以及思想不够成熟的问题，[4] 也就是说这种驾驭能力所代表的自主性、能动性甚至创造性都还处于“在路上”的努力阶段。因此，他们这样一个特殊群体，既是普遍的社会人，也是社会人中担当历史发展重任的关键人，他们在大学期间，理应在被动或主动地以外部或内部的方式获取普遍性生产资料的同时，涵养个人和社会发展所需要的思想品德，提升驾驭

---

[1] 参见陈瑞三、杨飞雪、阚迪：《马克思人的全面发展理论对高校思想政治教育工作的启示》，《辽宁大学学报（哲学社会科学版）》2018 年第 1 期。文中阐述：“马克思在其《德谟克利特的自然哲学和伊壁鸠鲁的自然哲学的差别》博士论文中，第一次阐述了其自由思想，主张个人的本性应当是自由的，哲学应为捍卫自由而战。”

[2] 中央编译局：《马克思恩格斯选集（第 1 卷）》，人民出版社，1995，第 56 页。

[3] 中央编译局：《马克思恩格斯全集（第 3 卷）》，人民出版社，1995，第 330 页。

[4] 中共中央文献研究室：《习近平关于青少年和共青团工作论述摘编》，中央文献出版社，2017，第 37 页。

各种影响个人发展的因素的能力，强化自己适应社会、参与社会的本领，在更调和的社会关系中彰显自身社会价值，促进个体的自由和全面发展。

在高校，这种内外部共同作用的渠道就是教育——“造就全面发展的人的唯一方法”[1]。教育的本质不是导向由原初派生出来的东西和平庸的知识，[2] 而是与人的全面发展的本质一致，与人的发展内在契合。高校思想政治教育的目的在于使教育对象主动“适应社会发展需要的思想改造”[3]，作为一种高等教育中的特殊形式，它侧重于用社会主流意识形态的指挥棒“直接地或间接地、明显地或隐晦地”塑造着大学生，使之具备符合社会共同价值观的思想水平、政治觉悟、道德品质、文化素养等，为参加社会生活、实现个人真正的自由而全面发展做好准备。高校思想政治教育与中小学校的思想品德教育以及针对社会群体的思想宣传引导存在区别，它更为复杂，一方面在于大学生这一精英群体对社会发展的重要性，另一方面也在于青年大学生先期对客观世界的认知初步建立，人际关系和道德品质渐趋稳定，这些给思想政治教育背后体现的意识形态控制力带来压力。因此，高校思想政治教育迫切地需要通过治理现代化来增强控制力从而缓解压力，这一需求在实现人的全面发展方面指向马克思主义科学理论的内在规定。

---

[1] 中央编译局：《马克思恩格斯选集（第3卷）》，人民出版社，2012，第710页。

[2] 雅斯贝尔斯：《什么是教育》，邹进译，生活·读书·新知三联书店，1991，第3页。书中提出：“所谓教育，不过是人对人的主体间灵肉交流活动，包括知识内容的传授、生命内涵的领悟、意志行为的规范、并通过文化传递功能，将文化遗产教给年轻一代，使他们自由地生成，并启迪其自由天性。因此教育的原则，是通过现存世界的全部文化导向人的灵魂觉醒之本源和根基，而不是导向由原初派生出来的东西和平庸的知识。”

[3] 刘雪璟：《〈德意志意识形态〉中人学思想的价值维度》，《学术探索》2015年第12期。

首先，人的全面发展既是物质的也是精神的。“思想政治工作从根本上说是做人的工作。”❶ 随着经济社会的发展，工作内容必然随着教育对象的精神需要而改变，思想政治教育治理现代化就是在人们对美好生活向往有着新期待时，为人的培养、人的发展和人的完善提供优质思想供给体系，高校思想政治教育治理的现代化程度也将决定为新时代大学生实现人的现代化——人的全面发展提供思想武器的有效性，为满足大学生作为“精神上的人”的基本需求奠定前提。

其次，以现实的人的考察代替抽象的人的考察，从根本上祛除思辨主义的“无根性”❷。人的发展受物质世界制约，跳出了西方哲学唯理主义和唯心主义关于人的认识的怪圈，它使自由实践中的人具有发展性和差异性，在差异性的基础上对人的发展给予精神支持和人文关怀，是思想政治教育治理的内驱动力。这决定了思想政治教育治理需要在马克思主义实践论的理论框架下关注人的具体需求。

最后，人的全面发展体现在个性解放与社会关系的改善上。“每一种教育制度都有其道德目标。”❸ 除了知识传授、文化传递的教育属性，对思想政治教育来说，以道德目标“试图占据并影响教育的全部课程”是意识形态价值功能的集中体现，因此它还承载着其背后教育制度社会性实质内涵之表达，意在使这种教育创造出“一种特定的人”、一个进步和谐的社会所需要的人，这种特定的人将以个人发展以及个体关系的全面改善来推动人类社会的

---

❶ 习近平：《习近平谈治国理政（第二卷）》，外文出版社，2017，第 377 页。

❷ 付文军：《自由的“双重面孔”——基于〈资本论〉及其手稿的批判性考察》，《海南大学学报（人文社会科学版）》2020 年第 5 期。

❸ 布鲁姆：《走向封闭的美国精神》，缪青等译，中国社会科学出版社，1994，第 18 页。

进步。因此，从高校所承担的社会责任来说，通过人的全面发展促进人类社会的全面发展，必须构建更加高水平的思想政治教育体系，将自由的、实践的、全面的教育事业推向现代化。

第二节　高校思想政治教育治理的发展脉络

阶级社会因不同的社会经济水平、阶级关系、历史文化传统而产生特定意识形态需求，为不同形态的思想政治教育提供时空场域，并以不同历史时期和地域国别为划分标准，将差异化的思想政治教育形态进行比较与借鉴，便于用“历史”与“别国”的他山之石来攻玉。了解高校思想政治教育在其他阶级社会与民族国家内的实施路径，方可知对其治理的“守正”与“创新”，洞悉高校思想政治教育来时之路，方可知其治理过程中的“可为”与“不可为”。

一、高校思想政治教育的历史发展

马克思主义理论体系中，阶级是一个历史概念，为阶级意识形态而服务的思想政治教育的自身发展演化必然符合历史唯物主义规律。尽管其中不可避免地存在非阶级性成分，但不同社会形态带来的阶级关系变化，促使思想政治教育的具体形态随之改变以适应变化后的教化目标——对所处社会政治观念与伦理规范的认同。思想政治教育对每一个阶级社会来说，都是“软规范”体系内不可或缺的重要组成部分。

（一）思想政治教育的历史呈现

从历史的维度看，东西方统治阶级均在时间线索上进行着与各自哲学理念、政治观点相适应的思想政治教育。在西方，以古希腊文明为代表的思想政治教育，作用于奴隶社会形态中的自由人群体，通过个人品行的塑造实现城邦公民在政治、伦理、教育等方面的高度统一，论证城邦的政治主张即奴隶制的合理性；中世纪的西方笼罩在以宗教与神学为意识形态唯一的阶级关系中，日常教化活动严格履行着宗教对世俗社会的控制，借助繁复细致的宗教叙事和宗教仪式，在政治观上向被统治阶级灌输封建社会等级意识，从而实现君权神授、教权至上的统治目的；直到文艺复兴后的资本主义社会，天赋人权的思想以人的物质与精神的同时自由为启蒙，将“人本主义”与“理性主义”带入资产阶级文化立场，以道德教育、公民教育与价值观教育为结构主体的西方近现代的资本精神思想政治教育，将肯定人的尊严价值、强调自由平等、宣扬人的主体性作为巩固资产阶级民主政治最显著的时代主题。

在时空另一端的东方，以中华文明为代表的思想政治教育，也通过独特的哲学观念经历了古代中国奴隶社会和封建社会两个时期，形成了一股相承而不曾割裂的思想源流，它发端于西周礼乐制度，集成于儒家的精神修养、道家的顺应自然、墨家的兼而友爱、法家的规范约束，最终以儒家经典理论的突显，展示了中国传统文化体系中“内圣外王”的修炼，强调个人修行与社会理想两大目标，将思想政治教育作用于个人与社会、家与国、伦理与政治的相互关系，成为协调社会关系、维护社会秩序的重要方式；民主革命至中华人民共和国成立初是中国社会形态转型的动荡时期，意识形态斗争纷繁激烈，以马克思主义为指导思想的无产阶级意识形态因其科学性、先进性、实践性最终在中国大地上扎根，被中国共产党在思想政治教育中以中国化方式加以宣传运用，如理论灌输、实践养成、物质利益、舆论宣传、典型人物与榜样示范等，这一阶段以党的制度组织为保障的思想政治教育在“实现中华民族伟大复兴创造根本社会条件”[1]的过程中开始承担“生命线”角色，发挥了不可替代的重要作用，为无产阶级政党的发展、无产阶级夺取政权、人民民主专政国家成立、人民当家作主一系列工作任务的完成提供强有力的思想保障。

可见，思想政治教育并不是社会主义形态下的独有产物，而是各个社会形态中以不同载体形式表现出来的目的性一致的社会实践活动，虽然具体内涵会随着时代的发展而不同，也会随着历史环境的改变而改变具体目标、内容、方式手段等，但宣传并巩固意识形态的价值本质依然贯穿始终，这就决定了思想政治教育的不同形态可以用普遍联系的观点加以分析，这为中国高校思想政治教育的发展研究提供了重要的思路借鉴。随着世界经济社会共同体的发展，教育对象的边界和范围呈现不断扩大的趋势，超阶级、跨阶层的协调性、融合性、凝聚性教育将成为一种客观挑战；从唯物史观上看，社会发展是连续的，作为能动性工具的思想政治教育，它的内容也应该在继承中发扬，即使在不同的社会形态中也在面临和要解决的问题方面存有共性，因而当下的思想政治教育能够从先前或晚近的社会形态中寻找这些问题的答案，可以在已有思想财富的基础上以时代新观念加以深化；思想政治教育也有物质性，受特定的生产水平与学科技术影响，然而伴随生产力的不断发展，思想政治教育的发展符合客观规律，在总体上是呈前进与上升趋势的。

---

[1] 《中共中央关于党的百年奋斗重大成就和历史经验的决议》，人民出版社，2021，第3页。

（二）中华人民共和国成立以来高校思想政治教育的发展

大学，生成于社会发展中，是培养人的社会组织，大学精神映射出社会主流意识形态的需要与期许。比如《大学》有言："大学之道，在明明德，在亲民，在止于至善。"体现了古代中国封建社会维系统治关系、社会关系所需的"德、亲、善"价值观要在大学中教育形成；以洪堡大学为代表的现代大学流派指出，国家是教学自由与研究自由的捍卫者。[1] 可见，"自由"的大学和大学的"自由"都是相对而言的，阶级的大学显然具备作为国家机构的特性，能够反映一个阶级社会主流思想的大学教育一定与该社会的精神相契合，至少就政治精神而言是如此，脱离了国家和社会的大学只能是一种概念上的教育乌托邦。

因此，尽管在新民主主义革命时期中国共产党非常重视面向青年学子开展思想政治宣传，将其作为重要的政治力量，但当代中国高校思想政治教育的发展起点，应该追寻到中华人民共和国成立后开启的中国共产党执政时期，尤其是完成社会主义改造，使马克思主义思想扎根的社会根本制度得以巩固，中国才算是进入了社会主义这样一种全新的社会形态之中，此时高校具备了社会主义大学性质，党的思想政治工作也开始融入高等教育，并在确定的根本政治前提和制度基础上不断发展起来，翻开了中国高校思想政治教育的崭新一页。围绕中华人民共和国社会经济发展程度以及党的中心任务不同，高校思想政治教育在面向社会发展所需要的思想政治素质与不同时期大学生思想意识现实状态的矛盾问题时，做到"因事而化、因时而进、因势而新"，主要体现在

---

[1] Spranger, E. (1930). Das Wesen der deutschen Universitat. In M. Doeberl, u, a. (Hg.). Das Akademische Deutschland. Band 111: Die deutschen Hochschulen in ihren Beziehungen zur Gegenwartskultur. Berlin. S. 1 – 38. Vlg. S. 1, 3, 5, 9.

三个阶段[1]。

在社会主义革命和建设时期，年轻的无产阶级政党需要巩固新生政权，带领全国各族人民恢复国民经济和实施社会主义改造，进入社会主义全面建设，完成从新民主主义到社会主义转变的主要任务。根据马克思主义意识形态理论，这一时期思想政治教育承担“社会意识对于社会存在的反作用”的社会功能以“灌输和他律”为主要方式凸显，促使“党的指导思想在全国范围内上升为国家主流意识形态，为新兴社会形态提供强大的思想保证、精神动力和舆论支持”[2]。就高校而言，由于当时社会所期待的“又红又专”的思想政治素质与学生在旧教育体制下形成的“封建的、买办的、法西斯主义的思想”[3] 现实状态存在矛盾，树立正确的阶级观念和思维方法，肃清思想余毒，在青年学生群体中发展为人民服务的思想，是当时高校思想政治教育最重要的工作内容；在社会主义进入全面建设阶段后，“多快好省地建设社会主义”[4]，促使高校思想政治教育的阶段性目标随之转变为“促进知识分子革命化和劳动化，培养无产阶级革命事业的接班人”[5]。高校思想政

---

[1] 相应阶段的划分主要依据《中共中央关于党的百年奋斗重大成就和历史经验的决议》中，对中国共产党建党百年以来取得重大成就所对应的历史时期划分，即新民主主义革命时期、社会主义革命和建设时期、改革开放和社会主义现代化建设新时期、中国特色社会主义新时代。

[2] 王树荫：《中国共产党思想政治教育史》，高等教育出版社，2018，第 139 页。书中提出：“充分运用执政党掌握的上层建筑和意识形态力量，发挥思想政治教育的优势，扩大马克思主义在中国的宣传普及，使党的指导思想上升为国家主流意识形态，同时构建适应新中国经济、政治形势和思想文化需要的思想政治教育制度，为新兴社会制度的巩固和发展提供强大的思想保证、精神动力和舆论支持，是新中国初期思想政治教育的紧迫任务。”

[3] 《普通高校思想政治理论课文献选编》，中国人民大学出版社，2008，第 7 页。

[4] 《毛泽东文集（第 8 卷）》，人民出版社，1999，第 199 页。

[5] 《中共中央文件选集（一九四九年十月——一九六六年五月）（第 48 卷）》，人民出版社，2013，第 40 页。

治教育在课程设置（思想政治理论“公共必修课”）、教学内容（马克思列宁主义基本理论类以及时事政策报告类课程）、教学方式（开设门数、设置顺序以及学时）、师资队伍配备（设立辅导员制度）等方面进行了初步探索，思想政治教育格局初步形成并走向稳定。

在改革开放和社会主义现代化建设新时期，日益壮大的无产阶级政党需要以更加开拓进取的面貌继续探索中国建设社会主义的正确道路，突破思想上的固守与封闭，将马克思主义科学真理与中国发展需求相结合，解放和发展社会生产力，既能提供充满新的活力的体制保证，又要积累支撑社会快速发展的物质条件，完成中华民族伟大复兴的阶段性任务。由此，党的工作重心转移到经济建设，国家的政治、经济、文化环境均发生了巨大变化，社会所需要的政治品德、知识结构与学生多元化思想意识之间存在矛盾。在此期间，党中央专门针对大学生思想政治工作印发了两项重要文件，分别对高校育人工作在人才培养目标以及大学生成长成才内涵方面，[1] 明确给出指示，相应的高校思想政治教育的阶段目标也进一步丰富、发展和调整。这一时期，主要以学科建设为龙头，思想政治教育成为一门独立的学科，[2] 从本科到博士层次的各级教育渐次设立，高校思想政治理论课建设不断获得政策

[1] 1987 年 5 月 29 日，中共中央印发的《中共中央关于改进和加强高等学校思想政治工作的决定》提出培养社会主义“四有”新人的阶段性目标；2004 年 8 月 26 日，中共中央、国务院印发的《关于进一步加强和改进大学生思想政治教育的意见》提出培养德智体美全面发展的社会主义合格建设者和可靠接班人的目标。

[2] 1984 年 4 月 13 日教育部印发《教育部关于在十二所院校设置思想政治教育专业的意见》，决定在南开大学、复旦大学、武汉大学等 12 所院校首批设立思想政治教育专业，进行试点。思想政治教育专业的设立推动了中国思想政治教育理论的发展，标志着“思想政治教育”正式发展成为一门独立的学科。

性支持，逐步形成了完备的学科体系，借此马克思主义理论学科内涵得到丰富，学科布局更加优化、人才队伍不断壮大。

中国特色社会主义进入新时代，党面临的主要任务是，朝着实现中华民族伟大复兴的宏伟目标继续前进。尤其是党的十八大以来，中国共产党领导广大人民为实现中国梦而努力奋斗，高校思想政治教育理所当然地肩负起了培养担当民族复兴大任的时代新人的使命，即坚持立德树人根本任务，引导大学生在“全方位、开创性”的时代中坚定理想信念，在制度建设与国家治理现代化的过程中坚定“四个自信”，在“去全球化”西方意识形态潮涌下勇于承担人类命运共同体的时代责任和历史使命，增强成才本领，努力成为德智体美劳全面发展、能够担当强国建设和民族复兴大任的时代新人。经过中华人民共和国成立以来长期的思想政治教育引领，大学生思想政治素质发展与社会发展、国家强建、民族复兴已基本同频，然而还存在“不充分”的现实矛盾，比如思想的信仰信念还不够坚定，政治的使命担当还不够自觉，价值的理想追求还不够远大等一些“有而不足”的欠缺性矛盾。以习近平同志为核心的党中央高度重视这些问题，把巩固高校意识形态阵地、加强精神文明建设融入高校思想政治工作，作为极端重要的工作来抓。2016 年召开了全国高校思想政治工作会议，出台了《关于加强和改进新形势下高校思想政治工作的意见》（中央 31 号文），党的十九大以后，全国教育工作会议提出九个“坚持”，并且进一步回答了教育的首要问题，再次强调学校各项工作的生命线是思想政治工作，随后在学校思想政治理论课教师座谈会上面向思政课教师提出“六要”要求。可以说这些渐次形成的新观点、新论断、新思想，为新时代高校思想政治教育模式重塑奠定了扎实的历史逻辑。

在新的历史方位上，高校思想政治教育正在经历战略性、人本性、场域性和技术性的转变：首先，中央31号文精神强调的“三个事关”[1]将其战略地位提升到关系党和国家事业发展的全局高度，推动它从专门化教育教学工作向整体综合化政治任务转变；其次，人民性的强调为人的全面发展提供坚实基础，人本性转变后的思想政治教育拓展到个体思想水平、政治觉悟、道德品质、文化素养等德智体美劳全面发展内容；最后，思想政治教育正在向文化领域、实践领域、社会领域及其他专业领域发生场域性的拓展，思想政治教育正在跳出传统的作用场域，走出思政课的教室，走进更广阔的天地，与其他课程协同发挥育人功能，在“守好一段渠、种好责任田”的过程中“同向同行”；除此之外，在技术环境高速发展的当下，思想政治教育在教育方式、教育手段以及教育队伍上都发生了日新月异的变化，以便适应时代的变革，满足大学生日趋多样多元的思想政治教育需求。

由此可见，中华人民共和国成立以来我国高校思想政治教育围绕党和国家的中心任务，不断顺应社会经济生产力发展，对大学生个体发展提出的新要求作出积极回应。不同阶段大学生思想政治教育的中心任务和工作重点，既取决于不同阶段大学生思想政治状况的变化，更要始终与开创、坚持和发展中国特色社会主义相适应，与我国社会发展进步要求相同步。

---

[1] 《关于加强和改进新形势下高校思想政治工作的意见》指出：“加强和改进高校思想政治工作，事关办什么样的大学、怎样办大学的根本问题，事关党对高校的领导，事关中国特色社会主义事业后继有人，是一项重大的政治任务和战略工程。”

二、高校思想政治教育治理的生成与发展

推进全面深化改革任务离不开扎实有效的思想政治工作，要让它在改革的全面深化中紧密跟进，发挥重要的引领作用。[1] 高等教育领域既有自身深化改革的任务在肩，同时也有在国家改革浪潮中培养输送有用人才的责任，高校思想政治教育需要在各项具体工作中亦步亦趋，既要强化自身建设，也要发挥改革“生命线”的功能。

（一）高校思想政治教育治理的生成推演

如前所述，中华人民共和国成立至今，“我国社会主义实践的前半程已经走过了”，高校育人工作的发展历程体现了其与社会经济“同频共振”的历史属性。植根于当下党和国家的主要历史任务——完善和发展中国特色社会主义制度以实现中华民族伟大复兴，从根本上需要对我们当前的根本制度的优越性产生由衷的自信，“制度之治”正在推动国家各个工作领域开启治理改革，高校思想政治教育治理需要也由此生成，并以实现现代化为最重要的改革目标。这里需要指出的是，思想政治教育治理的生成语境并非简单地运用不同学科，尤其是政治学的理论方法或话语体系，进行机械地剪裁拼接抑或仅凭研究兴趣使然，而是运用当下治国理政创新理论所提供的思想智慧与实践思路，真实地源自思想政治教育实践活动的丰富发展与理论研究及学科建设的内在要求，从而在意识形态工作领域形成治理转向。可见，思想政治教育治理这一问题的产生，并非是“被发明”出来的，而是“自我发现”

---

[1] 《把握改革大局自觉服从改革大局共同把全面深化改革这篇文章做好》，人民日报，2015 年 5 月 6 日，第 1 版。

的产物。

因此，高校思想政治教育治理的生成蕴含在国家治理改革背景中。首先，高校思想政治教育治理的理论生成从外部效用而言落脚于国家治理现代化理论的应有之义，使之成为“善治”理论的重要组成部分，它强调思想政治教育治理保证高校稳定有序，从而维护我国意识形态安全，为维护社会大局的稳定、国家长治久安奠定基础的理论内涵，同时明确以提高思想政治道德素养与满足人的全面发展需要为核心目标的高等教育现代化对“善治”的保障作用。其次，在新时代起点上国家治理现代化在思想政治教育场域的实践必要召唤思想政治教育治理的实践生成，后者以实现自身稳定和发展为治理目标促成国家治理整体行动目标，邓小平同志曾提及的“一整套更加成熟、更加定型的制度”中，想必也有思想政治教育治理体系和治理能力的制度总结和完善提升。最后，思想政治教育治理在生成中不断转化调整，以政策或制度载体形式对社会转型期的系统风险以及复杂挑战加以应对，即“运用制度威力应对风险挑战的冲击”[1]，使这种应对稳定可预期，实现“善治”从想法到做法，再到形成“法”的制度。

（二）高校思想政治教育治理的政策演变

思想政治教育政策承担着贯彻国家意志以及思想政治教育要求的转化职责，为思想政治教育实践提供政策依据和行动准则，高校思想政治教育的政策演变即是在政策语境下的治理发展，其实质就是高校思想政治教育治理政策的出台过程。从管理到治理，

---

❶《中共中央关于坚持和完善中国特色社会主义制度　推进国家治理体系和治理能力现代化若干重大问题的决定》，《人民日报》2019 年 11 月 6 日，第 1 版。

从政策到良法，政策是治理现代化的生成之源。

1. 改革开放前高校思想政治教育管理的政策发端

改革开放前，中国高校思想政治教育主要经历了创立—探索—曲折前进的过程，相关政策文件的主要内容体现了这项工作的重心从服务于动员大学生参与革命斗争的需要，到引领大学生思想形成国家主流意识形态，再到巩固大学生对新生社会制度的信仰以及对党和政府的信心这一发展过程。

革命时期，党的思想政治工作局限在党领导的军队和局部执政范围，大学生作为知识分子群体的一部分接受党的先进思想宣传洗礼。1937 年发布的《中共中央军委主席团命令——关于红军改编为国民革命军及加强抗日教育问题》中提到的“抗日政治课程”，1940 年下发的《关于开展抗日民主地区的国民教育的指示》中详细规定的国民教育政策，等等，[1] 在这些政策中，军队以及抗日根据地在学校教育和社会教育中开展大规模的思想政治宣传活动。在此期间，思想政治工作作为中国共产党争夺高等教育领导权的重要渠道，主要依托党的组织架构推行，如在陕北公学中有党总支和党支部，全体教职员工把思想政治工作作为自己工作的重要内容，学生会成为学校各级组织开展政治思想教育的得力助手。通过各类党的宣传政策、教育政策，高校思想政治工作得以萌芽、成形，并为今后的发展奠定了基本框架。此时，针对高校思想政治教育管理的意识初步建立，并且受到党的领导、组织架构、思想宣传等政策的重要影响。

中华人民共和国成立后，在新的经济条件下，巩固马克思主义在意识形态领域的主流地位、统一人们对新兴社会制度的思想

[1] 《中共中央文件选集（第 12 册）》，中共中央党校出版社，1991，第 328—332 页。

认同、激发人民大众对无产阶级执政形势的舆论支持等迫切要求，对高校思想政治教育提出新挑战。1951 年，第一次全国宣传工作会议精神作为党领导高校思想政治工作的政策依据，明确高校党委、党总支委员会、党支部组织架构对师生思想政治宣传的领导，确立高校思想政治工作体系的主体格局，总体上以马克思主义基本理论和毛泽东思想为内容主体来开设课程；1965 年颁布《关于政治辅导员工作条例》标志着我国全面建立了思想政治辅导员制度。此间，高校思想政治教育政策主要借鉴苏联高等教育经验，体现了党领导高校思想政治工作的革命性和彻底性，但也存在轻视思想政治理论知识、采取运动和社会实践的方式进行的弊端，在一定程度上弱化了思想政治教育政策的教育属性。

高校思想政治教育的前期发展主要涵盖于自上而下为主的整体国民性思想政治宣传活动中，大学生作为一类工作对象，其思想政治教育尚未有单独的政策文件，也未有专属的工作方法和管理模式，但若干管理要素已见诸其他政策文件，尽管存在零散性、局限性的特点，但仍然为日后高校思想政治教育管理的逐步规范奠定了组织基础、队伍基础。

2. 改革开放至党的十八大以前高校思想政治教育管理的政策发展

十一届三中全会以后，阶级斗争意识淡化，给思想政治教育政策重点提供了转向空间，思想政治教育政策开始了从工具价值向本位价值的转变之路，随着社会主义市场经济体制确立，思想政治教育政策逐渐趋于规范和科学，党中央对德育工作的重视使思想政治教育的教育属性凸显，思想政治教育政策呈现出社会本位与个人本位相结合的良好局面。在此期间，高校思想政治教育有了长足发展，高等教育系统不断恢复和加强思想政治教育管理，使其朝向专业化、系统化变革，实践中一些高校走在前列，在教育体制组织架构、学生管理工作机制、思政人员专业队伍等方面进行了有益创新，[1] 为经济转型时期高校育人工作的基本原则和价值遵循提供了现实样本。

对高校思想政治教育管理的针对性要求开始见诸中共中央层面有关高校思想政治工作的政策文件。1978 年，全国教育工作会议上提出“教育事业必须和国民经济发展的要求相适应”[2]，标志着高校思想政治教育进入规范管理轨道；同年，教育部面向全国重点高等学校提出明确要求，确立了高校党委对思想政治教育管理的领导权；[3] 1980 年，教育部、共青团中央印发文件要求从思想上“拨乱反正”，鼓励高校设立学生思想政治工作的机构、建立思想政治辅导员制度或班主任制度、首次提出学生思想政治工作干部应当具有“双线晋升”的资格，可以说，高校育人工作在组织结构、管理制度、人员保障等方面有了更加完善的政策支持，这种管理模式的进步，使得思想政治教育不再单纯作为应对阶级矛盾的工具，而是转向对大学生的思想政治觉悟引导、政治方向端正以及为人民服务思想的确立工作；1987 年，中共中央针对高等

---

[1] 如 1977 年清华大学成立党委学生部，党委学生部的成立体现了高校思想政治教育管理的一些基本原则，一是党委对高校思想政治教育工作的直接领导，此后，高校思想政治教育管理的架构虽然不断调整，但始终坚持党委领导，作为党委职能部门设置的这一原则保留了下来。二是这一职能从党委整体工作中相对独立地设置，尊重学生教育管理存在着一定的规律和特点，为此后机构、队伍、学科的相对独立和专业发展奠定了基础。

[2] 《全国教育工作会议在京隆重开幕》，《人民日报》，1978 年 4 月 23 日，第 1 版。

[3] 这一文件以 1961 年中共中央批准试行的《教育部直属高等学校暂行工作条例（草案）》为基础修订，修订后的文件将此前“高等学校的领导制度，是党委领导下的以校长为首的校务委员会负责制”改为“高等学校的领导体制实行党委领导下的校长分工责任制，系一级实行系党总支委员会制度（或分党委）领导下的系主任分工责任制，取消校务委员会，设立学术委员会”。

学校思想政治工作再次提出要“把思想政治教育与业务教学工作结合起来”，进一步明确改进学校思想政治工作的内容、形式和方法，加强和改善党对思想政治工作的领导；1994 年，经济体制发生重大变化所带来的新形势对学校德育工作提出了更高的要求，中共中央提出要根据育人总目标科学地规划不同教育阶段的德育具体内容、实施途径和方法，对工作管理体制的完善、工作评估制度的建立、德育队伍建设的加强等管理要素提出意见，成为学校德育管理专业化、规范化的政策依据。

高等教育规模化使得大学生数量日益增加，思想状况的多元特点使得高校思想政治教育亟须架构一整套完整的体制机制，高等教育管理模式的改革也为高校思想政治教育管理体制创造了外部可行性，2004 年中共中央、国务院印发文件，提出加强改进大学生思想政治教育的指导思想和基本原则，切实加强对大学生思想政治教育工作的领导，成为 21 世纪以来指导高校开展思想政治教育工作的基础文件。该文件在全局性层面构建了高校思想政治教育工作体系，要求高校对应建设高校思想政治教育管理的组织架构。[1] 借此，中共中央宣传部、教育部还下发了一系列配套文件，使高校思想政治教育管理工作日益趋向系统化、专门化。

3. 党的十八大以来高校思想政治教育治理的政策转型

在十八届三中全会上首次提出了全面深化改革总目标，党中央需要深化部署重大体制机制改革，就需要将治理理念融入这项任务之中，把完善和发展中国特色社会主义制度作为各项重点任务的战略框架。思想政治教育作为高等教育事业的“生命线”，要确保在建

---

[1] 张耀灿：《改革开放 30 年高校思想政治教育的整合发展》，《思想理论教育导刊》2009 年第 1 期。

设中国特色社会主义高校的方向下，将建构“根本制度、基本制度、重要制度”组成的治理体系，与培养社会主义合格建设者和可靠接班人的教育根本任务两者有机结合在一起。根据习近平总书记关于教育的系列重要讲话精神，落实党和国家对于高等教育现代化，包括思想政治教育贯穿教育始终这一根本要求、根本任务，思想政治教育治理体系和治理能力现代化势在必行，这是推进国家治理体系和治理能力现代化的重要环节、重要体现、重要保障。

党的十八大以后，高校思想政治教育进入从管理到治理的政策转型时期，以高校思想政治教育治理体系和治理能力现代化为指导思想，在科学化、规范化中坚定方向。2016 年，党中央提出要形成“齐抓共管的工作格局”，一方面说明了这项工作在高校办学中的重要位置，另一方面也体现了从国家治理到思想政治教育治理的政策延展，是高校思想政治教育领域对治理理论与治理实践的不断深入。会议精神涉及领导架构、工作格局、机制构建等多个方面，为形成大学生思想政治教育合力、确保思想政治工作成效指明了努力方向，对各级党委和高校思想政治教育工作者提出了明确要求。[1] 为落实此次重要会议的精神要旨，标志高校思想政治工作进入新时代的里程碑政策文件——《关于加强和改进新形势下高校思想政治工作的意见》颁布，马上成为改革创新顶层设计的政策依据，它明确指出推进高校思想政治工作改革创新的必要性与紧迫性，要求以问题导向推动工作制度化，从健全思想引导长效机制、加强载体建设、强化社校协同育人、健全高校思想政治工作评价体系等方面提出意见。自此，高校思想政治教育开启了治理体系与治理能力现代化的进程，并继而出台了一系列

---

[1] 冯刚：《习近平关于大学生思想政治教育论述的理论蕴涵》，《重庆大学学报（社会科学版）》2018 年第 3 期。

具体落实的政策文件。

2017 年至 2020 年，党和国家先后印发了一系列有关强化高校思想政治工作的政策文件，从整体规划到分步实施均有涉及。其中，《高校思想政治工作质量提升工程实施纲要》要求做到强化基础、突出重点、建立规范、落实责任，详细规划了高校思想政治工作质量体系，提出“三全育人”“十大育人体系”等一体化育人长效机制，强调办学治校与思想政治教育的协调联动，政策预期在建构系统性、长效性的工作治理体系中达成育人质量的提升；《关于加快构建高校思想政治工作体系的意见》从政策层面加强指导全面提升高校育人质量的步骤举措，明确了这一工作体系的价值指引是立德树人、运行过程包括“三个环节”、内涵组成贯通“四个体系”、目标建成符合“六项标准”，[1] 以“三全”育人体制机制为切入点，通过 8 个方面 28 个着力点对体系建构的基本思路提出细化方案。此外，针对高校思想政治教育治理体系中的关键要素，还配套出台了更为细致的落实政策，从新时代要求出发，分别对教师队伍建设改革、思想政治理论课改革创新、爱国主义教育、教育评价改革、劳动教育和美育工作提出意见。[2]

---

[1] 《教育部等八部门关于加快构建高校思想政治工作体系的意见》提出目标任务是：“健全立德树人体制机制，把立德树人融入思想道德、文化知识、社会实践教育各环节，贯通学科体系、教学体系、教材体系、管理体系，加快构建目标明确、内容完善、标准健全、运行科学、保障有力、成效显著的高校思想政治工作体系。”

[2] 对应的政策文件分别是：中共中央、国务院《关于全面深化新时代教师队伍建设改革的意见》（2018），中共中央办公厅、国务院办公厅《关于深化新时代学校思想政治理论课改革创新的若干意见》（2019），中共中央、国务院《新时代爱国主义教育实施纲要》（2019），中共中央、国务院《深化新时代教育评价改革总体方案》（2020），中共中央、国务院《关于全面加强新时代大中小学劳动教育的意见》（2020），中共中央办公厅、国务院办公厅《关于全面加强和改进新时代学校美育工作的意见》（2020 年）。

近十年来，为贯彻党中央关于治理体系与治理能力现代化的要求，提供实现教育现代化的思想保障，高校思想政治教育治理逐步形成了以《关于加强和改进新形势下高校思想政治工作的意见》为挈领的政策体系。具体就是，由中央 31 号文对新形势下的高校思想政治工作提出加强和改进的纲领性意见，明确要求推进高校思想政治工作改革创新，推动高校思想政治工作制度化的治理大方向；进而，教育部等部委从高校思想政治工作体系和工作质量方面分别提出落实意见或实施纲要，细化思想政治教育现代化的体系路径和效能体现；随后，相关配套政策以协同配合的形态陆续出台，如已经出台的爱国主义教育、劳动教育、美育工作、思想政治理论课改革创新、教师队伍建设、教育评价改革、教育督导体制机制改革等方面的文件。整个政策体系的形成与完善，一方面展示党中央决策型政策到相关领域部署型政策再到相关部门执行型政策的体系层级；另一方面也从实践方面体现了由工作体系到制度体系再到治理体系的完善脉络。

高校思想政治教育治理相关政策的变迁既体现了党和国家对该项工作的重视，也展示了思想政治教育发展过程。高校思想政治教育治理相关政策，按照效力层级依次分别是由中共中央和国务院、中共中央办公厅和国务院办公厅发布的顶层设计层面政策文件；教育部和有关部门、教育部党组和团中央等有关党群组织发布的实施指导政策文件；具体到地方上，还有具体落实政策文件，即省市一级党委和政府出台的地方性政策，再到省市教育主管部门等出台的执行性政策，等等。以此组成从中央到地方、从宏观到微观、从规划到实施的政策体系。

（三）高校思想政治教育政策的制度延展

中共十九届四中全会进一步部署了推进制度建设的重大任务

和举措，要求统筹制度改革和制度运行，发挥制度根本性、全局性特点，推动各方面制度更加成熟、更加定型，把我国制度优势更好转化为国家治理效能。“经国序民，正其制度”，国家治理体系现代化的基础是具有一个“有机的、协调的、动态的和整体的制度运行系统”[1]，从长远预期和稳定效能方面来看，制度是降低治理成本、提高治理效能的根本手段。当前，各种矛盾风险挑战相互交织、相互作用，需要制度体系协同发力、综合施策，这在高校思想政治教育治理领域亦然。大学生的教育引导面临着外部风险与内源压力的双重挑战，既要抵御经济结构转型以及科技主义盛行带来的意识形态冲突，又要克服本学科在基本理论研究体系与工作运行体系不充分不平衡的发展矛盾，如何运用制度威力应对风险挑战的冲击，是高校思想政治教育融入国家治理的全过程的应行之举，从根本上说，就是要以制度化的方式投身国家的行政体制、经济体制和社会体制建设之中。[2] 因此，高校思想政治教育制度体系的形成与完善就是其治理本身的过程化推进。

治国之重器当属法律，从工具性角度而言，法律是最稳定的制度载体，因此，从政策到制度，再到法律的上升是治理升级的必然。善治之前提当为良法，从价值性角度而言，良法承载着好的制度期许，制度之优势有运化于法治体系的自生需要。“法”与“治”的关系融合于“良”与“善”的和谐，从根本上表达了法治的核心含义。可以说，国家治理现代化与全面依法治国是目标与手段的关系，这也为高校思想政治教育治理提供了方法启发，育人事业是否能实现现代化，关键在于其治理本身是否含有制度

[1] 俞可平：《国家治理的中国特色和普遍趋势》，《公共管理评论》2019 年第 3 期。
[2] 陈宗章：《国家治理现代化视域下高校思想政治教育制度建设探究》，《思想教育研究》2021 年第 1 期。

之“法”，治理路径是否经过制度化的“法治”过程。因此，高校思想政治教育政策体系理应向着制度稳定、法治完善的方向转型。

然而当前，政策体系的制度化，法治化尚处于起步阶段，距成熟完善还有相当一段距离，这恰恰体现了以治理促效能的关键性、必要性和紧迫性。育人实践活动存在灵活多变的特点，政策工具既有原则也灵活，一方面赋予思想政治教育广阔的工作空间和创新可能，另一方面也同时存在善变性、模糊性、人治性的缺点。近年来高校思想政治教育政策文件在党中央的高度重视下频频出台，处于政策高位推进阶段，所涉及的主题涵盖方方面面，既有党的方针性文件也有国家行政命令，既有宏观规划也有具象路径，既有纲要意见也有实施办法，无论从政策渊源到效力等级，还是从具体内容到文件数量，都仍然存在系统内部难以自洽的问题，在实际工作中则体现出政策执行难、执行不到位、执行冲突等情况，直接影响政策的效力和预期，消解了其整体功能，尤其当各个思想政治教育组成环节各有分工、互不冲突又相互联系、需要协调配合共同发挥合力时，具体政策往往有“画地为牢”的趋利壁垒，这时就需要梳理现有政策体系，查缺补漏、开拓创新，进阶出一套具有共同价值取向以及原则遵循的制度体系，通过科学合理的制度安排，使之层级有序，结构合理，关系平衡，作用全面，凭借制度的可预期性、强制性和稳定性成为应对复杂风险的有力保障。

以国家法律的强制性和稳定性推动政策实施，其中“党委领导下的校长负责制”是一次成功的制度化转型。早在1978年，教育部即以暂行工作条例的形式提出高校党委应负有对思想政治教育管理的领导职责，实践证明，其后通过《中华人民共和国高等教育法》（以下简称《高等教育法》）的制度延展，原先的政策有了国家权力机关的立法保障，高校思想政治教育的领导体制也得到了进一步完善。遗憾的是，囿于教育立法的相对迟滞，相关法律多数对教育事务性事项加以立法，但缺少针对思想政治教育的条文，仅能从只言片语中体会一二，如《高等教育法》第 3 条强调了高等教育的指导思想❶，第 4 条指出大学生的培养目标中“德”为首位❷，第 39 条规定由高校党委领导学校的思想政治工作和德育工作❸，第 53 条、第 58 条规定了大学生应达到的品德要求❹。可以说，在法律位阶层面，思想政治教育的制度规范尚未形成。

近年来，部门规章、地方性法规中偶见高校思想政治教育的制度呈现，如教育部以部门规章的形式❺，针对高校辅导员队伍建设给予专项要求，详细规范了辅导员的基本素质要求、以“思

---

❶ 《高等教育法》第 3 条规定，国家坚持以马克思列宁主义、毛泽东思想、邓小平理论为指导，遵循宪法确定的基本原则，发展社会主义的高等教育事业。

❷ 《高等教育法》第 4 条规定，高等教育必须贯彻国家的教育方针，为社会主义现代化建设服务、为人民服务，与生产劳动和社会实践相结合，使受教育者成为德、智、体、美等方面全面发展的社会主义建设者和接班人。

❸ 《高等教育法》第 39 条规定，国家举办的高等学校实行中国共产党高等学校基层委员会领导下的校长负责制。中国共产党高等学校基层委员会按照中国共产党章程和有关规定，统一领导学校工作，支持校长独立负责地行使职权，其领导职责主要是：执行中国共产党的路线、方针、政策，坚持社会主义办学方向，领导学校的思想政治工作和德育工作，讨论决定学校内部组织机构的设置和内部组织机构负责人的人选，讨论决定学校的改革、发展和基本管理制度等重大事项，保证以培养人才为中心的各项任务的完成。

❹ 《高等教育法》第 53 条规定，高等学校的学生应当遵守法律、法规，遵守学生行为规范和学校的各项管理制度，尊敬师长，刻苦学习，增强体质，树立爱国主义、集体主义和社会主义思想，努力学习马克思列宁主义、毛泽东思想、邓小平理论，具有良好的思想品德，掌握较高的科学文化知识和专业技能。高等学校学生的合法权益，受法律保护。

第 58 条规定，高等学校的学生思想品德合格，在规定的修业年限内学完规定的课程，成绩合格或者修满相应的学分，准予毕业。

❺ 即 2017 年修订的《普通高等学校辅导员队伍建设规定》（教育部令第 43 号）。

想理论教育和价值引领”为核心的工作职责内容、师生比配备标准、个人职业发展配套机制等事项；针对新时代的学生管理事项也重新修订了规章[1]，在总则与学生的权利与义务等章节规定了思想政治教育的指导思想与内容、学生品德的标准等；此外，还有一些参照规范性文件发挥作用的政策，如《高等学校思想政治理论课建设标准》等，总体而言，相较于其他领域，与高校思想政治教育有关的行政法规极少，相关部门规章也仅零星可见，高校思想政治教育制度的完善显然任重而道远。为进一步提高教育法治化水平，全国人民代表大会常务委员会（以下简称全国人大常委会）在公布2021年立法工作计划时，提出要研究启动教育法典的编纂工作，实现“构建完备的教育法律法规体系，健全学校办学法律支持体系”的目标，育人工作的治理法治化也应借助这股教育法治完善的改革创新之风，以制度为核心走向治理现代化。

第三节　高校思想政治教育治理的内涵

概念是科学研究最基本的元素，对涉及本书研究对象的基础概念进行内涵阐释以及范围划界，是进一步加深理解研究对象特质并且针对性地提出解决路径的基本要素来源。因此，本节将围绕“思想政治教育”对一些相关概念进行梳理和界定，并在此基础上对其“＋治理”“＋现代化”的内涵作出进一步解读。

---

[1] 即2017年修订的《普通高等学校学生管理规定》（教育部令第41号）。

一、相关概念界定

（一）思想政治教育与思想政治工作

无论是“教育”还是“工作”，其活动实质都源自政治宣传的需要。相近的概念内涵可以追溯至首个国际无产阶级政党——共产主义者同盟成立之时对其成员提出的宣传要求，[1] 此外 1921 年通过的《中国共产党的第一个纲领》在委员会的人员组成中明确要求“……宣传委员各一人”。可见，宣传是无产阶级政党自诞生之日起就必须具备的政治本领。《〈黑格尔法哲学批判〉导言》中的经典话语“思想的闪电一旦彻底击中这块素朴的人民园地，德国人就会解放成为人”[2]，体现了马克思主义经典理论十分重视运用理论动员号召无产阶级，其群众动员思想体现在工人运动的宣传实践中；列宁则进一步针对群众动员提出“灌输”这一理论概念，用以概括工人运动中的自发性的批判；斯大林也曾使用过政治工作、思想工作、政治思想工作等概念。马克思主义话语体系中并没有直接提出思想政治教育概念，这一术语历经了中国共产党百年政治宣传工作，逐步凝结出本土化内涵，从政治功能导向到思想工作导向，之后再以教育将二者融为一体，演进形成如今的“思想政治教育”。在不同的历史方位上，中国共产党通过革命、建设和改革开放实践，结合自身使命的具体内容与工作重心，不断创造完善着中国本土化的思想政治工作、思想政治教育等概念。在党的教育方针指导下，如何针对大学生展开顺应时代声音

---

[1] 马克思、恩格斯：《共产党宣言》，人民出版社，2018，第 138 页。文中提及《共产主义者同盟章程》第 2 条规定：“盟员的条件：……（b）具有革命毅力并努力进行宣传工作。”

[2] 中央编译局：《马克思恩格斯选集（第 1 卷）》，人民出版社，2012，第 16 页。

的宣传引导，是党对高校思想政治教育提出的根本任务，然而无论形式内容或手段如何不同，满足政治需要与思想需要，并在教育轨道上相统一是其不变的本质属性。

如上所述，在内涵方面两者属于一组同生概念，都是以阶级巩固为目标对社会成员施加精神引导与塑造，以阶级认可的意识形态规约人们形成一致的政治立场与政治觉悟的社会活动，然而它们在作用范围方面则略有不同。思想政治工作往往还要辐射党的组织工作、统一战线工作、群众工作等，[1] 主要是思想政治工作中有关意识形态方面的实践活动。政策文件中多用“思想政治工作”范畴，主要着眼于该项重点工作的整体性、系统性，如《教育部等八部门关于加快构建高校思想政治工作体系的意见》有 8 个方面 28 个着力点，除了思想政治教育内涵性指向的内容外（如加强政治引领、厚植爱国情怀、强化价值引导），兼有思想政治教育外延性指向内容，即思想政治工作有关保障配套等内容（如队伍建设体系、评估督导体系、组织领导和实施保障）。

20 世纪 80 年代初，中共中央印发了关于职工思想政治工作相关文件，提出工作专门化要向教育专业化发展的建议，首次在政策内容中将“思想政治教育”与“思想政治工作”区别使用，前者逐步从一种专业教育或学习的层面，在后者的主要工作内容中脱离出来并发展壮大，直至在某些领域两者可以通用。总体来说，前者更多地指代一种作用于人的思想并受政治制约的教育实践活动，[2] 强调手段上的柔性特点，[3] 高校的思想政治教育一般称为

[1] 郑永廷：《思想政治教育学原理》，高等教育出版社，2016，第 3 页。
[2] 陆庆壬：《思想政治教育学原理》，高等教育出版社，1991，第 3—5 页。
[3] 李合亮：《思想政治教育探本——关于其源起及本质的研究》，人民出版社，2007，第 186 页。

“德育”。

因此，两个概念有实践外延与学科内涵之相互关系。鉴于本书的研究属性，统一以思想政治教育为核心词对应其治理体系和治理能力的现代化，但并不表明摒弃思想政治工作的整体性、系统性和实践性。正因两者互为表里的关系所在，且为确保研究内容所涉概念与政策文件所用概念的内涵关联，在未作出特殊说明之处，在本书中，思想政治教育与思想政治工作采相同之意。

（二）高等教育现代化与高校思想政治教育现代化

高等教育现代化显然包含于建设教育强国的建设任务之中，教育现代化是“四个全面”战略布局下教育工作的新目标、新要求。高等教育作为学校教育的后端环节，对培养多元化、专门化人才有着更为关键的作用，无论是实现高质量教育还是培养高素质人才，都涉及全方位的转型变革，将关系到多方利益兼顾且最大化，这一系统工程的核心指向“人”的现代性增长，这与思想政治教育追求大学生全面发展理念不谋而合，可见，作为高校立德树人的基础工作，其学科发展与工作质量现代化皆顺应其中之义。

现代化就是持续的结构分化和变迁，[1] 就是以完善优化为目标的从既有状态向现代样态动态发展的过程。高等教育现代化即针对高等教育发展而言，是从理论到体系再到能力的不断变革完善、优化提升的进程。中华人民共和国成立以来，国家意志一直主导中国的教育发展，高校办学在党的领导下遵循国家本位的制度逻辑向现代化展开，经历了从“全面学苏”到自主探索、再到内涵

---

[1] 艾森斯塔德：《现代化：抗拒与变迁》，张旅科、沈原、陈育国等译，中国人民大学出版社，1988，第6页。

式提升阶段，从最初的外生性驱动到内生性催发，从单一性、排他性的模仿到政治化、本土化建设，中国力图在自主探索中超越模仿，实现高等教育现代化的快速赶超。高等教育改革后，已然建立起一套具有中国特色的高等教育体系。[1] 中国的高等教育也正身处百年未有之大变局，高等教育现代化还需要回答一系列时代之问：如何保持自身发展的独立性？如何脱身附庸而成为世界高等教育规则的制定者？如何协同乃至领先社会时代需要？如何促进和保障人的现代性显著成熟的增长，最终助力教育强国的目标实现？总而言之，高等教育现代化就是要在“十四五”深化教育领域综合改革之际，在教育水平方面顺应教育综合实力的发展趋势，优化同新的发展格局相适应的高等教育体系，在教育价值理念方面形成先进的教育体系和育人模式，统筹推进育人方式、办学模式、管理体制等改革，其中关键是要推进高等教育治理体系的现代化重构，以治理体系新格局支撑引领教育发展新格局，[2] 最终实现“人”通过教育方式达到高水平发展的动态效果。

从范畴上说，高等教育现代化与高校思想政治教育现代化有着融合交叉的部分。两者在理论渊源、政策脉络、指导思想上具有一致性，同时又在实践体系、活动载体、组织保障等具体外延上存在区分，因此，尽管前者对后者具有涵盖包容之势，而高校思想政治教育现代化也充分彰显了独特性，它事关青年大学生的全面发展问题，它为人的现代化提供高效合格的思想养分和精神力量，通过教育改造人们的思想观念和能力促进人的现代化，也

---

[1] 雷洪德：《论中国高等教育历史发展的三阶段》，《黑龙江高教研究》2001 年第 6 期。

[2] 张志勇、赵新亮：《新时代我国教育治理体系新格局的现代化重构——基于教育权力配置的视角》，《国家教育行政学院学报》2021 年第 2 期。

由此完善优化，最终实现自有系统要素的现代化转型。

二、高校思想政治教育治理的内涵

以内涵式、传承式演变实现面向未来的创新是事物的发展进阶。高校思想政治教育治理这一概念强调的是治理视域中的学校育人系统工程以综合式多要素革新与协同互动实现自身现代化的过程。目前这一概念本身及其所衍生的相关范畴，都还处于学理层面的研究探索，尚未形成统一的界定，但基本内容并无大相径庭之处，可能存在的是建构角度或要件的细微区别，如此则需要在实践当中进一步检验，日趋准确完善。界定思想政治教育治理相关概念，需要时刻把握中国特色社会主义的历史本质与实践特色。

（一）高校思想政治教育治理

古代中国传统政治文化中，“治理”具有国家统治机构分工尽职、选贤任能、有效运用政治权力使万事安定有序，得以巩固政权之义。[1] 这与古拉丁文中意为“指导、管理和统治”不同，也与起源于现代西方的治理理念有所区别。世界银行 1989 年提出“治理”[2] 后，这一概念逐渐流行于公共管理领域并扩展成为学术研究的热点。从行为特质来分析，它是一种“管理活动”，发生在“公共事务”中，由“国家机器（中）的某些职能部门”运行；[3] 从机制作用来分析，它是一种“管理机制”，发生于“公共活动”

---

[1] 如《隋书》中记道：“拯兹涂炭，安息苍生，天下大同，归于治理。”荀子曰：“明分职，序事业，材技官能，莫不治理。”孔子曰：“吾欲使官府治理，为之奈何。”

[2] 世界银行 1989 年在《撒哈拉以南非洲：从危机到可持续增长》中首次使用“治理危机”。

[3] 俞可平：《治理与善治》，社会科学文献出版社，2000，第 2 页。

中，特点是存在“未受到授权”与“有效发挥作用”的同一性；[1]从综合性的最大外延来分析，它是一个“管理方式”的集合体，发生于“共同事务”中，特点是囊括公与私的各类主体参与。[2]关于“治理”概念内涵的界定尚未形成完整共识，这取决于现代社会关系的复杂性、不确定性及其治理模式多样性的特点。无论如何，狭义的治理是一个政治现代性的概念，主体多元、协同共治、合理界定政府权力边界是其中的核心要义，从管理的一元主体、垂直模式、单向度人治转变为治理的多元主体、扁平模式、体系化法治，体现人类在全球化时代不断从统治走向治理的发展趋势。作为国家治理中的重要内容和关键保障——思想政治教育，抓住改革的契机和支持，在历史潮流中朝着“治理”方向前行，裹挟着从传统管理继承而来的经验延展，面向着复杂现实挑战，在理论研究和实践推演的共同运动中，必将形成符合自身独特气质的理论体系和概念定义。

思想政治教育管理主要强调对每一个流程的控制力，倚重领导机构与管理者的行政能力，[3]治理概念应在此基础上加以传承式延伸，而非创制完全独立的新词。高校思想政治教育治理是在高等教育范畴内对管理的超越，是系统内在自我变革的需要，即在现有育人工作的基础上通过结构性创新实现内涵式发展，改变传统线性流程控制，转向多元育人要素协同参与而成的系统性、综

---

[1] 1995 年，治理理论鼻祖詹姆斯·罗西瑙在其《没有政府的治理》一书中把治理定义为“一系列活动领域里未受到授权却能有效发挥作用的管理机制”。

[2] 哈贝马斯：《公共领域的结构转型》，曹卫东译，学林出版社，1999，第 4 页。

[3] 张耀灿、陈万柏：《思想政治教育学原理》，高等教育出版社，2001，第 268 页。书中提到：“思想政治教育管理是指思想政治教育的领导机构与管理者，通过对思想政治教育进行科学决策、计划、组织、调控和评价，以实现思想政治教育目标和增强思想政治教育系统功效的过程。”

合性、溯往性、法治性方式集合体。通过这样一个既是活动也是机制的集合体，多元主体在党和国家领导下运用综合方式和多样手段提高制度制定能力和执行水平，提升兼具“拨乱”与“反正”的意识形态治理能力的领航功能，夯实上层建筑的牵引功能，从培育“现代化人”的效果上说这是围绕大学生理想信念与道德品质进行的问题治理，从过程上说这是践行社会主义核心价值体系和实现人的全面发展的动态治理。

（二）高校思想政治教育治理体系

从联合国开发计划署对“治理”的定义来看，运行高效的治理体系是事物可持续发展的动力要素，由“规则、正义、平等”精神架构而成的协调体系是治理的结构要素，[1] 体系化演进就是治理的形成与发展。由此，高校思想政治教育治理体系应该是一个兼容内外部育人场域、贯通各个育人层次环节、协调所有育人参与要素，以整体自洽为核心的有机系统，具体包括以下三个方面的内涵。

第一，它是制度静态组成的稳定结构，高校育人工作是一项长期进行的人类实践活动，其形成、变化并总体上朝着愈加成熟的方向发展，伴随理性认识在感性经验中的不断积累沉淀，运动式的、周期性的、单一化的教育活动中，必然能总结提炼出最符合育人规律的运行模式，一旦经过教育实践的反复验证，这些行之有效的成熟模式将上升为人类更高层级的行为规律固化下来，那就是“制度”。育人“制度”基于应对场景的复杂多样，被推动着由简单分散向系统整合发展，不断从“不成”向“自成”提高

---

[1] 联合国发展计划署认为：“治理是基于法律规则和正义、平等的高效系统的公共管理框架，贯穿于管理和被管理的整个过程，它要求建立可持续的体系，赋权于人民，使其成为整个过程的支配者。”

体系化的完成程度，在此基础上，要么通过政策这一行政管理工具以权力赋予的方式，要么以国家法律强制力的方式，使制度体系在育人实践中发挥高效有序的保障作用，最终在治理现代化导向下，形成一套要素齐全、制度完善的静态体系。

第二，它呈现为以育人规律发挥为核心的动态作用过程，高校思想政治教育最终指向的是对“人”的教育引导效果，因此大学生的发展规律和对他们的教育规律是治理运行的基本遵循，各个活动场域中的主体、要素、环节必须在思想政治教育规律的制约下交涉互动，以育人的最大化来动员各方形成纵横合力，方能起到治理体系内在蕴含的调和矛盾、平衡利益、统筹资源等功能。

第三，它是思想政治教育自我治理、自我提升、自我完善的系统载体，当前无论是静态制度还是动态运行，仍然存在形式相对单一、指导性制度过多、执行力度低、标准不统一、治理要素相互掣肘、与社会经济需求匹配度不足等有待提升之处，对痼疾的革除、对需求的回应同样需要通过体系化路径加以推动。

（三）高校思想政治教育治理能力

治理能力是“事善能”的综合表达。好的治理体系必定是将制度优势发挥最大化的结构，这一结构的形成、执行、反馈、优化则建立在治理能力的优劣上。在治理的有机体中，体系与能力同向同行，相附而生，体系是能力的力量来源，能力是体系的强化保障。中国之治的制度图谱日趋系统，必须由能力的“现代化”给予保障，投射到高校育人有机体上，治理能力的概念范畴与体系亦为一物之两面。

首先，治理能力体现在育人体系的执行效能上，若是纸上谈兵，再好的设计也不可能从纸上走到路上，面向大学生的思想引领，在宏观上需要各级机关层层落实领会党中央和国家的大政方针，确保“解题”的思路不变，在微观上所有高校、思想政治教育队伍则涉及具体问题的解决、相关政策的解读、特殊情势的判断等将一系列能够将育人体系目标在实践中成功转化的能力，确保“解题”的成效不打折；其次，治理能力体现在育人体系的革新完善上，再完善的体系也不可能一成不变，要做到因时而变，就要具备“变”的能力，既要擅于洞察体系内各项制度安排的育人逻辑，比如要坚持将党的领导作为首位的、根本的、统领的制度，又要擅于激发体系内各个要素的育人力量，比如借用恩格斯的“合力论”，动员一切可以动员的群体并准确切入他们的利益交汇点，包括教师的育人利益、学生全面实现的发展利益、社会人力素质提升的利益，等等，然后以“合力场”强烈的、无所不在的制约作用推动每个个体发挥最大能力，只有逻辑清晰、能力充分，才能随时运用创新来应对情势之变；最后，治理能力决定于参与主体的综合素质上，尽管现代化转型确实在推进，但是治理能力的欠缺还是体现在囿于传统理念、缺乏创新意识、科学性协同性不足等问题上，制度机制的能力终归是外在的、死板的，追根到底源自富有能动作用的多元参与主体是否都具备了推动治理实践活动的综合素质，只有这种素质借由治理体系现代化向“科学化、程序化、民主化、人本化”的方面提高，才能助推高校育人事业走向现代化。

第四节　治理是高校思想政治教育现代化的内生行为

高等教育的发展在中国经历了中华人民共和国成立后、“教育大革命”以及改革开放至今三个历史阶段。❶ 尤其 1999 年“高校扩招”推动高等教育大众化、规模化，如何进一步在世界高等教育第一大国的位置上，稳步朝向高等教育强国迈进，关系着人的全面发展更高阶段的完善，也关系着国家人才资源体系的质量保障，高校思想政治教育同样随着高等教育的发展而有所变革。

一、科学治理是高校思想政治教育现代化的必经之路

高校育人事业的目标是促进大学生全面发展，使思想政治教育富有现代化的理念、价值、内容和方法，在新的历史方位，贯彻新发展理念，实现新发展、新超越的转变过程。以现代性为视域就是坚持探索性的思维方法，重在对当下的思考与评判，以及面向未来的继承和超越。

（一）高校思想政治教育现代化的复杂特性

高校思想政治教育现代化不是高等教育现代化的附属品，也不是国家现代化的简单套用，是因其特殊的高校环境以及思想政治教育自身本质，而呈现了现代化的复杂特性。

其一，需要内部作用现代化与外部作用现代化同时关照，内部作用在于大学生的全面发展，基于思想政治教育的本质规定、结构模式、基本特性、功能定位等向度，强化人才培养质量，成为思想政治教育质量有效提升的原生驱动力，思想政治教育外部作用需要随着所覆盖社会领域的扩展而发展，体现在对经济、政治和文化领域的思想引导，价值规约作用，内外作用同时关照才能发挥现代化的功效。其二，需要局部现代化与整体现代化协调

❶ 潘懋元：《中国高等教育改革发展 70 周年：回顾与前瞻——潘懋元先生专访》，《重庆高教研究》2019 年第 1 期。

并进，毋庸置疑的是高校育人工作显然是一个具有复杂组成的系统整体，高校思想政治教育某一个要素的现代化能促进系统整体的现代化，比如主客体、目标内容、方法载体等局部要素，而整体现代化的程度同时也制约着各个系统要素的现代化。其三，需要审视现代化的量变阶段与质变阶段，高校育人工作也有自身所依循的事物发展规律，那是一个循序渐进、有条不紊的过程，思想政治教育就是要贴切地培养出与社会现代化发展水平相适应的人，既然社会经济、政治、文化处于渐进发展中，那么思想政治教育的现代化变革也必然是渐进的，我们在对传统思想政治教育改革的同时，既要有积累量变的耐心，也要有迎接质变的决心，要审视所处的改革变化具体阶段的实质，同时将坚守的发展原则贯穿量变与质变两个阶段。其四，需要在继承中发扬、在守正中创新，从唯物史观来看，这是一项富有历史延续、思想传承、文化承启的生动工程，它将鲜活的中华文明与中国精神运用在大学生思想政治教育之中，要展现中华民族开拓创新锐意进取的干劲，就要搞清楚继承什么和怎样继承的问题，搞明白怎样发展以及如何发展的问题，也要处理好继承和创造性发展的关系。其五，要将立足本国实际和融入国际发展统筹起来，思想政治教育作为意识形态领域的主要内容，本土性特征十分突出，从中国实际出发是任何现代化改革中不能绕过的点，要对中国特色社会主义建设的历史方位保持清醒，要坚守高校立德树人根本任务和奋斗方向，要在实现人的自由全面发展中形成中国方案，这才是新时代高校育人工作实现现代化的价值旨归，与此同时，国际社会思潮日趋活跃、价值取向存在主流和非主流并存新形势，还要面向国际世界讲好“中国故事”，巩固马克思主义在意识形态领域的指导地位，具备国际意识，持有国际化应变的现代化能力。

（二）科学治理是解决复杂性问题的有力武器

科学治理是国家治理的重要原则，也是高校思想政治教育现代化改革发展中的理论支撑与实践指导，现代大学转型也促进思想政治教育领域呈现出从行政管理到科学治理的进步。❶ 伴随着社会关系间依赖程度的不断提升，学校育人事业在纵深维度上受到人从出生到死亡所受各类教育的策应，在横向维度上则受到高校教育环境以外的影响，其有效性越来越与所有知识领域或技能储备相交叉，相关因果关系变得日益复杂，而解决这样的复杂关系需要融入科学治理理念，尤其是系统治理的措施与手段。

首先，科学治理关注整体价值，系统的整体价值是治理的核心目标，治理理论把控制视为必不可少的条件，并为控制设计了一项实施工具——制度规范，自成一体的制度体系既是治理的载体，也是确保治理能够根据不断变化的内外部条件持续迈向既定目标的轨道；其次，科学治理注重连续发力，这种连续性能够确保治理结果的可预期性和稳定性，连续发力需要“维持一致的身份和愿景，支持一致的决策、行动、解释和战略优先事项”❷，为避免政策断层，朝令夕改、无章可循，要通过科学治理使关系到公共利益的合理政策目标从短期转向长远；再次，科学治理统筹协调各类资源，这种基于现象治理的科学在于将治理中的各项资

---

❶ 例如，1985 年中共中央颁布的《关于教育体制改革的决定》对高等教育改革的要求是“坚持实事求是，一切从实际出发”的基本遵循，《国家中长期教育改革和发展规划纲要（2010—2020 年）》提出“提高政府决策的科学性和管理的有效性”，《中国教育现代化 2035》也提出“科学设计不同发展阶段、不同规划周期内的教育现代化发展目标和重点任务，有计划有步骤地推进教育现代化”等。

❷ Calida B Y, Keating C B . System Governance: Emergence of Practical Perspectives Across the Disciplines. In Gheorghe A V, Masera M, Katina P F, et al (eds). Infranomics: Sustainability, Engineering Design, and Governance. London: Springer: 2014, pp. 269 - 296.

源倾斜给国家设置的主要战略目标，而不是由着组织、部门甚至单个单位来分配，此时如果一种现象被证明是一个长期挑战，它就能在政府战略框架中得到关注，治理中所遇到的困难和挑战，能使资源分配更具战略性并加强治理主体间的合作，促进多维社会问题的解决；最后，科学治理具有复杂性理论优势，“教育系统的复杂性正在上升”[1]，复杂性理论逐步成为教育领域的主流思想，原因在于教育系统可以通过自我参照进行再生产，而不是通过外部力量的直接干预形成自己的边界，[2] 这为国家层面强有力的制度介入以及关系协调提供了理论依据。

二、高校思想政治教育现代化是教育现代化的引擎

在治理思想的多重影响下，教育现代化方兴未艾，作为服务于中国特色社会主义建设事业发展的重要战略，需要坚守鲜明的政治立场与社会属性，思想政治教育就是把握这一关键的定盘星，因此，它一方面以组成部分的形态置身于教育现代化的总体布局中，另一方面也为这一战略工作提供内部动力引擎，为其改革创新确保运行方向和原则遵循。

高校思想政治教育同样为教育观念现代化发挥着灌输和引导作用，并因其与社会发展理念同步所贯彻的原则和措施，为高等教育现代化的理念创新确保方向和遵循。《中国教育现代化 2035》提出的教育现代化基本理念和基本原则中，所强调的首要之处就是对习近平新时代中国特色社会主义思想的遵循，强调“坚持党

---

[1] Tracey B, Florian K, et al. Governing education in a complex world, Paris: OECD Publishing, 2016, p. 26.

[2] Mason M. What is complexity theory and what are its implications for educational change?, Educational Philosophy and Theory, 2008, 40 (1), pp. 35 -49.

的领导”为首和“以德为先”[1]，思想和原则的坚持来源于高校思想政治教育的现代化，一方面在理念创新上形成生动活泼的多元化、民主化、人本化的思想动力，另一方面也坚持科学化、原则化、法治化的基本原则，为在教育现代化战略的落实过程中形成生机蓬勃的发展态势提供思想保障和方向把握。

高校思想政治教育现代化为教育改革创新提供良好意识环境和思想理路。在新时代社会治理共同体发展理念的引导下，强国建设需要凝聚每一个人，需要动员每一股力量，需要形成最大合力。在百年未有之大变局时期，高校思想政治教育要自觉抵制各种错误思潮的冲击，坚持把立德树人作为中心环节，在国内国外复杂新形势下把握意识形态的领导权，在各种矛盾激化的新态势上把握价值引领的主动权，在新时代社会诉求的新问题方面紧抓思想观念的管理权，以更强的信念伟力激发出各个治理主体的最大效能，这既是中国特色社会主义高校对思想政治教育现代化的要求，也是高等教育为实现中国梦保驾护航期间在育人方面的政治任务。

高校思想政治教育现代化为教育改革创新凝聚思维模式和管理范式。教育综合改革需要面对多元主体在管理权力方面的竞合，“创造价值是一个合作过程，而攫取价值自然要通过竞争，这一过程不

---

[1] 八大基本理念即“更加注重以德为先，更加注重全面发展，更加注重面向人人，更加注重终身学习，更加注重因材施教，更加注重知行合一，更加注重融合发展，更加注重共建共享”，七项基本原则即“坚持党的领导、坚持中国特色、坚持优先发展、坚持服务人民、坚持改革创新、坚持依法治教、坚持统筹推进”，参考《中国教育现代化 2035》，中华人民共和国教育部网．http：//www.moe.gov.cn/jyb_xwfb/s6052/moe_838/201902/t20190223_370857.html，访问时间：2019 年 2 月 23 日．

能孤军奋战，必须相互依靠”[1]。——竞合理论最初是由拜瑞·J.内勒巴夫和亚当·M.布兰登勃格源于对竞争对抗性本身固有的缺点的认识和适应当今复杂的经营环境所提出的企业战略管理理论。竞合成功三大要素包括贡献、亲密和远景，其中亲密要素要求参与主体在竞争关系中具有一定的亲密程度，而这种亲密是在传统模式中不存在的，它要求有信任的基础、信息的共享和有效的协作。教育现代化需要以科学的视角关注资源配置、权力分配以及管理效率，如何使改革举措与各领域政策达到一定的“亲密”关系，实现相互配合、相互促进、相得益彰的良好“效益”，关键在多元参与主体将教育现代化作为一个创造价值的合作过程，而并非只想着通过竞争攫取价值。因此，教育管理行政机构与教育多元治理主体需要在权力与权利间寻找竞合的平衡点，获得各项改革举措之间的耦合，释放各个教育要素的治理潜力，构建更加完备、规范、高效的治理协同体系。只有充分发挥中国特色社会主义的制度优势，使高校思想政治教育现代化凝聚多元主体的思维模式和管理范式，提升彼此间的“信任感”，方能实现教育现代化、效益最大化的目标。

三、治理行为对法治轨道的内生选择

治理，往往面临对象复杂多变、影响因素各异等复杂情况，治理的有效程度取决于它对全体系、全过程动态灵活的控制能力，而作为控制的一项重要工具——“法治”能够确保治理系统根据不断变化的条件和情况提供符合未来发展的轨道。可见，治理现代化与法治密切相关，就任何一项国家治理框架下的治理行为而

---

[1] 赵宗锋主编《企业中层管理实用培训教材》，中国水利水电出版社，2009，第7页。

言，法治现代化既是各个领域现代化的目标方向，也是它们的轨道选择。治理现代化是当代中国式现代化的价值内核，法治轨道是其最重要的内生选择。党的十八大以来，在以习近平同志为核心的党中央的领导下，中国的社会主义法治取得了历史性成就，尤其是习近平法治思想的提出，为中国之治提供思想指引和方法源泉，也为高校思想政治教育治理现代化确立了法治轨道，指明了高校思想政治教育治理现代化与高校思想政治教育治理法治化的路径逻辑关联。

首先，法治是最为规范的治理手段。相较于其他社会规范而言，法治在结构上最为严谨，无论是法律条文还是法律程序，都以其特定的模式或规律提供给人们一种可预期的行为模式、标准或方向。在这个“世界动荡和变革两种趋势持续演进，发展和安全两大赤字不断凸显”的关键时期，法治是当下解决社会各种矛盾，调和各方利益冲突的最为规范和中立的手段，是治理追求内在价值平衡与稳定的不二之选，因此，法治在高等教育领域的规范作用亦是根本性、决定性的。高等教育市场化、规模化发展已逾二十年，自身主要矛盾及其所关联的社会结构产生的矛盾也发生改变，比如说教育资源的矛盾已经从整体短缺向区域、群体的分配不平衡转变，教育公平权利保障的矛盾已经从确保机会公平提升到确保质量公平，在大学生思想引领方面，同样面临这样的转变——青年人的人格代际特征愈发明显并且变化更快，个体自主性与个性化增强，价值观日趋多元——这使得高校育人工作挑战重重。要通过治理完善来破解这些新时代难题，就需要强化法治导向下的教育领域综合改革，以势在必行的勇气让法律先行，作为啃下“硬骨头”的先行军和探路者，当然也需要及时用更加健全的法制来推动改革和维护改革成果，解决矛盾不能单靠老办法，即行政命令，也要用上新办法，也就是法治手段。对高校育人工作来说，规范化要求同样应当贯穿始终，从目标确定、推进实施到效果评价，法治框架下的制度、标准与程序才能做到公平公正公开，既兼顾各方利益又能在阳光下保障合法权利不受侵害，既能向人民群众展示社会主义大学的育人内容，也能使这项职责的履行成效受到全社会的监督。

其次，法治是最为经济的治理方式。制度之所以能够使社会有序，是基于它的确定性、先在性、逻辑性和稳定性，治理的目标既包括促成适应社会需求的公共秩序，避免单纯的利益导向，同时也希望以最小成本实现最大效能，体现高水平的治理能力。依法决策和行动可谓是人类发展至今以公平正义为价值基础来支撑社会运行的最小成本和最高效率之方式。如前文所述，治理过程中势必会出现多元主体的力量竞合与利益竞争，一方面需要有确定的法律规范用于控制政府行政权力，使其在法律赋予的范围内运行，避免政府教育管理权的误用滥用，既使政府明确知道自身职责，也使社会公众了解监督内容，法律规范的公开性、引导性降低了政府正确运行权力的公信力成本，也反向提高了越权怠职的机会成本，给予政府一定目标压力，缩小“私利”的求租空间，同时在多元育人主体间创造“亲密”的信任关系，为多元主体共治搭建牢固的信任平台；除此之外，法治具有的可预期性，能够在最大限度上激发各个治理参与主体的创新力，而不必忧虑于政策的脆弱多变或执行不能，并在法律规范允许的范围尽可能地将设想合法地付诸实践，由于这种实践是在法治轨道的推进，于是改革创新的风险也能得到最大控制。

最后，法治能结成最有力的治理共识。基于思想政治教育的特殊属性，该领域的治理尚未形成良好的共识。在这个范围内，政府、行政主管机关、高校以及社会参与组织，可以说并不是缺乏治理意识，而缺乏针对思想政治教育的治理意识。长期的教育行政化使政府的角色过分提升，自认为或成为高校依赖的“包揽型”全能政府，而简单地将治理概念化，其实质还是行政管理，反之也有在高等教育市场化改革浪潮中涌现的呼声，将政策角色过分弱化，令其成为“守夜型”观望政府，对教育改革置身事外，只要不出事、不违法就行，严重削弱了治理力量。因此，可以通过法治推动或确定关于思想政治教育治理的职责权限，明确治理主体、划清职责界线、最根本的是让治理共识有章可循。这样一来，通过法治这么一个高效率和有强制力的法宝，来规范参与方式、激发治理意愿、动员治理投入，行政权力与民间力量就能在法治框架下形成多元互动协同治理的良好氛围，既能避免权力侵害权利，也能确保多元力量的有序参与，切实提高共治共享的整体质量。通过法治途径形成的治理共识因其强大的主观能动性，能够在最大限度上激发基于共识的一致行动，相比单纯依靠行政命令或者经济手段的措施来说，更加富有强大的精神支持和前进动力，也是思想政治教育治理的显著特征与应有之义。

CHAPTER 03 >>

第三章

高校思想政治教育治理面临的时代机遇与现实挑战

2021 年，适逢全国高校思想政治工作会议召开 5 周年之际，教育部专门召开新闻发布会，总结此间所取得的主要成果，阐述为“发生格局性变化、取得历史性成就”[1]。但这个变化和成就不是轻轻松松、敲锣打鼓就实现的，在国内外形势愈加复杂、社会矛盾更加突出、风险挑战异常严峻的变化环境中，只有坚持以习近平新时代中国特色社会主义思想为指引，在党中央的坚强领导下，教育全战线久久为功，扎实落实总书记的重要讲话精神和一系列重要批示指示，方能取得这样的进展和成效。时代机遇与现实挑战始终并存，面向新起点新征程，只有坚定捍卫“两个确立”，坚决做到“两个维护”，聚焦目标导向、问题导向、效果导向，既要清醒认识挑

[1] 《这五年，高校思政工作已发生格局性变化》，http://edu.people.com.cn/n1/2021/1213/c1006-32306260.html，访问时间：2021 年 12 月 13 日.

战的艰巨，也要紧抓机遇时机，才能不断提升新时代高校思想政治工作的质量和水平。

第一节　党的建设和国家治理的时代诉求

“治国者以积贤为道”，古代中国以培养“士”、选拔“贤”为封建阶级巩固统治进行人才储备，西方资本主义国家推崇的“精英教育”折射着其身后代表的资产阶级精英阶层的统治需要，因此在阶级社会中，教育具有为政治服务的天然本质，每个阶级都会出于自身利益之实现与维护，将所表达的政治目的融入人才培养过程之中。高校思想政治教育事关“为党育人、为国育才”的社会主义接班人培养事业的成败，高校思想政治教育治理要把握时代脉搏，尤其要突出党的政治建设，跟上国家治理的改革步伐，紧扣立德树人的根本任务，健全全员全过程全方位育人的体制机制。

一、新时代党的建设对高校思想政治教育治理提出新要求

《关于加强和改进新形势下高校思想政治工作的意见》指出，“把党的建设贯穿始终”是加强和改进高校思想政治工作的一项首要原则。教育是最大的国家安全，也是确保政治安全的重要路径，中国共产党始终重视发挥教育在“合格接班人”培养方面的使命担当，强调通过高校环境内的思想宣传和政治引领，坚定青年大学生的无产阶级政治立场与马克思主义价值观，真正成为怎么都打不垮的有用人才，因此，思想政治教育坚守的是党的育人初心和育才立场，持续推进党的建设既是新时代新的伟大工程的时代

诉求，也对高校思想政治教育治理提出了相应新要求。[1]

（一）“初心使命”启征新的政治话语

新时代，中国特色马克思主义政党建设在新的奋斗环境中面临着长期执政的路径选择，“什么样”与“怎么做”[2] 既是重大的理论提升也是艰巨的实践挑战，以习近平同志为核心的党中央对此提出了具有独创性、开创性的新理念、新思想和新举措。党对前途命运的主动掌握能力源于运用唯物史观的洞察智慧，源于对人类社会发展规律的把握与高度的历史自信，“初心使命”[3] 的全新论断开启了新时代党的建设理论中新的政治话语。这一言简意赅又激人奋进的政治话语基于唯物史观，看历史，望未来，既提炼了党奋斗百年的历史主题，又告示了党接续奋斗的历史使命，以简练易懂且具有极强情感共鸣的话语结构，在党内外给予“为人民谋幸福、为民族谋复兴、为世界谋大同”以强烈的认识统一与实践自觉。以“初心使命”为引领的新的政治话语，为高校思想政治教育治理创新了宣传载体典范。

它要求高校思想政治教育治理融会这一创新政治话语，坚定历史唯物主义，准确理解其核心要义，在学习中总结，在传承中

---

[1] 新时代党的建设的总要求是：坚持和加强党的全面领导，坚持党要管党、全面从严治党，以加强党的长期执政能力建设、先进性和纯洁性建设为主线，以党的政治建设为统领，以坚定理想信念宗旨为根基，以调动全党积极性、主动性、创造性为着力点，全面推进党的政治建设、思想建设、组织建设、作风建设、纪律建设，把制度建设贯穿其中，深入推进反腐败斗争，不断提高党的建设质量，把党建设成为始终走在时代前列、人民衷心拥护、勇于自我革命、经得起各种风浪考验、朝气蓬勃的马克思主义执政党。

[2] 《中共中央关于党的百年奋斗重大成就和历史经验的决议》，人民出版社，2021，第26页。

[3] 党的十九大报告指出：“中国共产党人的初心和使命，就是为中国人民谋幸福，为中华民族谋复兴。”

发扬；它要求高校思想政治教育治理要在这一创新政治话语框架内应对新的风险挑战，把握主动权，切实激发思想动力、发挥精神力量；它要求高校思想政治教育治理要以这一创新政治话语为核心语式，创新符合新时代大学生特征的思想政治教育话语体系，激发教育主体将内在信念进一步上升为行动自觉。

（二）“两个确立”准确突显政党根本属性

建党百年之际提出的“两个确立”是针对党的政治建设这一永恒课题发出的时代强音，既明确全国各族人民团结凝聚的政治核心，也指明了赓续前行夺取更大胜利的思想核心。马克思主义政党的根本属性——政治性，决定着党的建设方向和效果，从中国共产党思想政治工作史的逻辑理路上突出强调了党要管党、党要治党这一政治建设的独立性、首要性和根本性，在此基础上提出“两个确立”重要论断，极大丰富并发展了马克思主义政党建设理论。以“两个确立”体现决定性意义的党的政治建设新步伐，为高校思想政治教育治理树立了更新更明确的政治标准。

它要求高校思想政治教育治理把党的政治建设作为统领的、根本的、首要的战略任务予以落实，明确其与思想建设、组织建设的结构逻辑，并相应明确治理体系中政治教育对于思想教育、组织教育的决定性关系，理顺政治工作与思想工作、组织工作的层级关系，由此体现对新时代党的建设规律的深刻把握和现实应用；它要求高校思想政治教育治理根据党的政治建设目标涵盖作用场域，针对相关领导地位、原则标准、道路方向、作风能力等多个概念范畴，根据理论深化和实践发展的需要，发挥党的政治建设对大学生政治立场、政治意识、政治信仰等一系列政治教育统领提携、纲举目张的重要作用，明晰与一般思想教育的本质区别，旗帜鲜明地“讲政治”；它要求高校思想政治教育治理突出强调“两个确立”的决定性意义，其治理现代化方向必须符合这一更新更明确的政治标准，这是新时代加强党的政治建设的根本立场，也是推进高校思想政治教育治理的最高原则，这就要求在高校育人事业中，激发并巩固青年学子对共产主义远大理想与社会主义共同理想具有高昂的政治自觉、思想自觉和行动自觉，并以这一目标为治理效能最大化贯穿于各个点位、各个环节、各项工作，在实际行动中以具体活动载体，将治理成果有效转化为大学生增强“四个意识”，坚定“四个自信”，做到“两个维护”的良好效果。

（三）“高质量”对新时代党员教育培养提出了更高要求

习近平总书记针对马克思主义政党自身建设如何实现长期执政这一重大历史命题指出，政党的力量和作用关键取决于党员的质量。《中国共产党发展党员工作细则》（2014）提出了“控制总量、优化结构、提高质量、发挥作用”，这个“十六字方针”核心在于如何抓好后继有人这个根本大计，将党员质量标准和质量导向纳入党的建设理论，要求以新时代质量强党的战略思维培养党的建设的生力军，确保一代代中国共产党人为党和人民事业发展需要接续奋斗。大学生党员作为党员培养教育中的“生力军”群体，是高校思想政治教育治理中的关键对象，党员“高质量”标准，对新时代大学生党员教育培养提出了更高要求。

它要求高校思想政治教育治理要聚焦大学生党员质量提升工作，要切实把党的建设系列措施覆盖到大学生群体，如提高教育实践活动质量、提高党内政治生活质量、提高人才培养质量等，在保证质量、强化骨骼、注重实效上下功夫，实现大学生党员发展的质量提高；它要求高校思想政治教育治理要创新大学生党员质量的具体指标，突破大学生党员质量评价的传统感性思维，运用智慧党建等技术措施，构建多维度全方位的党员质量客观评价体系，凸显出党员标准全面性和综合性的价值导向；它要求高校思想政治教育治理形成优秀人才的吸引机制，发掘新时代中国特色社会主义思想的坚定信仰者和忠实实践者，源源不断把各方面的先进分子特别是优秀青年吸收到党内来，教育他们“以党的方向为方向、以党的意志为意志”，成长为“经风雨、见世面、壮筋骨、长才干”的合格接班人，形成“引得来、留得住、教得好、用得棒”的良好循环。

（四）持之以恒地推进新时代全面从严治党

新时代全面从严治党开辟了百年大党自我革命的新实践。刀刃向内的政治勇气和一抓到底的钉钉子精神为高校思想政治教育治理解决顽瘴痼疾提供了充分的政治底气。思想问题是入骨之毒，是一切突破思想道德防线表象问题的实质根源，高校是人才之库，也是思想活跃之处，是党的新鲜血液的重要来源，高校思想政治教育治理必然要以猛药去疴之势，将自我革命融入治理全过程。

这要求高校思想政治教育治理贯彻全面从严治党主基调，要勤于检视高校思想政治教育现状与发展方向，对大学生思想政治状况定期评估，对相关责任主体定期核查，对思想政治教育教师队伍定期考核，“三个定期”主要以党内法规为核心依据，建立“党内遵守+党外引导”的联动机制以扩大约束力；要敢于以刻不容缓的态度解决高校思想政治教育中呈现的弊端与问题，形成问题导向的治理监督机制来加强执行力，面对高校思想政治教育各个领域、各个参与主体，既要划清职责范围，做到守土有责，也要运用合作协调，避免产生管理“黑洞”；要勇于在自我革命的基础上走向自我创新，人的思想复杂多变，人的思想工作更要时做时新，高校思想政治教育治理应该形成有利于进步创新的鼓励机制，以制度手段消除或避免“不做不错”怠政思想的不良影响，同时引导各级政府与各个治理主体在思想政治教育工作上勇于创新。

二、国家治理对高校思想政治教育治理提出新要求

近十年，中国特色社会主义制度体系在实践中转向成熟、在理论上更加完善，国家治理体系和治理能力现代化在党中央的带领下不断推向纵深。这一形势对高校思想政治教育治理提出了新形势下的新要求。

（一）巩固党的领导这一制度优势的战略地位

基于中国特色社会主义的最本质特征和最大优势，坚持和完善党的领导制度体系是治理现代化的首要坚持与根本标准。坚持党的领导这一制度优势在国家治理中的战略地位体现在党提出了“四个全面”的战略布局，集中体现了我国发展的长远目标和战略举措，党提出了“四个伟大”的科学论述，在理论与实践上环环紧扣、层层递进，成为党和国家事业发展的总纲和重点，党还提出了“自我革命引领社会革命”的宣告，对“落实管党治党政治责任，以伟大自我革命引领伟大社会革命”这一中国特色社会主义建设规律形成认识深化。“办好中国的事情，关键在党”[1]，可见，只有中国共产党才能领导国家治理，推进全党全国全民族共同参与伟大斗争、伟大工程与伟大事业，最终实现中华民族伟大复兴的中国梦。

无论基于高校思想政治教育自身治理要求，还是思想政治教育服务于国家治理的需要，坚持党的领导这一制度优势必须在高

[1] 习近平：《习近平谈治国理政（第三卷）》，外文出版社，2020，第331页。

校思想政治教育治理中得到巩固，并发挥其战略作用。首先，高校思想政治教育治理要有贯彻党的领导的制度体系，《高等教育法》规定了党委领导下的校长负责制，以法律形式奠定党在高校的领导地位，如何将党在高校的领导通过制度完善做到层层落实、面面俱到，是高校思想政治教育治理中的核心问题，如除了法律这一富有外部强制力的制度载体，大学章程应该是规约大学内部治理关系的重要规范依据，然而《高等学校章程制定暂行办法》中仅提出大学章程需要针对“中国共产党高等学校基层委员会”如何领导“校长负责制”健全具体实施规则、实施意见的指导性原则，对于这项政治性极强的制度要求，理应在法规层面给予更明确的标准指示；其次，要有落实党的领导的组织体系，从严治党之后，几乎每个高校都有层级完整的党的组织，《中国共产党普通高等学校基层组织工作条例》修订后对高校党委——党总支——党支部各级党组织的主要职责进一步作了明确规定，各级党组织的首要职责都是“宣传和执行党的路线方针政策以及上级党组织的决议”，这为坚持党的领导架构了齐整的组织体系，然而从高校行政组织的角度来说，除了根据条例中（各级党组织）要“支持本单位行政领导班子和负责人开展工作”的被领导关系，如何评估高校行政组织体系对党的领导制度的执行度和有效性，并进一步予以实质性的约束监督，也是高校思想政治教育治理中应该思考的现实问题；最后，要创新巩固党的领导的教育模式，党对高校的领导在制度与组织上的硬性落实，能否完全转化为大学生对中国特色社会主义制度优势中党的领导的政治坚定，这是评价高校思想政治教育成效的最根本标准，也是体现其治理体系与治理能力的最根本标准，将党的领导从制度优势成功内化为大学生的政治认识，需要创新高校思想政治教育的更新模式，而这种创新意愿和创新能力将通过高校加强思想政治教育治理得到激发。

（二）思想教育与制度完善同向发力的治理需求

党的十九届四中全会强调国家治理体系和治理能力现代化要从“构建系统完备、科学规范、运行有效的制度体系”方面下功夫，在完善制度体系框架内加强系统治理、依法治理、综合治理、源头治理。习近平同志指出，“坚持在法治轨道上推进国家治理体系和治理能力现代化”。法治是治理过程中“应对重大挑战、抵御重大风险、克服重大阻力、解决重大矛盾”的利器，不可能有脱离法治轨道的治理，也不可能有缺少完善制度的治理体系。

高校思想政治教育作用于大学生的思想观念、政治观点以及道德品质的形成、变化和发展，其教育成效存在隐藏性、迟滞性、反复性等不利特点。具体来说，思想道德品质是需要显性事件激发的隐性内容，在没有活动载体展示时，无法准确评价思想道德品质的优劣，思想政治教育的成效也就无法通过简单的显性条件进行评估；此外，思想政治教育是一项长期的教育实践活动，需要经过教育对象的内化产生对它的影响，这就延缓了思想政治教育成效的发生，产生了效果迟滞，带来不同时期思想政治教育或其他因素的叠加作用、抵消作用甚至反作用，这些都让思想政治教育成效无法得到准确评估；还有，马克思在《关于费尔巴哈的提纲》中提出了一个著名命题，即人的本质是“一切社会关系的总和”，这提示了人的客观性、现实性，随着社会关系的变迁，“人”这个“总和”势必变化，所以说人是动态的，那么属于人的思想亦然，这种客观社会关系的改变以及人的不确定性，都为思想政治教育增加了教育成效反复的不利风险。

以上这些问题可能会带来高校思想政治教育治理很难进行制度完善的顾虑，制度的外部性与思想的内在性存在天然“冲突”，再完善的制度作用的对象都是“行为”，而不可能作用于“思想”，那么是否在这样的领域里，治理就需要“离开”法治呢？答案当然是否定的。在这方面，从严治党的制度体系提供了良好的参照。在永葆党的先进性和纯洁性的自我革命过程中，中国共产党既注重发挥思想政治工作这一传统优势，也更加意识到依规治党对提高党科学执政、民主执政、依法执政水平的重要意义，必须承认的是在从严治党道路上，党内法规的地位和作用愈加突显，党内法规从规范党内政治生活，严明政治纪律和政治规矩，发展积极健康的党内政治文化，全面净化党内政治生态等方面丰富了内容、完善了体系、切实发挥了为党的自我革命保驾护航的制度功能。

高校思想政治教育是党的思想政治工作在高校场域的实践，高校思想政治教育治理与从严治党、制度管党的要求一脉相承。对高校思想政治教育治理来说，既关切大学生思想问题，又涉及教育制度问题，当然制度完善的最终目的是破解青年人的思想困惑，这就需要从思想“总开关”和制度规矩“发条”二者同向发力，综合运用教育管理内部调控和制度规范外部约束的双管齐下方式，点燃思想政治教育对大学生群体综合素质提升的教育引擎实效。在高校，思想政治教育偏重情感感召和理论说服，但问题在于太“软”过“慢”，对于一些大是大非的原则问题，要“硬”要“快”，思想政治教育还侧重搞活动和听讲课，问题则是零敲碎打不成体系，而大学生在“拔节孕穗期”则需要系统培养科学灌溉。这时候，需要运用到“制度”这一手段来解决治理中的原则问题、综合问题、系统问题，制度规范具有全局性、稳定性和长期性的治理优势，要保障思想政治教育工作的方向性、规范性、执行性和有效性。一方面，要坚持思想政治教育的优良传统和工作特色，不能搞“制度万能”的路子，要把思想政治教育“盐”

的教育角色做实，通过丰富生动的思想政治教育活动引导大学生群体树立远大的理想信念，形成正确的政治认识，为大学生的全面发展奠定纯洁的思想基础；另一方面，要灵活运用“思想治根、制度治本”的辩证思维，克服思想政治教育不能制订制度规范的“制度不能”主观臆断，擅于形成教育引领与规矩约束并用的治理机制，既要通过思想感召与价值认同夯实大学生群体对制度理解、制度运用与制度约束的内生定力，也要加强差异化关照、权利保障、完善大学生个体自我规约的纪律环境，才能在育人领域用好制度工具，发挥规范行为、约束监督的基本功能。总而言之，思想政治教育作用于内因，体现在大学生主体内化的行动自觉，而制度治理则作用于外因，主要发挥于各个教育要素及其关系的规范效力，这两者同构“车之两轮”“鸟之两翼”左右发力的系统治理工程。

第二节　高校思想政治教育治理实践场域变化

“物质生产实践是思想政治教育发生的终极根源”[1]，思想政治教育治理之所以能够出现和推进，物质生产实践的现代化发展是终极的根源。“场域是客观自主空间”[2]，研究高校思想政治教育实践场域变化，就是研究物质生产实践发展变化给其带来的治理实践场域变化，并根据场域内逻辑运转和相对关系的特性加以应对。根据意识的反作用性，思想政治教育治理作为一种有意识的实践

---

[1] 杨威：《思想政治教育发生论》，中国社会科学出版社，2009，第107页。

[2] 布迪厄·华康德：《实践与反思：反思社会学导引》，李猛、李康译，中央编译出版社，1998，第131—156页。

活动，必须了解、预见到它所处的实践场域的变化，从而在治理改革、治理规划、治理执行中给予客观准确的判断以及充分的准备，才能让它跟上日新月异的物质生产实践变化。

一、网络智能场域的出现

接受互联网是中国现代化的必经之路，这为以美国为代表的西方世界价值观输送提供了可乘之机。中国不可能避世于全球物质生产实践的发展，时机是公平的，总是提供客观的机遇和挑战，中国的高校思想政治教育治理如何抓住这样的时机，为自身的改革创新注入新动能呢？互联网技术的发展及网络新媒体的广泛应用为我国高校思想政治教育打开了新的实践场域，打破了传统的时间空间限制，丰富了思想政治教育活动形式、活动载体和传播方式，增强了思想政治教育工作的吸引力和影响力，为大学生思想政治状况的优化提升带来了新机遇；正在经历且在不远的将来必然更突出的是网络智能技术的跨越式发展，从“互联网+”到“智能+”，传统人际交互不但闯入了互联网这个虚拟空间，还在这个空间里创设了异于人类千百年来习以为常的交互习惯，而这个习惯不是源于民族、宗教、文化，却受制于“智能”，社会是人们交互活动的产物，在网络智能场域里，这个产物将是智能社会吗？我们尚不得而知，在或许是的情形下，智能社会对高校思想政治教育治理实践产生的深远影响是显而易见的，在这样的社会中，价值取向、伦理道德或许面临解构性重建，高校思想政治教育治理又该如何应对呢？

网络智能场域不是对网络虚拟空间简单的技术升级，它变革了网络信息传播机制并创塑了新的话语体系，算法成为一种新型的网络“话语”被赋能，无声的控制力作用无处不在，潜移默化于用户的选择习惯、思想观念甚至政治倾向，它恰恰是传统思想政治教育“灌输”模式的天敌，具有链接Z世代青年人与信息供给源的巨大优势，由此带来了“后真相”认知、信息茧房、泛娱乐化传播等诸多隐忧，[1] 高校思想政治教育与当初面临互联网技术诞生时一样，既要能搭上智能技术这辆快车驶上快车道，又要能把稳方向盘避免翻车，毕竟，我们的教育对象——大学生都已经在车上了。

网络智能场域里，我们更具有实现人的全面发展的客观条件。一方面，基于数字分析技术，更加容易了解大学生个体的喜好与需求，可以“投其所好”，精准实现个性化的数据传导和即时效应收集，这将以极大的覆盖面与有效度把高校思想政治教育数据运用提升到一个更高层面，所以我们需要推动高校思想政治教育融入智慧校园建设，扩大思想政治教育可以利用的数据池；另一方面，我们也面临着“数字绑架”的技术风险，以市场运作模式推动革新的网络智能技术势必裹挟于资本浪潮，技术为教育服务的程度相当有限，教育者或高校的朴素力量对其无法抗衡，教育主体的控制力将会遮蔽在市场“流量至上”的误导中，我们的教育对象也将不知不觉地沉溺于非暴力“数字绑架”，丧失正常的判断力、学习力与创造力，所以高校思想政治教育需要有应对“数字绑架”的治理手段，比如赋予高校相关信息检举的职权，或者与政府有权机关建立审核联动机制，针对市场网络智能相关运营主体的数字信息进行受众、价值导向、内容结构等方面的审核。

网络智能场域里，我们也具有实现学科跨越发展的客观条件。

---

[1] 魏俊斌：《治理算法：思想政治教育网络智能环境治理的政策与趋势论析》，《思想教育研究》2022年第4期。

由于智能技术逐渐摆脱人的附属性，成为拟人主体，具有自主性和拟人性特征，人工智能教育应用日益深入，机器（人）具有从教学辅助工具逐渐演变为承担教育者职能的智能主体的可能性，与此同时，大学生个体能够通过数字技术进行“画像”，使得教育者超越时空看到一个“真实”的教育对象。以上这些都将为高校思想政治教育开启一片未知的天地，我们可以批量化也可以精细化地教育学生，这样一来技术将取代教育者的劳动投入，成为学科发展的决定要素，我们更加了解教育对象，可以看进他们的内心，同样地，数据将取代教育者的情感投入，成为学科发展的推动要素。但是这些也可能成为发展的“绊脚石”，人机交互打破教育者与教育对象交互的传统模式，高效精准的另一面是情感交互、人格共鸣的缺失，数字“画像”取代同时空谈心谈话的“拖沓”，确保了从内而外观察教育对象的完整性，但真实性尚未可知。无论如何，技术革命已经到来，我们不能因为未知和风险而不敢迈开脚步，否则将更加跟不上教育对象的步伐，面对革命唯有自我革新。因此，高校思想政治教育治理要有鼓励技术应用创新的激励机制，也要有规范数据使用、监测智能教育影响效果的制度设计。

二、多元主体间关系场域的转变

高校思想政治教育治理最初以参与性协同的实践方式投身高等教育改革与发展活动中。党的十八大以后，高校思想政治教育治理开始以国家治理、社会治理的结构要素或功能要素在实践中作为这些治理整体的有机组成部分。随着中国式治理的全面铺开，高校思想政治教育治理实践具象化水平显著提升，包括实施整体性治理、结构现代化治理、集成创新治理、制度建构治理、虚拟空间治理，加强风险评估与防范，强化教育效能评价等，更多聚焦在自身治理现代化的内涵式实践。此间，治理角色的转变体现了高校思想政治教育学科发展以及大学生思想政治工作在新时代国家治理体系中的重要作用，也凸显了两者现代化发展的自我期待。高校思想政治教育治理从“参与治理”走向“自我建设”的意识变化，带动自身治理实践内容日益丰富，最明显的就是多元治理主体间关系场域的丰富与变化。

高校思想政治教育治理现代化不仅仅是治理方式方法的现代化过程，也包括治理主体及其相互关系由传统向现代变迁的过程。治理主体是高校思想政治教育治理机制中最活跃、最易变的动态因素，它是完善治理体系向有效治理能力转化的根本力量，因此，多元主体间关系场域的复杂变化需要高校思想政治教育治理给出积极主动的实践回应。高校思想政治教育治理主体基本归属于政府、高校与社会（组织）这三类，政府与高校的界定清晰简单，但社会（组织）作为一元治理主体，可能会根据不同研究角度细分为社会公众、家庭、企业以及单位组织等，这些主体既是后生力量，参与到高校思想政治教育治理之中，也存在性质迥异的内在品质，因此时常因研究需要成为单独一元的治理主体。处理好治理体系内各个多元主体间的关系，构建平衡、稳定、协调、共治的关系网络，才能实现“善治”。此时，关系是一种无形的场域，是治理能力发挥的地方，高校思想政治教育治理的实践探索中，主体的多元性受到普遍认可，他们之间的关系也随着治理实践的深入逐步向着张力平衡的方向转变。

总体而言，这些治理主体间关系的变化归因于它们对高校思想政治教育治理过程中所能够利用的各种治理权限和资源的控制力。比如，对于治理资金的控制力，政府在“放、管、扶”的过程中，主动降低对资金的控制力，更多赋权给高校，从而政府——高校治理主体间的依存关系得以改善；对于治理能力的控制力来说，政府在长期管理中积累了丰富的治理能力优势，以政策赋能的方式鼓励高校自治，激励社会组织积极参与，从而政府——高校治理主体间的直接管理关系逐步转变为间接监管方式，社会组织与两者的关系也从缺位转变为兼容互补；对于治理话语权的控制力来说，高校与社会组织属于“民间”，负责提供有效信息与利益表达，而政府天然地拥有主导治理的“官方”身份，近年来随着行政决策程序的逐步规范，政府与另外两者的关系也从“一强多弱”的主体格局转变为平等协商与相互依存。高校思想政治教育治理现代化要从这些关系的转变中，观察总结关系场域中的调节规律，形成调节思想政治教育系统内外各种关系和资源的有效机制，完善治理体系。

三、大学生利益场域多样性的凸显

利益是人们通过社会关系所表现出来的不同需要，除了受客观物质条件的限制外，也当然受制于自然人本身的思想因素。大学生利益是以大学生主要社会关系为中心的个体性或群体性需要。不同人或群体具有区别化的利益需要，共同取决于他或他们的价值抉择、所处社会提供的权利基础以及可能获得的好处类型，因此利益是价值观认同的出发点、落脚点和内在动力。在中国，高校思想政治教育主要是面向大学生开展社会主义核心价值观教育，引导大学生认知、认同从而践行社会主义核心价值观。

大学生利益场域是以大学生为中心的拥有利益逻辑运转和利益相对关系的客观自主空间，一方面影响大学生的利益取向与社会主义核心价值观的契合程度，另一方面通过实现预期社会权利让大学生享有“好处”从而影响大学生对社会主义核心价值观的认同程度。近年来，大学生利益场域不断丰富，凸显出重要性，需要高校思想政治教育治理给予关注。

传统大学生利益场域集中在教育环节，主要包括学生获取的受教育的机会和资源、学生的成长发展，不妨称之为教育利益的直接场域。大学生在接受高等教育的过程中（含思想政治教育），获得受教育权的实现利益，收获自身知识技能增长和道德品质的提高。所以这样的场域主要体现在主课堂教学中，通过教和学的过程影响大学生的利益认同，而此时高校思想政治教育治理强调的是教学效果的有效性，也就是“灌输”的效果。

随着高等教育的现代化发展，人本中心论的出现以及马克思主义人的全面发展理论在教育领域的强调，与教育环节有关的其他要素逐步形成了影响教育效果的多种利益场域，不妨称之为教育利益的间接场域。现代化高等教育从教育普及向教育精准迈进，越来越关注大学生在受教育过程中的感受和幸福度、学生受教育后未来的收益等内容，包括但不局限于平等受教育权益、综合评价权益、心理健康权益、就业竞争力等方面。所以这样的场域分别体现在资助帮扶、综合能力测评、心理健康咨询、就业服务与职业生涯指导等业务工作中，教与学已经不再是唯一路径，更多地辅以举办活动、开展实践、专业咨询、提供岗位等方式回应大学生在各个方面的利益诉求，同时基于回应的有效程度影响大学生对社会主义核心价值观的认同。比如说在就业服务与就业指导这一间接场域，能否构建起符合人才培养特色的职业生涯规划课程体系、能否优化就业服务流程、能否规范就业推荐制度等，关系到大学生通过求职就业实现自我价值，从而对“敬业”产生价值认同。这时，高校思想政治教育治理就要注重建立健全大学生利益保障与协调机制，搭建多种育人平台共同体，及时有效地回应大学生各方面的利益诉求，并以之为切入点进行认同教育，最终实现育人目标。

正是大学生利益场域多样性的凸显，才使得高校思想政治教育治理既要注重教学过程治理，还要优化学生管理过程治理。目前，根据《高校思想政治工作质量提升工程实施纲要》提出的十大育人体系，正是以学生管理实务为基础，挖掘利益场域的育人要素，以一体化、多维度理念构建三全育人格局，切实加强高校在大学生理想信念培育、道德品质塑造、人才竞争力培养等方面的实效性，在学生教育管理过程中构建全面化、标准化、科学化、高效化的育人体系。可以说，通过这种综合系统的育人共同体，大学生多样的利益场域得以覆盖，为社会主义核心价值观引领奠定了认同基础。

第三节　意识形态领域面临突出挑战

近年来，我国意识形态领域形势发生全局性、根本性转变，其中高校思想政治教育为党和国家工作全局做出了积极贡献，使得广大学生的爱党爱国爱社会主义的思想基础更加巩固，听党话跟党走的决心更加坚定，制度自信进一步增强。然而，应该认识到高校大学生的意识形态风险防控仍是重中之重，尤其是他们对“两个确立”“两个维护”的思想认识以及对中国特色社会主义制度优势的自信情怀能否进一步巩固增强，能否转化为极大的凝聚力和向心力，能否成为合格接班人所应富有的坚定思想保证与强大精神力量。高校思想政治教育治理实践需要坚持问题导向，始终把应对意识形态领域的多种挑战作为治理体系与治理能力现代化的重要标准。

一、意识形态风险的本质

意识形态是以价值观为核心的观念上层建筑，它与以制度模式为核心的政治上层建筑构成国家机器的上层建筑共同体。在中国式现代化进程中，一直伴随着西方敌对势力的意识形态渗透风险，他们把中国模式的社会主义成功版本视作对资产阶级价值观与资本主义制度模式的巨大威胁，针对中国的“假想敌”想象诱使西方社会以意识形态为前锋，不断挑战中国的国家政权安全与制度安全，意图通过一定的意识形态解体带来马克思主义科学理论所开启的“整体时代覆灭”[1]。意识形态与政治制度两者的关系是荣损与共、互动统一。意识形态是一种“制度化的思想体系”，主要指关系国家政治制度和社会形态中体现统治阶级意志和利益的一系列理论、思想、认识的总称，它具有强烈的真实性和实践性，对于政治制度安全有着重要意义。在唯物史观中，政权的更迭促进意识形态的坍塌与新生，而意识形态的兴衰也影响政权的建立与更迭。两者的共生性体现在：后者需要呈现意识形态这一内部主张与价值共识，而前者亦需要巩固政治制度这一外在环境，两者是相互制约与促进的关系。

因此，意识形态风险本质上是制度安全风险。随着中国特色社会主义的发展，尤其是党的十八大以来我国的综合国力、国际影响力显著提升，西方社会对我国的意识形态阵地全力进攻、无孔不入，妄图使民众尤其是青年大学生在西方价值观的侵蚀下，

---

[1] 《〈中共中央关于制定国民经济和社会发展第十四个五年规划和二〇三五年远景目标的建议〉辅导读本》，人民出版社，2020，第52—53页。

消解共产主义政治信仰，弱化对中国共产党的信任，从而降低民众对社会主义制度的认同感，直至动摇社会根本制度的合法性。我们看到，在意识形态领域的斗争日趋复杂多变、风险不断增加之际，要深刻认识到意识形态风险的本质，将其风险防控作为防范化解重大风险攻坚战的重中之重。习近平总书记关于总体国家安全观的论述中认为意识形态与旗帜道路、国家政治安全紧密关联，强调了它对于政治制度安全的重要意义，并以苏联一夜之间政治动荡、政权更迭的事例说明意识形态安全是基础、是核心，起着统率作用，要巩固人民民主专政，就必须警惕从思想领域开始的政权瓦解，要避免重蹈美国对苏联“和平演变”的覆辙，就必须在思想演化这个长期过程中守住思想防线才能进而守住其他防线。

二、意识形态风险的防控

思想演化是需要几十年或几代人才能完成的任务，美国总统艾森豪威尔曾说：“在宣传上花 1 美元，等于在国防上花 5 美元。”[1] 可见，意识形态风险防控较之其他治理领域而言，尽管是一项长期任务，但也是“一本万利”的好买卖，把好意识形态的风险大门，犹如以“一夫当关万夫莫开”之势挡住了重大风险的侵袭。意识形态风险防控需要在清醒评判当下风险态势的前提下，有效进行治理型防控。

首先，意识形态风险的防控要具有持续性。只要有不同政治形态并存，有不同的政治道路可以选择，有马克思主义政党执政，意识形态议题就会此起彼伏。当前，两种政治制度呈现“东升西

---

[1] 刘明：《大众传媒是苏联解体和政权更迭的催化剂》，载《街头政治与“颜色革命”》，中国传媒大学出版社，2006，第 296 页。

降”新态势，中国特色社会主义制度优势凸显，资本主义国家危机感与压迫感与日俱增，“和平演变战略”叠加升级。尽管西方国家主导的意识形态攻击名目繁多、形式多样，但究其先例，仍是沿用了对苏联意识形态战的相同策略，可见只要我们在意识形态风险防控战中认识到任务的持续性，就能始终认识到西方资本主义国家在意识形态领域抹黑社会主义，对中国围堵和攻击，打压和遏制的行为本质，以清醒的头脑加以应对。

其次，意识形态风险的防控需要具有分辨力。文化输出、教育输出、技术输出都可能成为西方资本主义意识形态的渗透路径。比如西方的影视作品经常宣扬的个人英雄主义、拜金主义、享乐主义以及无政府主义等思想，常常隐匿在精心编排的故事情节、巧妙设定的故事情境和高科技支撑之中，错误地影响民众在向往个人成功、自由、享受的情感中落入西方价值观陷阱，因此近年来国家对西方文化作品有了更加审慎的准入要求。还有打着“学术无禁区”的幌子，用一些伪学术问题抛给识别能力较弱的普通民众，人为地制造思想矛盾，甚至利诱一些知识分子以学术讨论的名义阐述所谓的“结论”，却实为资本主义歌功颂德，并通过网络肆意放大，人们只要开始关注这些问题，西方资本主义就如愿以偿地运用话语陷阱困扰他们的思想。对此，不仅要明辨问题的真伪，更要旗帜鲜明地指出伪命题，敢于回答真问题，比如针对“党大还是法大”，习近平法治思想就给予了有力的回击，既点明其伪命题的真相，又准确回答了党和法的关系，正面防控住意识形态的风险。

最后，意识形态风险的防控要具有协同性。国内经济社会转型中人民的思想价值观念呈多元多样多变态势，全面深化改革攻坚期中存在经济社会问题泛政治化、泛意识形态化的倾向，反马克思主义、反社会主义者容易利用孤立问题、突发事件和社会热点反“马”反“社”。比如在抗击新冠疫情期间，敌对势力以抗疫“甩锅”为发端，经济遏制、文化渗透、外交争端、军事威胁等各种手段错综交织，妄图以多样化的意识形态攻击，对我国构成政治威胁、思想陷阱。因此，我们要在意识形态风险的防控中具有全方位概念，需要对应多样化参与主体如政府、专家、学者、“网络大V”等，提升这些行动主体的作为意愿与协同意识，以综合手段防范西方日益精巧的意识形态组合攻击，比如说在舆论反击时就可以充分调动多方力量，明确职责，以各自擅长的方式互相呼应，形成有力的舆论宣传体系以应对风险。

三、高校思想政治教育治理的应对方向

防范与化解意识形态领域的重大风险关系到全面建设社会主义现代化国家，并为其提供制度性文化安全保障。意识形态风险防控的主要发力点就是提供制度性保障，就高校思想政治教育而言，有效应对意识形态风险挑战升级，就必须在治理中“运用制度威力”❶。《关于加快构建高校思想政治工作体系的意见》中强调安全稳定体系的首要安全就是政治安全，因此高校思想政治教育治理完善安全稳定体系的首要任务就是强化高校政治安全，文件指出具体应对方向包括“认真落实意识形态工作责任制，加强高校思想文化阵地管理，严格实行审批制度。坚决抵御境外利用宗教渗透，防范校园传教活动”。

第一，要落实意识形态工作责任体系。将意识形态管理制度、意识形态报告制度、意识形态责任制度、意识形态监察制度等事

---

❶ 习近平：《习近平谈治国理政（第三卷）》，外文出版社，2020，第113页。

关意识形态风险的制度底线守住，并通过法治化路径构建横向到边、纵向到底的工作责任体系，以制度强制力串联依规管理、及时报告、有责必究、凡究必严的责任链条，确保在意识形态底线工作中，能够形成级级能传导、层层抓落实的工作格局，真正做到铁规发力、制度发威。

第二，要加强高校思想文化阵地管理，严格实行审批制度。高校是资本主义意识形态攻击的重点领域，大学生思想活跃，易接受新鲜事物，风险意识低，同时高校教学交流行为是西方意识形态披着“教育输出”“学术输出”“技术输出”等画皮的最佳宿主，能轻易在无形之中与我们抢夺大学生的思想领导权。因此，高校思想政治教育治理中应统筹校内外相关思想文化阵地并实行严格审批制度。需要强调的是，必须关注新型的思想文化阵地，传统的学术讲座、社团活动已经得到较为规范的管理，而那些变换组织场所、组织方式的学术交流或学生活动则需要引起高校管理者的高度敏感，比如就业宣讲之类的交流活动就容易以促进就业、校企合作等人才培养名义遮蔽真实目的，而这类活动往往会在审批程度中流于形式，无法受到有效监管。除此之外，构建网络空间意识形态治理法规体系也是近年来高校思想政治教育治理高度关注的方向，在智慧教育的时代需求下，填补网络意识形态领域的立法空白势不可待。当然，在高校思想文化阵地管理中也不能因噎废食，光喊“狼来了”，而要加大与丰富激励各级政府、各类社会组织、各类营利或非营利性单位等多元主体的力度与手段，构建能够全面覆盖前述主体的“1+N”治理群落并形成治理框架，正面推动主流意识形态文化的阵地建设，提升它在大学生群体中的吸引力与感召力。

第三，建立提升话语能力、把握话语权的有效机制。高校思想政治教育治理要将提升话语能力、把握话语权的有效机制与哲学社会科学体系，尤其是思想政治教育学科发展紧密结合起来，以理论带动实践，以实践丰富理论。要有针对性地解决高校场域内意识形态工作队伍职责不清、人员零散、能力不强的问题，一方面通过建立专业化系统化培训制度提高话语能力，另一方面要在高校的组织人事制度中给予制度倾斜，确保队伍结构稳定和人员思想政治素质过硬。除此之外，要以高校思想政治教育治理为龙头，加强思政课程建设制度，用好高校这一知识技术富矿区，确保用“中国话”讲好专业知识，并进一步以专业知识丰富符合我国意识形态需要的议题设置，形成良好的学术话语——政治话语的转化机制，更加有智慧地掌握意识形态的话语权。

第四，要以理想凝聚共识，建立和健全舆情引导制度。一方面要加强大学生意识形态的正面引导，“根深不怕风摇动”，只要正确的价值观深植学生心中，舆情问题就不容易泛政治化发展，这就需要高校建立常态化体系化的马克思主义理论的学习制度和育人制度，认为马克思主义理论学习就是思政课是片面的想法，虽然在高等教育中思政课发挥着马克思主义理论学习的核心作用，但是常态化体系化的学习制度不是单纯依靠思政课就能实现的，还要通过党课团课、社会实践、课外活动等多种形式共建。另一方面就是要建立健全舆情引导制度，舆情引导的基础是前面所述的意识形态的话语权和话语能力，但也需要更加科学专业、规范畅通的技术流程，这种技术流程的准确运用，需要有一套将舆情风险的预警、管控和评估形成协同联动制度化体系，以外部强制力确保舆情风险应对，“一触发即响应”。

第四节　高校思想政治教育治理实践的现实挑战

“时代的艰苦会使得人们没有自由的心情去理会那较高的内心生活和较纯洁的精神活动。”[1] 生存的利益和斗争，首要地占据人们精神上一切的能力和力量以及外在的手段，然而随着中国社会进入快速发展与变革的新时代，经济上的丰裕使得人们开始转向内心，回到自身，思想的不确定性带来层出不穷的挑战。时代的更迭使那些曾经无法理会，甚至无从发觉的问题在特定阶段以阻碍改革的挑战形式暴露面貌。高校思想政治教育治理是国家治理现代化背景下的自我完善与发展，当前我国高校思想政治教育治理实践进展并不顺利，面临着诸多方面的挑战，这些挑战源于现实困境，尤其是怠于斗争的功利主义弊病。

一、创新源动力不足

改革是发展的最大动力，要发展就必须勇于改革，这是“破”与“立”的过程，任何改革都不可能因循守旧。改革离不开创新驱动，创新是引领改革发展的第一动力。惟创新者进，惟创新者强，惟创新者胜，抓创新就是抓发展，谋创新就是谋未来。因此，改革创新的力度和进度，关系到高校思想政治教育的前进步伐，关系到其现代化的实现。就高校思想政治教育治理实践现状来说，存在“提问题的多，想办法的少，找困难的多，干成事的少”的凝滞状态，归根结底就是“提改革的多，能创新的少”。创新不足

---

[1] 黑格尔：《哲学史演讲录（一）》，贺麟、王太庆译，商务印书馆，1959，第1页。

带来不少现实问题，比如思想教育方法还是老一套，单向灌输式教育仍是主流，抽象理论讲授没有从“祖国的大地”出发，缺少实践体验，又比如在教育内容上缺乏创新，不能推陈出新地满足教育对象的需要，尤其是解读新理论、解释新现象、解答新问题方面，教师们自身缺乏底气，加之教育素材滞后于时代境遇，并不能很好地应对青年大学生活泼的思想转变，容易跟不上客观环境的变化，带来教育内容上的“空洞”与“苍白”。

总结改革开放40余年的发展经验，创新是新发展理念的“牛鼻子”，由于享有过改革红利，国人普遍对改革创新的思想十分赞成和拥护，然而在高校思想政治教育领域，创新却显得不那么活跃。制约创新的客观因素肯定存在，比如捉襟见肘的经费、普遍不高的科技水平、编制紧张的人员队伍等，都可能带来创新的客观不能。然而古话说，“心有余而力不足”，心有余在先，力不足在后，《论语·里仁》进一步说：“有能一日用其力于仁矣乎？我未见力不足者；盖有之矣，我未之见也。”可见，思想是行动的先导，主观意识能否跳出客观藩篱，是其能动性发挥的关键。

长期以来，“稳定压倒一切”的价值导向贯穿我国高校建设发展的全过程，所以传统的大学生思想引领工作具有过强的政治性特点，当然不可否认的是，高校思想政治教育鲜明的意识形态本质以及引领主流意识形态的社会功能，决定了它必须是以政治稳定为先为主。这项工作对政府行政权力过度依赖，虽然能集中力量办大事，迅速推动各项工作顺利开展，但是也容易产生重“维稳”轻“创新”的“躺平”功利主义，认为只要按要求参与自上而下的政治活动、执行政府行政命令，就能够不出错，将按部就班作为上令下行的常规手段，层层转发文件，级级下达命令，到了创新力最强的基层执行主体时，要么被满纸条条框框束缚了手脚，要么被用原则解释原则的内容搞得没有了方向；还有一种情况就是执行主体“等、靠、要”的依赖性强，只要上级没给出具体指示和要求，就以无法细化为由推诿执行，殊不知往往先提出“原则要求”的工作主要是新任务、重要任务、紧急任务，上级先提出些概略性的“大政方针”“规划构想”“指导思想”，就是期盼各地各部门因地制宜、创造性地先行落实起来。

思想政治教育治理实践要着力健全创新机制，要把对创新行为的保障和激励具体化、制度化，而不仅仅是宏观上的倡导，只有抓住创新意愿的“牛鼻子”，先解决这个制约高校思想政治教育质量提升的瓶颈问题，才能改善工作活力不够、不确定性大、长效性不足的积弊。健全创新机制，就是要用思想政治教育治理新思维突破旧思维，用善治的思维方式，提高积极性、主动性和创造性，推进治理能力现代化的实现。

二、治理机制不健全

按照公共治理理论，完善的公共治理机制需要多元治理主体共同参与，并为这种参与合作设计完备的法规制度、开辟畅通的参与渠道、搭建信息共享机制、形成有效的管理监督机制和公平独立的评估监督机制等一系列外部环境。社会治理体制是运用这一理论最为适合的领域，同时社会治理是国家治理成效显示度最高的方面之一，由此它的治理思路牵引着国家治理格局的创新与形成，当下我国各个领域共同推进的治理机制的完善方向，都将是从“独角戏”转化为“同台戏”、从一元管理转化为多元合作的“善治”模式。尽管不同领域的治理模式中，政府的角色定位还未达一致，但是“公共利益最大化”是各方主体的最大公约数，以此促成彼此间的合作，搭建牢固的治理基石。

诚然，对高校思想政治教育治理来说，公共治理理论并不能完全套用，但合作治理的理念确需在机制完善中予以贯彻，承认治理机制中需要有治理主体的多元化，以及他们具有利益的一致性和法制体系的共约性，才能以公开、透明、参与的方式实现高校思想政治教育治理各类矛盾的“和解”。当前，高校思想政治教育实践中已经初步建立了较为稳定的治理机制，但是在应对日益复杂的矛盾与挑战方面仍显不足。

第一，法律法规不够完备。总体来说，思想政治教育领域仍以行政管理模式为主，政策体系与这项工作的改革发展联系非常紧密，可以说是逐步完备的政策体系引领了高校思想政治教育现代化进程，这就造成了这个领域整体法治化程度较低。思想政治教育治理机制同样需要有合法性依据，同样需要依法保障治理程序公正，实践中对于法治化的旁视可能源于法治思维与人治思维的根本冲突，思想政治教育过程中“人治”因素带来的管理优势，如行动力快、执行力强等，阻碍了“法治”的运用意愿。因此，还要运用法治思维推动思想政治教育治理相关法律制度的健全，加快政策法治化进程，以制度为最高权威，确保治理主体的合法性和治理程序的公正性。强调破解“人治”的唯一办法就是民主的制度化、法律化，[1] 以制度优势保护基层教育工作者的积极性、提升受教育者对教育者的信任度，以“去行政化”规避“人治”所带来的消极后果。

第二，参与机制不够有效。基于中国共产党在思想政治工作上的优秀传统，思想教育与政治宣传在中国往往通过党的宣传部

---

[1] 《邓小平文选（第二卷）》，人民出版社，1994，第 146 页。书中提出：“必须使民主制度化、法律化，使这种制度和法律不因领导人的改变而改变，不因领导人的看法和注意力的改变而改变。”

门自上而下层层传达、执行，并依靠党的组织体系对落实情况加以保障，以组织约束力做好这项针对“人”的工作。因此，在高校也形成依赖组织宣传条线的力量来推进思想政治工作的习惯，然而随着工作复杂性、困难性的增加，更多主体甚至受教育者的共同推进显得尤为重要，这些多元治理主体通过获得法律或制度的授权，就拥有参与治理的合法性和法定职责。而现实情况中，高校思想政治教育治理主体在参与程度、参与领域、参与方式等方面，均未有明确划分，虽然说“思想政治工作，各个部门都要负责”。[1] 但究竟怎么负责、谁来负责仍没有具体的规定，因此，治理参与机制的不完善也影响了思想政治工作实施的有效性。

第三，信息共享机制仍未形成。现代化治理需要对治理过程的任何信息能够快速共享，包括不同环节和领域产生的信息，这些信息不断地以输入、存储、处理、输出和控制的形式出现在整个治理过程之中。信息能否及时开放、共享，将直接影响思想政治教育对治理问题回应的准确度。当前，相关信息要么因行政权力优势掌握在政府手中，要么因学生教育管理近缘优势掌握在高校手中，再要么因数字技术优势掌握在互联网行业，这是几个信息集中的场域，但是这些信息基于各自的行政壁垒、安全壁垒、技术壁垒等客观因素并未通过合法有效的共享机制实现共用共治。我们需要意识到，只有建立一套规范的信息共享机制，才能在确保数据安全的前提下，优化思想政治教育治理内系统与外生态信息交流的贯通，使其开展与时俱进的变革。

第四，协同治理机制还未完善。集成的“整体功能倍增”效应是高校思想政治教育协同治理机制的理论依据，具有互补性和

---

[1] 《毛泽东文集（第七卷）》，人民出版社，1999，第226页。

相容性的治理要素通过良好的机制协同运行，联结成新的整体，在互为激发的状态下，实现“1 + 1 > 2”的效能。因此，《高校思想政治工作质量提升工程实施纲要》中提出，高校思想政治教育是一项复杂的系统性工程，质量提升关键要从“育人共同体”着手综合改革。自2017年该纲要颁布以来，教育部组织开展多批试点单位建设，从省（区、市）——高校——院系三级层面开展三个类型各有侧重的试点工作，要求在建设过程中各地各高校要坚持“全面统筹各领域、各环节、各方面的育人资源和育人力量……使思想政治工作体系贯通学科体系、教学体系、教材体系、管理体系”的基本思路。《“三全育人”综合改革试点工作建设要求和管理办法（试行）》中进一步对“完善高校思想政治工作统筹协调落实机制”这项任务明确了三级层面的主要建设内容和区别，提出“明确省级各部门落实加强和改进高校思想政治工作的职责分工和实施要求”的建设标准。可以说，这项综合改革试点工作进行五年以来，许多地方和高校参与试点，在基层治理中创新协同机制，取得了一定范围内的集成功能倍增效应，使高校思想政治教育事半功倍，但是试点推行到一段时期，还是需要及时将试点创新成果总结好，形成可推广可复制的机制经验，再在推广复制的基础上进一步制度化。

最后，评价监督机制有待夯实。完善的治理机制必然包括全过程的客观评价与有效监督。中央31号文下发后，各省市教育主管部门对高校思想政治工作“怎样做好”以及“做得怎样”进行探索，逐步完善评价体系，如上海市在高校分类评价指标体系中，明确“立德树人”的评价指标，并置于首位；《高校思想政治工作质量提升工程实施纲要》则明确要求探索工作评价的机制化、体系化和创新化，提出第三方评价方式具备可行性；教育部推动的

“三全育人”综合改革试点工作中也设计了相关的指标要求，包括“评价管理规范”中的二级指标“健全评价体系”、三级指标“坚持定性分析和定量分析相结合、工作评价和效果评价相结合……”可以说，文件对评价体系的建设方向作了框架性、方向性的规定，但对于是否建立中立的第三方评价机制则尚未明确。以比较成熟的教育评估为类比，虽然已经开始引入第三方评价机制，但同行评价，教育主管部门评价仍是主流，原因在于第三方机构主体的公信力、专业性和独立性是制约第三方评价机制引入的重要因素，但是也要看到第三方评价对长期开展教育评价工作的支撑作用，因此，高校思想政治教育治理在客观评价机制完善中，应该形成一套以教育主管部门为主导的、第三方评价机构为支撑的、行业评价为辅助的工作质量评价机制。与此同时，在客观评价的基础上，必须跟进监督手段，才能使评价结果发挥对工作的推进作用。当前，高校育人工作已经被列入党内巡视的重要内容，在干部选拔与考核中，也将思想政治教育成效列为考察要点，并作为高校领导班子年终述职的重要内容，以此督促高校将育人工作尤其是思想建设作为首要任务。可以说，高校思想政治教育的监督力度正在不断加强，但是也存在一些实际问题，比如说监督机制尚未覆盖全员，虽然抓住“关键少数”是监督的核心，但是从治理多元化的角度来看，参与治理的各个主体各有职责，都需要依职责受到监督，政府的相关部门可以通过党纪政纪进行监督，而社会主体可以通过行业规范等法律法规进行监督，相对来说，对政府主体和社会主体的监督还流于“形式”；又比如说监督机制尚未体现全程性，高校思想政治教育是一项全程性工作，贯穿大学生的学习全过程，目前各级政府不定期开展辖区内的大学生思想状况调研，以之为监督高校思想政治教育成效的重要参考，但应该注意的是，大学生思想状况变化是一个持续发展的连贯过程，只有定期开展调研，才能为全程监督提供更为真实的数据；还比如说监督手段尚未覆盖全方位，当前更多的监督手段是依靠党的组织路线进行的纪律监督，制约的是党员干部和党组织，面对全方位的育人要求，还需要运用更多监督手段，像信息化监督、财政监督等。

三、基层治理队伍建设薄弱

政治制度体系的性质与完善进程决定着我国高校思想政治教育的发展，并决定了其管理权力明显派生于国家的政治权威，援用的管理模式也具有鲜明的行政特征，在治理改革趋势下，政府既要分权与民，还要提高基层治理队伍的建设水平。对高校而言，基层治理队伍主要包括高校内部的治理队伍以及社会层面参与进来的基层治理队伍，其中高校内部的治理队伍显然充当了主要角色，是推动高校思想政治教育现代化的重要基层力量。通常高校内部的思想政治教育基层治理队伍的组成包括党团与业务相关行政干部、辅导员和班主任、思政课教师等这些专职教职人员，但目前这支队伍在思想政治教育治理能力方面的建设水平还较为薄弱。

一方面，这支基层治理队伍存在治理权责不协调的困扰。在这支队伍里，党团、行政干部主要承担思想政治教育的规划性和事务性工作，辅导员或班主任主要承担最一线的大学生思想政治教育，思政课等课程教师主要承担思想政治理论知识教授工作。他们是基层治理中最核心的螺丝钉，缺一不可，各方职责共同构成高校思想政治教育整体。然而他们也承担着超越职责的压力，比如说，党团、行政干部在承担思想政治教育的同时，还承担着其他行政工作，往往行政工作急，思想工作缓，行政工作显性，思想工作隐性，他们的治理精力无形中受到行政工作的挤压，还有辅导员更是“上面千条线下面一根针”，尤其是在落实工作中，经常遇到执行空间小、实际问题多、思想顾虑重、政治压力大的情况，思政课程教师也不可能做到“打铃下课”，而是需要承担让思想政治教育在其他课程建设中“发声”的任务，这些压力多数来源于基层治理队伍的职责泛化，使得他们虽然有责任上的关联，却没有相应职权上的赋予，更没有待遇上的体现，这对基层治理队伍的积极性和参与度产生了很大影响。

另一方面，不可否认的是，这支基层治理队伍存在治理能力不足、治理知识结构单一、治理积极性不高等欠缺。治理能力既需要专业的知识储备，也需要丰富的实践经验，而高校思想政治教育还在经历从管理向治理的跨越，无论治理理念上、业务能力上还是钻研方向上，这支队伍都有一定的差距，还没有做好承担治理重任的能力准备。比如说，很多党团、行政干部从来没有参加过专门的管理能力培训，缺乏科学的管理知识和技能，也因为长期埋头于琐碎的事务性工作，疏于工作中的经验总结和做法提炼，常常安于现状，缺乏与时俱进的能力水平；从辅导员、班主任的角度来看，年轻化、高学历层次是他们的特点，这让他们有朝气有热情，但是大多数从校门到校门的辅导员们，囿于实际经验不足，往往在工作中手忙脚乱，工作方式要么依靠自己学生经历中对辅导员的“印象”，要么生搬硬套辅导员培训内容，缺乏应变力、号召力与影响力，还有些辅导员将过去的学生干部角色套用在教师角色上，往往造成师生关系的错位，另外有些辅导员马克思主义理论功底还不够扎实，思想因为也处于家庭人生的上升期而波动较大，在引领大学生的思想时，不能很好地运用思想政治教育理论知识，甚至还被学生们带跑带偏；从课程教师队伍的角度来看，则存在思想政治教育教授内容、教授方式的因循守旧问题，没有照顾到学生开放性、时代性和现代性的需求。

总体而言，目前高校思想政治教育基层工作队伍对于以治理为改革方向的工作转型，无论在意识准备方面，还是能力储备方面仍显不足，治理素质偏低，难以有效发挥预期作用。由此可见，以治理为目标激发这支队伍的改革意识、提升专业化本领，是高校思想政治教育治理实践面临的现实挑战。

CHAPTER 04 >>

第四章

高校思想政治教育治理的价值遵循与运行原则

2017 年，中共中央、国务院印发了《关于加强和改进新形势下高校思想政治工作的意见》，该意见成为新时代高校思想政治工作改革发展的顶层设计和目标蓝图，以此文件为挈领，新时代加强和改进这项工作的重要意义更加突出，总体要求更加明确，指导思想和基本原则更加与时俱进，可以说是在党和国家最高层面上对高校思想政治工作质量提升的最新要求。建党百年之际，中共中央、国务院印发了《关于新时代加强和改进思想政治工作的意见》，提出了更新、更远、更具体的思想政治工作要求，既对思想政治工作的经验和规律进行了回顾百年的总结和面向中国梦的展望，又对下一阶段思想政治工作的指导思想和方针原则从新的历史方位赋予新的历史内涵，明确了思想政治工作与治党治国的重要关系，丰富了思想政治工作的实践领域与实践方式，部署了基层思想政治工作质量和水平的提升战略，强调了守正创新对思想政治工作创新发展的深化作用，并提出思想政治工作大格局的建设路径。前后两个意见分别向高校思想政治工作提出了三个“事关”[1] 的历史设问，划定了工作改革创新的思想中线，也为高校思想政治教育治理的价值遵循与运行原则提供了精神源泉。

第一节　高校思想政治教育治理的价值遵循

育人成效是高等学校基于党对高校领导权的牢固掌握，坚持社会主义办学方向所取得成果的集中体现，体现了高校为改革开放和社会主义现代化建设服务、为人民服务的思想工作成效。明确高校思想政治教育治理的价值遵循是提高工作质量的基本前提。

一、坚持党的领导

高校是坚持党的领导的坚强阵地，办好中国特色社会主义教育事业的根本保证就是党的领导制度在高校的坚决贯彻。因此，高校思想政治教育治理首先要确保党牢牢掌握高校工作的领导权，成为“党领导下的高校”，这是高校为党的全面领导制度凝聚人心的价值蕴含。

[1] 《关于加强和改进新形势下高校思想政治工作的意见》提出：“加强和改进高校思想政治工作，事关办什么样的大学、怎样办大学的根本问题，事关党对高校的领导，事关中国特色社会主义事业后继有人，是一项重大的政治任务和战略工程。”《关于新时代加强和改进思想政治工作的意见》提出：“加强和改进思想政治工作，事关党的前途命运，事关国家长治久安，事关民族凝聚力和向心力。”

（一）维护党中央权威，深刻把握“两个确立”，坚决做到“两个维护”

党的十八大以来，党中央高度重视高等学校的政治领导和思想领导。加强和改进思想政治工作，关键在于政治上的领导工作，这事关党的前途命运，同时也是高校确保正确办学方向的“生命线”。高校是党对青年人进行教育最主要的一块阵地，党要在政治立场和思想上引领高校的发展，政治建设既为高校指明了为党育人为国育才的奋斗方向，它的好坏也决定了高校能否交出党和人民满意的教育答卷。

高校思想政治教育治理最根本的价值遵循就是坚决维护党中央权威，重点在于深刻认识“两个确立”，有效融入“两个维护”的践行自觉。一方面，高校思想政治教育要对“两个确立”重大论断有紧跟意识，要从唯物史观上讲清这一时代要求鲜明的政治性、原则性、人民性，讲清它是全面总结党的百年奋斗与伟大实践得出的重大历史结论，是指引中华民族持续胜利的根本保障，是反映全党意志与人民心声的重大政治判断，在新时代新征程上必须坚决拥护和捍卫；另一方面，高校思想政治教育更重要的政治贡献应该从根本上、思想上推动高校师生对“两个维护”的现实践行，将对“两个确立”高度认同意识行动化。不可否认，当前仍有个别高校存在党的领导弱化、党的建设缺失、全面从严治党不力等问题，要解决这些问题，关键得靠思想政治工作，增强高校“两个维护”的政治定力和政治能力，保护好高校政治生态，发挥“六合同风，九州共贯”的党的领导核心作用，为高校事业发展掌舵领航。

（二）完善党的领导制度，牢牢掌握工作领导权和主动权

事在四方，要在中央。对高校思想政治教育治理来说，保证

党的全面领导落地生根的重要实践，就是在规则制定和工作推进方面持续完善党对高校的全面领导，坚决维护党在高校各项任务、各个领域的绝对领导权和思想主动权，筑牢党的全面领导制度，具体来说就是要贯彻党委领导下的校长负责制。

以毛泽东同志创办湖南自修大学为起点，党在办好中国大学的百年奋斗中接续前进，逐步完善了党对高校领导的工作体制——党委领导下的校长负责制，其间先后经历的主要转变在于将校务委员会制、校长负责制，变革发展为党委领导下的校务委员会负责制直至校长分工负责制，这段从行政主导到党委领导的转化历程，体现了党对高校领导意识的不断巩固和领导能力的不断提升。即使受高等教育现代化、市场化管理模式的影响，面对一些不同声音，这一富有中国特色社会主义性质的教育制度设计仍旧是我国走向世界教育强国之列的制度保障。经过几十年的制度实施调整，为高等教育的蓬勃发展起到了定盘星的重要作用，当然在具体执行方面也存在一些问题，比如存在党管、党治的方向不稳、力度不足，校长与党委的关系错位，以“虚”制度推进“实”工作，甚至还有个别高校争夺“一把手”等问题。

如何让高校党委挺起“腰杆”实起来、领起来、干起来，关键要让高校思想政治工作以牢固树立“四个意识”为行动指南，并将其转化为强化主动的领导能力与行动能力。首先，要清醒地认识到政治领导是关键起点，管党治党、办学治校的主体责任只有在牢固树立政治意识的基础上，高校党委才能能力更强、责任更实，真正地挺直腰杆，切实发挥“把方向、管大局、作决策、保落实”的根本职能；其次，要从党和国家的大局出发，将高等教育发展主动融入治党治国战略任务之中，高校行政领导班子要自觉接受党委领导，坚决贯彻执行党委决定，才能保证各项行政工作符合党和国家的大政方针，另外高校党委也要从学校实情出发，实事求是，锻炼将党和国家新时代新要求及时贯彻到本校具体实践中去的领导能力；再次，高校党委要以“一个不可分离的整体”概念，始终与党中央保持高度一致，以党的旗帜为旗帜，以党的方向为方向，以党的意志为意志，当政治上的明白人，在思想上、政治上、行动上用统一的意志凝聚强健的战斗力；最后，“和实生物，同则不继”，高校党委要准确贯彻民主集中制，发挥制度优势，在高校改革的攻坚期，体现民主基础上的“集中”和集中指导下的“民主”，时刻警醒，及时纠偏，一切从实际出发，在“差异”中求“统一”，努力达到“和而不同”的理想状态。

（三）突出问题导向，把党的政治建设贯穿始终

高等教育是党的事业的重要组成部分，抓好高校党的政治建设，将其贯穿整个教书育人的过程中，才能确保各级党组织的先进性和纯洁性，发挥坚强的战斗堡垒作用，凝聚强大力量，提升高校治理效能，服务师生，服务学校长远发展，真真正正扎根中国大地办大学。中国特色社会主义大学的本质就是要立足“四个服务”，实现国家强盛的智慧支持，体现以人民根本利益为首要、以治国理政为必要、以制度完善自信为主要、以改革开放与现代化为重要的办学治校方向，这是培养社会主义合格接班人的成功实践经验总结，也是新时代高校对党的教育方针的继承发扬和创新发展。然而目前的实际情况，尤其是从政治巡视所反映出来的问题看，部分高校仍不同程度地存在党的领导弱化、党的建设缺失等问题，与“党的领导贯穿全过程”要求相比则不尽如人意。改善和加强高校党的政治建设必须以问题为导向，从加强高校基层党组织建设、推动全面从严治党向基层延伸、加强干部人才队伍对事业发展的人力支撑作用等方面展开。

其一，生机勃勃的基层党组织是高校各项事业蓬勃发展的动力之源。发挥“最后一公里”的效能要求，既针对高校党委也包括院系党总支（分党委）直至师生党支部。基层党组织的整顿要一直在路上，这是习近平总书记在2018年全国组织工作会议上的明确要求，只有这样才能推动它们向“进步过硬”的标准靠拢，扭转“软弱涣散”的情况。因此高校思想政治教育治理要突出制度支持的优势，善用制度，能用约束，敢用规矩，以制度动力撬动组织动力，确保基层党组织在思想认识上达到更高的落实意识与贯彻意识，进而为实施党的路线方针夯实地基；要通过思想政治教育具体工作活动体系，推动高校各级党组织锤炼过硬本领，时刻突显党领导高校的工作主线，实现教育事业的全面进步。比如说健全完善各级议事决策体系，严格对照工作标准进一步完善基层党组织设置和工作机制等。

其二，全面从严治党是高校基层党组织纯洁性和先进性的重要保障。经过多轮政治巡视工作，可以说高校党委层面全面从严治党的意识和行动都越来越扎实，但是“三大主体责任”在纵深落实方面，仍然存在诸多问题和薄弱环节。尤其是院系层面，党组织、师生党支部普遍对“严”的标准认识存在片面性、单一性，从严治党还停留在概念层面，对显性的贪腐行为敢于斗争，而对隐性的怠政懒政甚至思想腐蚀现象却不以为然，认为无关痛痒，只要对业务工作没影响就行。这就需要高校思想政治教育治理构建“严”的环境，在政治纪律上下功夫，抓实党的组织生活各项制度；在政治学习上下功夫，学懂弄通做实，及时将学习教育成果切实转化为攻坚克难的精神力量，转化为改革创新的务实举措，转化为促进事业改革发展的实际本领；在政治责任监督上下功夫，将“三全育人”体制机制与立德树人根本任务在政治责任上形成桥梁，进一步完善基层党建责任传导机制，彻底改善“上热中温下凉”的现象。

其三，加强干部人才队伍建设是高校事业发展的人力支撑。高校是人才富矿，既要有干事创业敢于担当的干部管理队伍，也要有政治过硬、学术过硬的“四有”专业教师队伍，才能实现用正派优秀人才培养德智体美劳全面人才的育人目标，才能为国家现代化发展提供充实的人力支撑。这需要高校思想政治教育治理坚持以党管干部驱动高校整体人才队伍建设，牢固树立鲜明的选人用人育人导向，突出政治标准，强调政治选拔，做好政治培养，加强政治历练，严管与厚爱结合，激励与鞭策并用，激发队伍干事创业激情，推动实现能者上、优者奖、庸者下、劣者汰的干部考核激励机制，形成能发现人才，能领导人才，能用好人才，能留住人才的良好局面。

二、坚持以人民为中心

以人民为中心，是马克思主义与中国道路历史性实践的内在结合，是以习近平同志为核心的党中央治国理政的鲜明特点，具体指向高校育人领域，以之作为治理的价值遵循，是对无产阶级政党人民主体观的实践表达，有助于提升思想政治教育的“桥接功能”[1]。在新发展阶段，“人民至上”的价值内核促使各领域治理完善皆以实现“为人民服务”为目标，将马克思主义经典理论之力量转化成“为人民谋幸福”之力量，高校育人工作亦然。

（一）巩固马克思主义在意识形态领域的指导地位

坚持正确的办学方向是高校事业发展的指南针。高校思想政

---

[1] 李合亮：《“获得感”视域下高校思想政治教育实效性建设》，《教学与研究》2021 年第 7 期。

治教育治理就是要让这枚指南针在推进教育改革，擘画发展蓝图的道路上“用”起来，只有巩固马克思主义在高校意识形态领域的指导地位，才能掌握育人主导权，保证高校成为育人的坚强阵地，以实际行动答好“培养什么人、怎样培养人、为谁培养人”这一根本问题，具体来说，就是要用好用对科学理论和正确思想，才能真正完成培养人、引导人的根本任务。

一方面，高校思想政治教育治理需要形成思想政治教育学科现代化发展的良好机制，从学科建设体系完善、研究方法创新、研究内容丰富、研究对象拓宽等方面入手，紧抓马克思主义学院建设的时代契机，以扎实推动马克思主义学院内涵式发展为自身内在优势，以马克思主义学院建设政策体系为自身强化支撑，以党对马克思主义学院建设的领导为自身固本培元，既培养育优本学科的专属人才，在思想政治教育学科人才队伍上实现“造血”功能，又使思想政治教育科学理论体系在向新时代结构升级，助力提升马克思主义在高校哲学社会科学建设与发展中的挈领地位。

另一方面，高校思想政治教育治理要领会并执行意识形态工作责任制，打造马克思主义意识形态的坚强思想阵地，树立正确思想，秉持鲜明的政治立场和政治认识区分政治原则问题、思想认识问题、学术观点问题，旗帜鲜明地反对和抵御打着学术旗号的思想侵蚀，避免披着学术外衣的政治陷阱；高校党委要抓牢意识形态工作领导权，为马克思主义以“正确思想引导人”提供权力保障，既能擅于全方位宣传，讲清讲准党中央文件与决定的内涵目的，又能擅于全方位发动，切实提升师生政治引领的工作实效；高校党组织中的活力细胞——党支部也需要熟悉并用好党内法规和各项制度，擅于通过党内生活以“润物无声”的方式落实责任制的硬性要求，创新活动载体在党的基层细胞中加强对党员和师生群众的思想引领，号召他们深入领会党组织提出的规则意识与党性认识并做到不断巩固强化，同时也要发挥党组织凝聚力量的重要作用，黏合行政事务与党团工作，使它们结成合力，为治校办学各项任务的完成出谋划策。

（二）实现人民主体利益，为人民服务

马克思主义人民主体思想在具体社会与历史阶段，两者的实践逻辑中体现的内在勾连在于，既是人民群众创造历史，现实的历史运动也是人民群众作为历史主体的形成过程或现实生成。具体社会的客观发展以及历史阶段的螺旋上升都是人民群众劳动实践的物化成果，既是人民意志的体现，也是人民利益的承载。因此，实现人民主体利益、为人民服务在教育领域的延伸与展现就是“办人民满意的教育”，这是中国特色社会主义高等教育百年征程的历史承诺，也是党对教育事业发展提出的方向性要求。办好人民满意的教育，首先要先办好人民满意的思想政治教育，这里的人民既包括思想政治教育关系内的相关主体，也包括广大的人民群众主体。

高校思想政治教育治理要让思想政治教育关系内的主体双方都达到对等满意度。一方面，受教育者——学生满意是基本要求。思想政治教育与其他学科教学的不同之处在于这是一种“随时随地”会发生的教育教学活动，从课堂到课外、从知识到实践、从行为到意识，思想政治教育以全方位格局发生在高校教学管理的全过程中，人人都可能是思想政治的教育者，都会对主要的受教育者——学生产生影响。因此，要生成良好的全方位思政育人环境，对高校思想政治教育治理来说是具有很高要求的。比如说，要对受教育者“情况清”，什么样的学生决定了高校提供什么样的教育以及怎样进行教育，学生的特质不仅影响教学的内容也制约

教育的方式，及时、适度、客观的学生思想情况调研机制既能为思想政治教育教学展现受教育者的基本特质与需求，也能提供教育预期与教育成果的对比参差。又如，要对教育者“要求清”，高校思想政治教育具有多元教育主体，其全员育人是否发挥“全”的作用，决定于是否对每一环节、每一岗位的教育者育人职责有着清晰标准，如果在思想政治教育治理中没有明确的思想政治工作责任制，那么全员育人必然存在职责虚化的形式主义。另一方面，教育者——教师满意是对等要求。对等性是指教师满意应该是在学生满意的前提下获得的，而非脱离学生满意的“自我陶醉”，对等性的教师满意是思想政治教育关系中更高级的教育获得感，教师通过学生满意程度来确认教学效果和收获教学认可，进而实现自身教育价值，因此合理的教学效果评估机制能够让教师准确接收到学生的满意度反馈，务实的实践带教制度、班主任制度也能在一定程度上增加教师参与学生课外活动的机会，以旁观者的角度第一时间得到学生德育效果的行为反馈。

高校思想政治教育也要实现让更广泛的人民群众满意的治理目标。也就是说通过提升治理效能，促进大学生思想政治素质良性发展，使高校思想政治教育的结果让社会满意。高校集聚了知识分子精英阶层，也是培养高素质人才的关键领域，在高校酝酿思想、创新知识过程中所形成的思想文化成果引领着社会思想的发展方向，大学生的思想素质不单体现了高等教育的成果，更重要的是影响着人民群众思想素质的发展走向。“大学犹为海上之灯塔”，大学不仅为知识之灯塔，也应为社会集体意识之灯塔，正如百年前的五四运动正是新思想在高等学府一时的火花迸发才掀起了中华民族觉醒之意识。首先，高校思想政治教育要让大学生群体思想素质获得社会的普遍认可，这涉及思想政治教育治理形成有效的“实施——反馈”机制，也就是如何完善思想政治教育效果评价体系的问题，既要设计出与社会思想道德需要相吻合的对标体系，积极引入行业评价、用人单位评价、同行评价、受教育者评价等多维因素，避免在象牙塔里孤芳自赏抑或王婆卖瓜自卖自夸，也要有一套流畅的反馈调整机制，将前者所述的评价结果反馈到教学管理环节，以便高校及时地将社会需求与教学实际之间的误差调正。其次，高校除了要办出让全社会满意的思想政治教育，还要形成高质量的思想引领，比如说要发掘大学生创新创业活动对学生创新能力的价值导向，着重提升知识密集型人力资源中的创新素质、批判精神，还要培养大学生高度的社会责任感，从而引领社会形成向善向好的道德氛围，对社会思想文化起到指引和调节作用，当然更要站在国家战略发展需求的制高点，以高水平、高层次的科学研究，引领科学技术的发展。

（三）凝心聚力激发人民实践主体精神

“社会主义不是少数人，不是一个党所能实施的。只有千百万人学会亲自做这件事的时候，他们才能实施社会主义。”[1] 人民是历史发展的根本动力，通过实践活动改造客体对象，最终实现人的自我价值与社会价值的统一。新时代高校思想政治教育要践行党的群众路线，把人民对美好生活的向往这一奋斗目标融入大学生的理想信念教育之中，激发大学生这一实践主体创造历史、奉献历史的时代热情，进而体现思想政治教育巩固全党全国各族人民团结奋斗共同思想基础的使命担当。

在高校，群众路线就是以学生为一切工作的出发点，以学生

---

[1] 中共中央编译局：《列宁选集（第3卷）》，人民出版社，2012，第464页。

利益为中心利益。高校思想政治教育治理要构建立体的育人体系，既有教育的底线思维约束，又有育人的崇高标准指导。底线思维在于教育的平等赋予，让每一位学生都享有受教育的权利，拥有人生出彩的机会，比如搭建“六位一体”资助育人体系，不仅确保每一名学生都能上得起学，还要让每一名学生通过资助实现人的全面发展，新时代的高校资助工作要将思想政治教育放在首位，将经济支持与思想引领融为一体，强化思想政治教育的价值内涵，进而丰富教育平等的精神内涵；又如完善大学生心理健康与咨询服务体系，以心理安全的底线思维为高校思想政治教育治理筑牢安全防线，没有健康的心理状态就没有理想信念的根植基础，要把大学生的心理健康作为思想政治教育的基础工作重点抓、重点做；除了底线思维，实现学生利益还要遵从培养社会主义合格接班人的崇高育人目标，比如可以通过构建全员、全程、全方位的就业创业指导服务体系，引导学生储备好国家现代化建设的科学知识，树立干一行爱一行的职业观，鼓励学生提高文化素养，实现学有所成，也激发学生学而有用的奉献精神、首创精神，以系统化的职业生涯教育将大学生干事创业的决心和干劲凝聚起来，使他们从旁观者变为实际参与者，以主人翁的精神将青春热情付诸实践。

三、坚持服务党和国家大局

作为治党治国的重要组成部分，高校教育事业的时代内涵因时而异，既有新使命，也有新挑战，更有新机遇，而万变不离其宗，四个服务归根结底就是服务于大局。立德树人如何在机遇面前迎难而上，借风而行，将思想政治工作的“生命线”功能转化为“生命力”，是高校思想政治教育治理坚持服务党和国家大局的价值遵循。面对“推进国家治理体系和治理能力现代化”这一党和国家当前最紧要的大局，高校思想政治教育要深入领会十九届四中全会精神，把自身治理摆进国家治理的大局中，为服务党和国家大局保方向、固整体、明战略。

（一）为坚持和完善中国特色社会主义制度“保方向”

“坚持和巩固什么、完善和发展什么”是现阶段治国理政的核心问题，是中国共产党在对中国特色社会主义的制度优势进行总结的基础上，以愈加深入的认识论提出的制度建设问题，要准确回答这一时代之问，要从根本上坚守马克思主义主流意识形态本质，具体来说，高校思想政治教育要发挥统一思想、凝结共识、一致行动的保证作用，以更强的思想定力保证中国实践的制度建设方向不出错。

首先，以科学的世界观、人生观和价值观，发挥思想统一的保证作用。在大学生的“拔苗孕穗期”，高校要通过不断优化的思想政治教育课程体系，用马克思主义科学理论引导大学生外观内省，对他们从幼年时逐步形成的世界观、人生观和价值观进行检视与重塑，引导他们将个人理想与中国特色社会主义共同理想结合起来，将个人命运与民族命运联系在一起；通过“四史”教育，坚定大学生的“道路自信、理论自信、制度自信、文化自信”，对中国特色社会主义制度产生由衷的自豪感、自信心，由衷地拥护和支持中国共产党的领导；在思想政治教育中，还要引导大学生将自己人生的方向目标和行动指南，自觉融入进行伟大斗争、建设伟大工程、推进伟大事业、实现伟大梦想的历史进程之中。

其次，培育和践行社会主义核心价值观，发挥价值共识的保证作用。高校思想政治教育要紧跟习近平新时代中国特色社会主义思想，从习近平总书记针对教书育人、青年发展、哲学社会科学建设等方面的重要论述与讲话中汲取精神力量与教育素材，融汇贯通地向大学生明确价值要求，践行价值准则，以核心价值观凝结大学生对社会主义意识形态的本质认同以及社会主义制度的价值认同。针对当前大学生存在的价值观认同碎片化、浅层化、被动化、虚拟化等问题，高校思想政治教育治理要建立有效的价值观教育认同机制，形成全方位全过程全员的价值观认同教育合力，培养大学生养成以社会主义核心价值观为逻辑起点的高尚政治品格、鲜明人民立场、强烈担当意识、砥砺实干作风以及勇于创新精神，为大学生扣好人生的第一粒扣子，从而巩固治国理政的价值基础。

最后，以新时代的忠诚爱国者为号召，发挥行动统一的保证作用。高校思想政治教育要以爱国主义教育为主线，引导大学生以实际行动做到“坚持爱国爱党爱社会主义相统一”；不仅要继承中华民族崇尚精神的优秀传统，坚定“尊重和传承中华民族历史文化”，还要弘扬以中国共产党人精神谱系为核心的中国精神，要自觉把行动统一到新时代中国特色社会主义建设基本方略中，坚决“维护祖国统一和民族团结”，“坚持立足中国又面向世界”，将个人发展与中国梦的实现紧密结合起来。

（二）为国家治理现代化“固整体”

在很长的一段历史时期中，大多数国家发展的侧重点都是先单纯地发展经济，以经济增长巩固政治稳定，然而经济高速的增长却与社会滞后发展、人与自然和生存环境之间都产生了紧张对立的关系，归根结底，这都是国家发展理念偏颇产生的不良后果。我国发展中也经历过“经济先行”的阶段，但在党的十八大以后，我国着重围绕“促进生产关系与生产力、上层建筑与经济基础相协调，不断开拓生产发展、生活富裕、生态良好的文明发展道路”[1]付出了巨大努力，坚决贯彻新发展理念，力争打造经济、政治、文化、社会和生态的有机发展体，并取得较大成效。

大学生是参与国家治理的中坚力量，走入社会后也将是各行各业建设发展的骨干力量，只要他们能够深入领会“五位一体”的中国特色社会主义建设总布局，就有助于在治理力量上为“经济、政治、文化、社会、生态”协调共建提供整合功能。因此，高校思想政治教育治理也要当然地体现“五位一体”的逻辑内涵，加强思想政治工作对新发展理念的贯彻落实。

比如说，在高校教育管理服务育人格局中，能够以政治引领为先导，同时整合运用经济手段，辅以社会责任感培养，使学生同时养成坚定的政治立场、公平意识以及道德责任感，开展这样的多方位育人活动，资助贫困学生的工作是很好的实施场域，既能贯彻党的教育方针，使大学生听党领导跟党走，又能保障学生享有平等的受教育权，使其崇尚平等与法治，也能通过资助这一经济手段了解经济与社会发展之间的关联性，将人民对美好生活的向往这一理想目标与大学生自身经历结合起来，更能感性地认识到国家治理的综合性与复杂性；又比如，可以将“五位一体”延伸到高校的社团活动设计方面，给予涉及相关主题的社团更多支持，尤其在社团指导中，教师可以有意识地培养社员对具体社团活动深入思考的能力，探索其中指向的发展理念，如对于那些传承中华优秀传统文化的社团，指导老师可以有计划地将传统文化涉及的历史背景、经典故事等讲授给学生，使学生们能够在更高层面领会到社团活动所蕴含的优秀传统文化内涵，形成正确的

---

[1] 中共中央文献研究室：《十八大以来重要文献选编（上）》，中央文献出版社，2014，第23页。

历史观、文化观，从而发挥思想政治教育文化选择、传播、规范、涵养功能，促进文化自信，繁荣社会主义精神文明，建设社会主义文化强国；除此之外，思想政治教育活动还能够以润物无声的方式整合发展其生态功能，在高校师生中树立绿色发展理念，建立生态责任自觉，在人才培养过程中加入可持续发展理念教育，形成人与自然和谐相处的现代化建设新格局。

（三）为实现中国梦“明战略”

全面建设社会主义现代化国家、全面深化改革、全面依法治国、全面从严治党的战略布局，是党的十九届五中全会对“四个全面”战略布局的最新表述。在“两个一百年”奋斗目标的历史交汇期，体现了遵循实践中探索、探索中实践的规律，是我国改革开放和现代化发展新时期治国理政的着力中枢，对实现第二个百年奋斗目标具有更强的针对性和指导性。高校思想政治教育能够为协调推进“四个全面”战略布局和实现中华民族伟大复兴中国梦提供目标导向、内容导向和行为导向。

我国正处于迈入全面建设社会主义现代化国家的新发展阶段。“四个全面”战略布局为中国特色社会主义事业蓬勃发展指明了新的战略目标，高校思想政治教育中有关大学生理想信念的培养，能够帮助大学生深刻体会这一战略布局中阶段性目标和长远目标、问题导向和目标导向、整体规划和重点推进有机统一的战略抉择，坚信这是坚持和发展中国特色社会主义、实现中华民族伟大复兴中国梦的重要战略考量，进而帮助大学生解决在学习生活和改革发展中出现的思想问题、认识问题，提高他们的思想道德素养和能力水平，使青年学生树立实现中国梦的共同理想，将全面建设社会主义现代化国家的社会目标内化为主体的奋斗目标。

“四个全面”是我们完成两个百年奋斗目标有机衔接、继往开来、推进现代化建设的战略内容。四项内容坚持统筹和重点相结合、平衡和协调相统一，在内容逻辑上具有系统性、整体性、协同性。高校思想政治教育学科作为中国特色社会主义哲学社会科学的重要组成部分，准确把握战略布局中的具体内涵、系统关联和利益协同，以“四个全面”为内容导向，为中国共产党治国理政提供智力支撑和思想保证，构建符合主流意识形态的哲学社会科学话语体系，打造巩固和发展中国特色社会主义制度与时俱进的理论支柱。

“四个全面”相辅相成，相互促进，为全面建设社会主义现代化国家提供方法路径和具体要求，是马克思主义与中国实践相结合的新飞跃，体现了中国特色社会主义事业发展行动的深层次和多维度，更是我们党治国理政方略与时俱进的新创造。就其中三大战略举措而言，依法治国是贯穿其中的有效的治理方式，如何让法治发挥“固根本、稳预期、利长远”的保障作用，关键在于把法治思维和法治方式贯彻到治国理政的全过程，落实到改革发展的大棋局，只有这样，法治才能成为中国前进的坚强保障。针对大学生群体，法治思维的养成、法治方式的习惯都需要高校思想政治教育给予关注，既要在德育中强调法治要求，也要在法治教育中发挥德育的教化优势，将法治行为导向根植于青年学生的思想认识之中，增强大学生这一行为主体的法治自觉性，培养他们善于以法治方式协调多元化利益冲突的治理思维和治理能力，为建设法治政府、法治社会、法治国家储备一支富有法治行为动力的人才队伍。因此，高校思想政治教育要通过与时俱进的教育方式和教育内容，来为战略布局所需要的治国理政具体方略提供行为方式导向。

四、坚持把握新时代高校思想政治工作规律

“规律就是关系”，即“本质的关系或本质之间的关系”，根据列宁的观点，规律和本质是同一类的概念，把握事物的规律就把握了事物的本质。因此，要准确认识事物、改革事物、发展事物，前提是把握事物的本质，也就是事物的规律，认识到规律的客观性决定了人们只能去发现规律、总结规律和遵守规律，但同时也要认识到规律的可认知性，要善于从客观事实现象中认识事物的发展规律，并将行动统一到规律的前进方向上。因此，高校思想政治教育治理要正确认识高校思想政治工作的规律，并坚持把握这一规律，将其作为自身治理现代化发展的价值遵循。

（一）把握高校思想政治工作的时代规律

自有高校思想政治教育以来，各级政府部门、主管机关及高校都为其管理工作付出了极大的努力，在指导思想、管理理念、管理体制、管理模式、管理手段、管理过程和具体环节等方面取得了显著成效，为国家建设、社会发展提供了源源不断的思想基础和智力支持。“每个历史时期都有其本身的规律”[1]，在新时代国家治理现代化背景下，高校思想政治教育面临着治理转型升级，开始以系统化、整体化的治理理念集合多元参与主体，综合运用计划、组织、指挥、协调和控制等措施，有效整合思想政治教育资源，解决思想政治教育基本矛盾，达到思想政治教育的目的，最终推动思想政治教育的可持续发展。对高校思想政治教育来说，治理现代化是一场全新的革命，面临着从理论到实践的改革创新，然而无论如何，高校思想政治教育的本质并未改变，只是被赋予

---

[1] 中共中央编译局：《列宁选集（第1卷）》，人民出版社，1972，第33页。

了新的时代内涵，这就决定了在认识论上新时代高校思想政治工作的规律不可能与过去的传统规律完全割裂开来，也不可能在原有规律上因循守旧、故步自封，而应该在传统的优秀的工作规律基础上继承发扬高校思想政治工作本质规律，及时立足时代新内涵，以展望的视角时刻更新对这项铸魂育人工程的工作规律的认识。

高校思想政治工作的时代规律体现在党中央对这项工作提出的新要求、新任务、新目标上。国家教育主管部门针对高等教育如何构建育人工作体系这一问题明确指出，高校思想政治工作要在六个维度推动体系化，从而“健全立德树人体制机制”，并强调在实践中要注重立德树人的三个融入环节和四个贯通体系。[1] 可以说，这是现阶段高校思想政治工作的时代规律的具体内涵。

首先，形成高校思想政治工作体系这一新目标，是治理实践把握时代规律的出发点，工作体系是高校育人治理现代化的结构载体，它的提出转变了高校思想政治教育传统的、单向的、伴生的工作规律，将工作路径、工作方式、工作对象、工作环境、工作流程等单一要素，整合在工作体系这一系统要素中，发挥体系的整合优势、协调优势、平衡优势，因此，高校思想政治教育治理把握时代规律的首要任务就是尽快形成一套符合时代新人培育需要的工作体系。其次，健全立德树人体制机制这一新要求，是高校思想政治教育治理实践把握时代规律的落脚点，思想政治工作体系行之有效，靠的是健全的立德树人体制机制，“立德树人”

---

[1] 教育部《关于加快构建高校思想政治工作体系的意见》要求，高校思想政治工作要形成“目标明确、内容完善、标准健全、运行科学、保障有力、成效显著的高校思想政治工作体系”；“把立德树人融入思想道德、文化知识、社会实践教育各环节，贯通学科体系、教学体系、教材体系、管理体系”。

是全国高校思想政治工作会议对高校提出的根本任务，立德树人体制机制是新时代中国特色社会主义高校全面贯彻党的教育方针、用习近平新时代中国特色社会主义思想铸魂育人的时代新体制新机制。最后，建立完善全员、全程、全方位育人体制机制，是高校思想政治教育治理实践把握时代规律的发力点，这需要形成全员育人机制，将理想信念教育写进高校教职员工的工作职责中，做到全员齐抓共管；要形成全程育人机制，将立德树人融入思想道德、文化知识、社会实践各个教育过程；要形成全方位育人机制，将立德树人贯通于学科体系、教学体系、教材体系、管理体系之中，进而构建三全育人体制，全面提升人才培养质量。

（二）把握高校思想政治工作的行动规律

随着我国高等教育事业发展不断开创新局面，高校思想政治工作被鲜明地确立为高校各项工作的“中心环节”[1]，贯穿于教育教学的全过程。高校思想政治工作既是理论的，也是实践的，其本质最终是实践的。思想政治工作通过教育教学实践活动，将马克思主义基本理论及其中国化成果，融入青年人理想信念的树立、思想品德的养成、知识体系的完善。以马克思主义为指导思想的高校思想政治教育治理必然也要坚持马克思主义与时俱进的理论品格，在科学解释世界的基础上，以更加进取的姿态，把握高校思想政治工作的行动规律，积极主动地改变世界，将自身的治理实践厚植于我国的社会主义伟大实践之中。

《高校思想政治工作质量提升工程实施纲要》指出，高校思想政治工作要勇于改革创新，提升工作质量，并进一步强调在实施

---

[1] 习近平：《把思想政治工作贯穿教育教学全过程 开创我国高等教育事业发展新局面》，人民日报，2016 年 12 月 9 日，第 1 版。

质量提升工程中，要坚持遵循以下三项高校思想政治工作的行动规律，即遵循思想政治工作规律以切准大学生思想动态与变化本质，遵循学生成长规律以结合普遍要求和分类指导，遵循教书育人规律以融汇知识灌输和运用指导。相应地，高校思想政治教育治理应该落脚于实际行动，在行动中找准规律，以师生为中心，激活高校育人工作的内生动力。

其一，遵循思想政治工作规律。这一规律是按照自然人思想、行为变化的特点和规律进行思想政治工作的必然遵循，它是中国共产党长期的革命建设实践中通过政治宣传教育活动所形成的经验总结，是激扬党的前途命运、维护国家长治久安、形成民族凝聚力和向心力的行动保障。它在高校领域的延伸，理应继续彰显党的优良传统、鲜明特色和突出政治优势，体现高校育人工作的政治导向性和理论科学性，构成高校思想政治教育治理现代化诉求的逻辑起点和实践基础。要牢牢把握这一规律，就要像列宁强调的那样“不能让教育工作不联系政治”，高校不可能是不问世事的域外之地，遵循思想政治工作规律就是要坚持政治导向，做到教育必须为政治服务。

其二，遵循学生成长规律。思想政治工作从根本上说是做人的工作，在高校“人”的指向通常就是大学生群体，高校思想政治工作必须围绕学生、关照学生、服务学生，要以学生的利益为首要利益，要以学生的全面发展为最终目标，这就需要在思想政治教育中遵循学生的成长规律。比如说，要做到以尊重学生主体性为前提，每个人都有不同的际遇和机缘，谁也不能用曾经的时代的经验来指导当下的人生，思想政治工作的教育内容和教育方式应该“围”着不同时代条件下的不同学生转，尊重学生的主体人格和主体价值，掌握学生内心的真实想法，发展出符合学生主体特征的教育特色，从而避免落入形式主义陷阱；遵循学生成长规律还体现在对学生的利益诉求建立响应处理机制，以满足学生的合理诉求为抓手，在服务中形成对学生的主体关照，同时对不合理或暂不能满足的利益诉求进行有效疏导，根据人的价值需求逻辑以“需要—满足—新需要—满足……”的良性发展，在思想政治工作满足普遍要求的基础上，实现分类指导，并最终实现学生个体的全面成长。

其三，遵循教书育人规律。高校是培养人才的摇篮，教书和育人是思想政治工作中最主要的两项实践内容，几乎贯穿了立德树人的全过程，教书育人规律体现了教学育人高标准与育人教学全方位的有机统一。知识传授固然是高等教育的主要职责，但是旧观点认为“我教书，你育人”的割裂理念必须在高校思想政治教育治理完善中予以摒弃，习近平总书记反复强调要用好课堂教学主渠道，在教学中与育人目标形成协同效应，使高校的学科体系、教学体系、教材体系、管理体系都与立德树人根本任务同向同行，把握教书育人规律既要通过知识传播提高大学生的科学理论涵养，为共产主义社会的建成提供强有力的人才补给，另外也要建设完善思想政治理论课程体系，在教学中实现“以教促育，以育导教”的有机统一，实现国家社会价值诉求与学生价值诉求的融合统一。

（三）高校思想政治工作的矛盾规律

高校思想政治教育治理要遵循思想政治工作的矛盾规律，就是说治理现代化需要找准思想政治工作的矛盾关系，把握矛盾本质，才能从解决问题根本的角度寻找有效路径。事物内部与外部关系中的各类组成要素之间会相互影响，从而产生要素间的矛盾，同时持续进行着从对立到缓和，乃至到新矛盾产生的整体态势。

这种矛盾是中性的，既有促进事物发展的矛盾，也有阻碍事物进步的矛盾，不仅存在决定事物本质特征的主要矛盾，也存在影响事物一般特征的次要矛盾，差异化关系及其产生的矛盾反映出不同的事物规律，主要矛盾决定着事物运行的基本规律，也是事物发展的基本矛盾规律。高等教育同样符合事物运行的客观规律，高校思想政治工作的矛盾规律反映着它的主要矛盾的运转过程，只有抓准矛盾规律展开现代化治理，才能形成高校思想政治教育围绕解决主要矛盾而运转的最佳治理形式。

应该看到，思想政治教育的其他规律都建立在矛盾规律的基础之上，是其本身在应对和解决基本矛盾过程中所进行的必然推动。高校思想政治工作的矛盾规律是思想政治教育主要矛盾关系在高校领域的运行规则，这在学科基本理论体系中进行了论证，概括为“一定社会发展的要求同人们实际的思想品德水准之间的矛盾”❶。根据马克思主义经典理论判断，主要矛盾是推动事物发展的根本动力，是事物存在以及变化发展的内因。因此，这一矛盾是决定思想政治教育之所以为之的主要矛盾，是决定其本质特征的基本矛盾，也是推动思想政治教育发展的根本动力。

进一步说，高校思想政治工作属于思想政治工作，其矛盾规律必然从属于思想政治工作的主要矛盾规律，但因高校这一教育环境，以及大学生这一教育受众的特殊性，势必在思想政治工作的矛盾规律普遍性中，存在高校思想政治工作矛盾规律的特殊性。这些特殊性进一步细化了思想政治工作矛盾规律在高校范畴内的专属表达，但需要强调的是，高校思想政治工作矛盾规律的专属表达并不能脱离思想政治工作的矛盾规律基调，因为其二者本质

---

❶ 陈万柏、张耀灿主编《思想政治教育学原理》（第三版），高等教育出版社，2015，第6页。

上是一致的。

高校思想政治工作的矛盾规律从其政治性、思想性的本源出发，具有外部表达与内部表达两层内涵，一方面，从外部环境来说，高校思想政治教育与其所处的经济、政治、文化、社会关系之间的矛盾，这是外在的矛盾体现；另一方面，从内部意识来说，高校思想政治教育的受众的思想政治形态要求与受众思想政治实际水平之间的矛盾，这是内在的矛盾本质。对此认识到位与否，关系到人们对高校思想政治工作特性及本质是否理解，进而影响高校思想政治工作现代化发展的实践与预期。

高校思想政治教育治理要在矛盾规律的遵循中抓住事物发展的内因，充分从无产阶级国家统治与政党执政所需要的民众思想基础与实际个体间的差距出发，解决新时代社会发展对大学生思想政治形态要求与大学生思想政治现状之间的差距问题，并以缩小这一差距为解决矛盾的行动目标，要从解决主要矛盾出发，寻找符合主要矛盾规律特性的具体路径。比如说，解决差距就要有发现差距、判断差距的有效机制，我们需要在高校思想政治教育治理体系中创新完善这方面的体制机制。同时，高校思想政治教育治理也要关注矛盾规律的外在表现，清醒认识到当前高校思想政治教育水平与经济、政治、文化、社会等对其的要求之间的差距，才能将自身治理融进大环境中，借助需求势差，推动思想政治教育的有效运转与可持续发展。

五、坚持守正创新发展

“天行健，君子以自强不息。”中华民族向来具有富于进取的优秀传统。2004 年，中共中央、国务院将“以改革创新为核心的时代精神”写入大学生思想政治教育的强化要求之中。党的十八大以来，党中央高度重视大学生的理想信念与道德品质，强调高校思想政治教育的时代感与实效性，要求高校思想政治教育要在“坚持深化教育改革创新”的大局中发挥思想动力、机制动力作用，尤其针对高校思想政治教育治理现代化在“理念思路、内容形式、方法手段”三方面提出改革思路。全国教育大会就教育改革发展提出了一系列新理念、新思想、新观点，进一步阐释了“因事而化、因时而进、因势而新”这一发展理念在引领高校育人事业改革创新方向的具体效用，同时也强调新时代高等教育应始终围绕立德树人的根本任务，着力解决高等学校人才培养的目的、内容与方式，才能在创新发展中守得住“正”。因此，改革创新是高校思想政治教育的重要价值引领，坚持守正与创新并重的发展是高校思想政治教育治理的价值遵循。

（一）把握高校思想政治工作守正与创新的辩证统一

守正创新是事物发展的历史必然。根据唯物史观的理论逻辑，历史方位这一客观决定因素，使得不同历史阶段的物质条件决定着主要矛盾变化，导致思想政治工作这一以意识形态教养为核心的实践活动有了不同的镜像。但马克思主义辩证观却提示我们同时看到变化的背面，即不变，变与不变统一于事物的运动发展过程，只是鉴于不同的要素作用而此消彼长。新时代高校思想政治工作的主要矛盾在新的历史方位有了新变化，解决矛盾新问题就要运用创新手段，然而创新的基础不可能偏离当前历史方位的社会客观需要，这就要有“守正”的定力，也就是说要把握住两者的辩证统一。

新时代高校思想政治工作能否应对挑战、抓住机遇，关键看是否在治理有机体中处理好这两者的关系。具体来说，它们绝不是“守正”与“创新”的简单相加，一方面要避免空谈“创新”，另一方面也要防止拘泥于“守正”。要搞清楚以何为“正”、以何为“新”，也要执行准确“守”的方式、“创”的手段，既要遵守事物发展的客观性和规律性，也要充分肯定人的主观意识的能动性和创造性。从本质来说，思想政治工作是马克思主义意识形态占有指导地位的守正与马克思主义经典理论中国化不断创新的辩证统一体；从形态上说，思想政治工作本身是符合客观规律性与符合人的主观需要的辩证统一体；从目标上说，思想政治工作是马克思主义政党贯彻无产阶级政治立场、政治逻辑和政治理论的守正，与复杂的时空结构之中作为马克思主义社会实践推动社会发展变革创新的辩证统一体；从时空发展来说，思想政治工作是把中华民族优良传统和中国共产党的革命传统继承发扬的守正，也是面向未来、面向世界，创新形成承载中国制度、中国道路、中国精神思想话语体系的辩证统一体。

（二）高校思想政治工作守正的主要内容

改革创新不能忘本。思想政治工作的“守正”，主要在于守住前行正道。思想政治工作面临的环境和形势变了，思想政治工作对象的特点变了，思想政治工作的方式方法变了，但是根本任务、基本方法、教育内容、教育媒介等并没有变，思想政治工作要坚持立德树人这个根本出发点和归属点，坚持把马克思主义理论灌输到大学生头脑中去的理论讲授基本方法，坚持讲授传播马克思主义经典理论与马克思主义中国化过程中生成的中国特色社会主义理论体系这些基本教育内容，还要坚守传统有效的教育媒介，回归课堂本身。改革创新不可能跳出规律。“守正”还要守住规律，坚持事物的本质和必然的联系，新时代高校思想政治教育现代化的改革创新，不能改变思想政治工作的本质属性，不能脱离大学生这个基本对象，也不能偏离高等教育的基本规律，需要以守正为根本，坚持思想政治工作的“四个服务”指向。改革创新不能偏离方向，要守住方向，从“在路口”准确走向“在路上”，守正是把准新时代高校思想政治教育治理原则和方向的前提基础，更是前进的旗帜和改革的风向标。

（三）高校思想政治工作创新的主要方向

“创新”就是要打破旧的思维定式和工作模式，有意识、有目的地着眼新的实践和新的发展，实现“新”的超越和飞跃，把马克思主义的真理力量和实践力量转化为思想政治工作的治理效能。在“守正”的基础上，以“创新”使育人工作更具科学性和规律性，把握时代大势，回应现实情况。具体来说，一是要创发展马克思主义之“新”，高校思想政治教育应该借助科研优势在理论上有所创新，这项教育理论的特殊性体现在与党的理论的密切联系方面，党的理论在习近平新时代中国特色社会主义思想中得到最新一次飞跃，这为高校思想政治教育的理论创新提供了源头活水和方向指导。二是创深化新时代思想政治工作规律之“新”，主要体现在高校育人在工作方法上要有所创新，这是适应新形势、解决新问题最快捷的路径，工作方法是在现有资源、现有政策和现有环境的基础上，以能动方式开展的实践路径载体，具有调整快、成本低的优势，因此高校思想政治教育最重要的就是从工作平台的新拓展、工作体系的再完善、工作手段的再升级入手，创新工作方法，进一步盘活育人资源。三是要创思想政治教育治理之“新”，主要体现在政策制度环境上要有所创新，政策往往以问题为导向，能够因地、因人、因时制宜，好的政策创新势必能够带动工作良性发展，而良性发展的成果需要即时以制度创新的方式固定下来，以较为稳定完善的制度环境为进一步创新营造好的氛围。

第二节　高校思想政治教育治理的运行原则

自从定义于对传统管理模式的进步，关于治理的理论研究与实践运行近年来被给予颇多关注，缘于实践的探索性、阶段性，更多尝试是从思想政治教育治理的内部微观视角入手，从治理的构成要素、优化片段进行分析，相对来说聚焦问题导向的较多，而对于战略引领、高位推动、整体联动方面的建构思考则着力不够，体现出偏静态分析轻动态理解、偏理论阐释轻现实关怀、偏内部教育轻外部环境等缺憾。高校思想政治教育是与其他社会系统密切交互的体系，需要由中心向外围厘定思想政治教育的运行原则的内涵与逻辑，才能以一种关联的、动态的、协同的治理定力与治理张力统筹治理运行。

一、以党的教育方针与立德树人根本任务贯穿始终

中国高校具有社会主义本质属性，其根本特征在于党对高校的领导。一直以来，党的教育方针与中国教育实际紧密结合，在更新的历史方位与时俱进，“立德树人”这一时代内涵是党的百年教育方针发展演进的价值体现。高校思想政治教育治理的中心环节是思想政治教育的自主有效运行，这种运行成果要为建成中国特色社会主义大学而服务，要为培养合格接班人而服务，就需要贯彻落实党的教育方针，抓好“立德树人”这一灵魂工程。

（一）以党的教育方针为根本发端

教育方针是党依照教育规律，结合各阶段的中心任务以及教育现状制定的有关教育工作的总体方向和指针，具有鲜明的政治

属性与时代特性，并且根据国家发展和教育实践的变化适时调整。党的教育方针对高校而言，发挥着引领和指导高校各项工作尤其是高等教育改革发展的重要功能，深入理解一定历史阶段的方针内涵，高校思想政治教育才能够在治理过程中动态演化马克思主义教育思想，才能够回应所处经济社会对育人事业的期待，才能够契合不断调整的教育价值取向。

党的教育方针是一脉相承却又与时俱进的。从党的一大开始，从斗争实际需要出发，沿袭苏维埃文化教育总方针；解放战争时期，提出了适合战争需要的新民主主义教育方针，并沿用至第一次全国教育工作会议；1957 年毛泽东同志在其论著中运用了人的全面发展观点，首次明确表达了我国教育方针内涵，由此引领教育制度作出了更多的彻底改造；改革开放后，教育展示了更加广阔包容的姿态，教育方针从“为政治服务”转变到“为社会主义建设”服务，并以宪法（1982 年）的形式确定了新的内涵，即培养社会主义“四有”新人，随后《中华人民共和国教育法》（以下简称《教育法》）这一教育领域法律的里程碑，将党的教育方针以法定形式确立下来；进入 21 世纪后，历次党的代表大会均对教育方针进行了修订，尤其是党的十八大以来，赋予新时代党的教育方针“立德树人”新内涵，并且进一步推进教育方针的法制化进程，见表 4－1。

表 4－1　不同历史时期党的教育方针内涵

所处历史时期	党的教育方针内涵	特性
建党初期	学校的基本任务是提高工人的觉悟[1]	苏维埃文化教育方针

[1] 中共中央文献研究室、中央档案馆：《建党以来重要文献选编（一九二一—一九四九）（第一册）》，中央文献出版社，2011，第 5 页。

续表

所处历史时期	党的教育方针内涵	特性
解放战争时期	在一切为着战争的原则下，一切文化教育事业均应适合战争的需要❶	新民主主义教育方针
社会主义建设时期	应该使受教育者在德育、智育、体育几个方面都得到发展，成为有社会主义觉悟的、有文化的劳动者 党的教育工作方针是，教育为无产阶级的政治服务，教育与生产劳动相结合❷	社会主义教育方针
改革开放时期	教育必须为社会主义现代化建设服务，必须与生产劳动相结合，培养德、智、体等全面发展的社会主义事业的建设者和接班人❸	《教育法》法定教育方针
党的十八大以来	坚持教育为社会主义现代化建设服务、为人民服务，把立德、树人作为教育的根本任务，全面实施素质教育，培养德智体美全面发展的社会主义建设者和接班人，努力办好人民满意的教育	赋予“立德树人”新内涵；增加“五育并举”教育要求；丰富和完善新时代党的教育方针

从发展历程可以看出，党的教育方针紧跟时代前进脉络，并且影响高校思想政治教育。高校是否遵循党的教育方针，将各阶段党对人才培养的期待引入高等教育之中，及时回应党对教育工

❶ 中央档案馆：《中共中央文件选集（一九三六—一九三八）（第十一册）》，中共中央党校出版社，1991，第616页。

❷ 何东昌主编《中华人民共和国重要教育文献（1949—1975）》，海南出版社，1998，第859页。

❸ 何东昌主编《中华人民共和国重要教育文献（1949—1975）》，海南出版社，1998，第3790页。

作的要求，是确保高校教书育人方向与党的人才培养目标始终一致的关键。长期以来，思想政治工作是高校办学的生命线，承担着“四个服务”的重大使命，思想政治教育是贯彻党的教育方针的前沿，阵地以其为根本发端，是思想政治教育治理现代化自始至终的运行原则。

（二）以立德树人根本任务为时代步伐

党的教育方针体现每一特定时期教育目标的变化趋势，中国特色社会主义新时代是中国发展所处的新的历史方位，立德树人就是这个时代党的教育方针的具体内涵。如果说党的教育方针为高校思想政治教育治理运行原则巩固了根本，那么立德树人根本任务就赋予了其“时代内涵”，见表4－2。

表4－2　2012—2022年“立德树人”内涵的时代发展

年份	内容	出处
2012年	把立德树人作为教育根本任务，培养德智体美全面发展的社会主义建设者和接班人	党的十八大
2013年	全面贯彻党的教育方针，坚持立德树人	十八届三中全会
2014年	教师要尽到教书育人、立德树人的责任	习近平总书记在北京师范大学座谈会上的讲话
2015年	把立德树人作为教育的根本任务，培养德智体美全面发展的社会主义建设者和接班人	国家教育事业发展“十三五”规划
2015年	教育应当坚持立德树人，对受教育者加强社会主义核心价值观教育，增强受教育者的社会责任感、创新精神和实践能力	《教育法》（修订）

续表

年份	内容	出处
2016 年	要坚持把立德树人作为中心环节，把思想政治工作贯穿教育教学全过程，实现全程育人、全方位育人，努力开创我国高等教育事业发展新局面；高校立身之本在于立德树人	全国高校思想政治工作会议
2017 年	要全面贯彻党的教育方针，落实立德树人根本任务，发展素质教育，推进教育公平，培养德智体美全面发展的社会主义建设者和接班人	党的十九大
2018 年	要把立德树人的成效作为检验学校一切工作的根本标准，真正做到以文化人、以德育人，不断提高学生思想水平、政治觉悟、道德品质、文化素养，做到明大德、守公德、严私德	习近平总书记在北京大学师生座谈会上的讲话
2019 年	坚持把立德树人融入思想道德教育、文化知识教育、社会实践教育各环节	国务院办公厅《关于新时代推进普通高中育人方式改革的指导意见》
	把立德树人贯穿学校教育全过程，筑牢理想信念之基，培育和践行社会主义核心价值观，传承中华传统文化，弘扬民族精神和时代精神	中共中央、国务院印发《新时代公民道德建设实施纲要》
2020 年	完善立德树人体制机制，推进落实立德树人根本任务，坚持把立德树人成效作为根本标准	中共中央、国务院印发《深化新时代教育评价改革总体方案》

续表

年份	内容	出处
2021 年	广大青年要肩负历史使命，坚定前进信心，立大志、明大德、成大才、担大任，努力成为堪当民族复兴重任的时代新人，让青春在为祖国、为民族、为人民、为人类的不懈奋斗中绽放绚丽之花	习近平总书记在清华大学考察时的讲话
2022 年	要坚持党的领导，坚持马克思主义指导地位，坚持为党和人民事业服务，落实立德树人根本任务，传承红色基因，扎根中国大地办大学，走出一条建设中国特色、世界一流大学的新路	习近平总书记在中国人民大学考察时的讲话

习近平总书记关于教育的重要论述以更新的论断与要求，启发了中国式“立德树人”教育思想体系的形成。从 2012 年到 2022 年，围绕党的教育方针，立德树人根本任务不断推向新的时代维度，朝向“扎根中国大地办大学”的一条建设中国特色、世界一流大学的新路迈进。这十年间，教育领域坚定不移地贯彻党中央精神，逐步形成多维度多方位联动的政策体系，以“立德树人”为价值内核与要旨阐释，为高校思想政治教育治理现代化明确了新时代党的教育方针的具体指向。

（三）在思想政治教育治理中贯穿始终

据上所述，“立德树人”是新时代马克思主义教育思想在中国实践的灵活体现以及又一次进步，是教育根本任务的具象化，在本质上与现阶段党的教育方针内在统一。具体来说，是在个人德行与社会责任上相统一，在道德教育规律与人才培养规律上相统一，在时代取向与价值理念上相统一，高校思想政治教育治理要认识到两者的一致性，在治理完善过程中作为贯穿始终的原则。首先，“立德”与“树人”是立德树人根本任务的育人逻辑，“立德”最终是为了后者的达成，“树人”最基本的路径则在于前者，立什么样的“德”以及树什么样的“人”，不仅强调把个人德行放在首要位置，更重要的是要与家国天下联系起来，强调对国家前途民族命运的使命担当，这也是党的教育方针的中心思想所在；其次，高等教育关于人才培养有其自身的辩证规律，道德教育与人才培养是育人育才规律的两个方面，先有育人，方有育才的方向把握，后有育才，方有育人的质量提升，党的教育方针是为中国特色社会主义培养更多优秀的建设者和接班人，这与“德才兼备、以德为先”是一致的；最后，马克思主义人的全面发展理论始终是党制定教育方针政策的根本依据，这同样也是无产阶级教育思想植根的科学理论基础，因此两者在价值指向上是一致的，同样是马克思主义教育理论中国化的产物，共同促成中国式青年大学生思想政治教育的时代更迭。

二、以学科发展与协同治理为并行路径

思想政治教育是人类实践活动的组成部分，同样也是社会系统的有机组成部分，它因思想的活跃性而与社会其他组成要素频繁交互，这决定了思想政治教育既是社会系统动态分化的产物，具有自系统，在与社会其他系统成交叉或平行关系之时，同时还具有他系统，继而产生了丰富的存在形态和复杂的运行体系。思想政治教育体系这种复杂的运行本质在其初期因社会生产关系的简单而简单，通常依靠自系统的运行即可满足人类社会需求，而随着自系统多要素、多层次的发展以及社会大系统复杂程度的加剧，自系统首先需要内涵式跨越式的发展，进而与他系统构成更

大范围内的自洽体系，以一种更加协调的姿态同向并行。因此，摆在高校思想政治教育面前的，既有如何实现学科发展的跨步迈进问题，也有考虑如何突破思维藩篱，跳出长期以来仅由学科发展带动思想政治教育发展的单一模式，而关注如何以“局外人”的视角提供强有力的外部支撑这一路径选择问题。对此，协调治理成为自系统与他系统手段上的黏合，有助于高校思想政治教育建构一套具有多维运行逻辑，更具运行动力的自洽体系。

（一）以学科发展为内生动力

习近平总书记在哲学社会科学工作座谈会上明确指出理论与实践二者在发展过程中的指导与运用关系。[1] 先进理论对实践前进的指导意义不言而喻，因此高校思想政治教育自系统的有序运行，关键要以思想政治教育学科的创新发展为指导，从而自内而外形成发展动力，不断应对自系统运行中的新矛盾、新问题、新环境。思想政治教育学科尽管目前是马克思主义理论一级学科体系中的一个二级学科，[2] 但它相对独立，并与同学科内其他学科以开放的边界交往产生内在能动性的必然张力，思想政治教育学科以其发展着的理论指导发展着的育人实践，因此，这个学科必须以人及人的思想和思想政治教育活动为研究对象。除此之外，思想政治教育还有服务马克思主义理论学科建设的任务，可以说是这个一

---

[1] 习近平：《在哲学社会科学工作座谈会上的讲话（2016 年 5 月 17 日）》，人民日报，2016 年 5 月 19 日，第 2 版。习近平总书记指出：“坚持和发展中国特色社会主义，需要不断在实践和理论上进行探索，用发展着的理论指导发展着的实践。在这个过程中，哲学社会科学具有不可替代的重要地位，哲学社会科学工作者具有不可替代的重要作用。”

[2] 马克思主义理论一级学科内部有七个二级学科，包括马克思主义基本原理、马克思主义发展史、马克思主义中国化研究、国外马克思主义、思想政治教育、中国近现代史基本问题研究和党的建设。

级学科体系中的基础学科。这就意味着，思想政治教育学科的发展一方面以马克思主义为指导，另一方面本学科的改革创新，决定了马克思主义理论立足中国实际、与时俱进地实现转化的可能。

当前，思想政治教育学科虽然已有长足发展，但是研究方式、研究成果以及研究对象的固化，制约着学科的多维创新发展。首先，学科研究主要以静态分析为主，缺少动态理解，哲学社会科学的本质特性，使得更多学者愿意深耕理论研究，构建“一个以公理化科学观念为基本思维结构的知识理论体系”❶，用理论推导理论，这种传统研究视域容易使思想政治教育研究本身停留在静止的状态，缺少与其他外部现实环境交互的动态研究视域，也就是说，习惯从具体理论出发指导实践工作，解释问题，而缺少以工作实际、工作经验总结形成理论创新；其次，学科研究成果的转化率不高，尤其是学科的“元理论”的研究成果还不能走出文本，深入实践，导致思想政治教育学科在现实问题面前“失语”，欣欣向荣的研究形势难免有种为了研究而研究的形式主义，脱离了这个学科最朴素的“来时之路”，一些研究成果被认为是“正确的废话”，缺少现实关怀，难以转化成为“发展的实践”的指南针；最后，随着专业化、规模化发展，学科研究对象还拘泥于学校与学生、政府与机关干部等传统场域，具有鲜明的学院派气质，而较少以社会其他系统为研究对象，对自系统与他系统的自洽体系则研究得更少，与此同时，“研究队伍中由校门到校门的、‘纯学生身份出身’的硕士、博士越来越多”❷，使得思想政治教育理

---

❶ 金林南、赵文静：《思想政治教育学科知识理论体系的实践性建构》，《思想理论教育》2020 年第 9 期。

❷ 沈壮海：《论思想政治教育理论研究的新范式与新形态》，《思想理论教育导刊》2007 年第 2 期。

论在解释教育与社会的复杂关系时说服力有限。

在马克思主义学科以及哲学社会科学学科体系中，思想政治教育学科有着巩固政治立场、稳定政治思想根基的地位。“中国特色社会主义进入了新时代”[1]，新实践产生的新情况对思想政治教育学科提出了新要求、新挑战，对于高校而言，这个学科的发展既是高等教育推进科学研究的固有要求，更是构建中国样式、中国风格、中国气派哲学社会科学学科体系的关键点。因此，高校育人工作有必要依托学科塑造并更新话语体系、思想体系，将其治理现代化的原动力落脚于学科发展，它是自系统的运行核心，是提高思想政治工作在推进国家治理体系和治理能力现代化中贡献度的内生动力。

（二）以协同治理作为外部支撑

思想政治教育的最终归宿是为解释摆在人类面前的时代之问提供参照，这是一个从实践中来，回到实践中去的往复，决定了它不可能是时间车轮转过的简单的、独立的章节，而会充斥在多个片段的整合链条中。链条以思想的统一产生凝结，在社会进程中加以互动。思想政治教育正在面临这种系统化格局演变的挑战，多个要素是此消彼长还是彼此共进，取决于能否以协同治理作为工作系统化创新发展的外部支撑，这不仅是育人工作自洽体系运行的必然要求，更是思想政治教育参与治国理政之“大格局”、回答时代新人培养之“大问题”的必然要求。

协同治理是系统化工程有效运行的必然选择。思想政治教育发展是一个复杂的自洽系统，要实现“立德树人”这一终极追求，

---

[1] 中共中央宣传部：《习近平新时代中国特色社会主义思想学习纲要》，人民出版社，2019，第2页。

为“办好人民满意的教育”奠定意识形态共识，那么系统内的自系统与他系统以及它们之间的互动要以一种“同向同行”的积极姿态呈现出来，从而形成巩固思想认同、统一理想信念、共促教育发展的高度协同化的思想政治教育治理现代化的优势形态。这种“同向同行”除了依靠宣传号召，更重要的是以体制机制的方式固化为习惯与行动必需，这也就是治理的精髓所在——协同。对高校思想政治教育现代化来说，要提高治理效率、增强治理绩效、强化治理效应和彰显治理效果，关键在于建立系统内的各方面协同机制，使自系统与他系统朝着统一的方向行进，促进各核心要素组成恰当关系，确保系统内各类要素发挥最大效能。比如说，政府无疑扮演着高校思想政治教育治理中最核心的主导角色，但囿于中国式治理理论尚未定型，或多或少拘泥于西方治理的概念框架中，使得国家各级政府在行政事务的处理中，确实还存在着“元治理”职责的不清晰、不确定，甚至与其他治理主体在职责边界上有所模糊，这样势必影响到治理主体对共治边界的把握，进而损害协同结构效能，难以走好治理之路；另外，协同除了主体间的协同外，还包括利益协同、路径协同、区域协同、内外协同等，其关键在于要打破思想政治教育自我封闭的发展惯性，革除教育管理主体各自为政以及权益割据的积习弊端，在新的治理环境下充分激发出各个参与方或影响要素的开拓性、互动性和改革性。因此，协同治理是高校育人事业共建共治共享格局的重要保障与必然选择。

治理现代化是一个涉及多因素的系统化过程，复杂系统创新发展的外部支撑来自协同治理，高校育人工作绝不是上好思政课那么简单，尤其在第三课堂（网络）场域以及“智能+”技术加持中，育人主体、过程、要素不单单存在量的增加，更主要的是发生了彼此间交互关系的复杂化，因此“协同”是高校育人工作走向治理改革，实现利益调和、资源升级乃至可持续发展的强力支撑，它以强化制度机制供给的方式最大限度地调动原本游离于“高校育人圈”的力量，为“三圈”中“外圈”的覆盖面最大化创造可能，营造出“开门办思政”的良好趋势。在协同化的外部框架中，高校育人工作的自系统与他系统所涉及的治理要素不再各自为政，而是科学规范有序地通过制度引导、技术推动以及数据共享等具体路径实现治理参与。协同治理有利于引入或创造高校育人工作改革创新的条件与环境，在中国式治理蓬勃发展的时代背景下，挖掘整合各种有利于高校思想政治教育事业的力量、要素、资源、条件等，克服思想政治教育治理的碎片化和片面化，消除发展的梗阻与内耗，有效调动各方在推进思想政治教育治理现代化进程中的积极性、主动性、创造性。

（三）在思想政治教育治理中同向并行

“运行”包含事物运动、变化与发展之意。高校思想政治教育治理的运行，意喻着将思想政治教育视为一个复杂的自洽系统，进而对这一系统内部的核心要素与关联要素、上下层级与中心—外部范围以及高校思想政治教育系统与社会大系统之间的交互作用加以整体研究和动态分析，设计出最适合最有效的治理体系并实施运用具体治理举措的行为模式。基于运行的思想政治教育治理是对思想政治教育改革创新的理论重构，打破传统“理论—理论”的内循环发展模式，搭建以运行为中介的“理论—现实”的外循环发展模式，即以学科发展为内生动力、以协同治理为外部支撑的改革格局。

在这一格局里，思想政治教育治理的改革发力点在于确保系统整体是否选择和采取恰当的运行方式，能否趋近或达到自己的目的。这需要在高校思想政治教育治理过程中，遵循学科发展与协同治理同向并行的原则，跳出孤立的、片面的或者仅仅从学校视域出发的分析视角，跳出形而上的理论知识惯性，着眼于如何在以育人为专业认知的科学研究中建立指向治理实践的普遍关联，从而将具象的现实问题导入抽象的理学解释，同时灵活运用理论的交叉研究方法扩大回应实际诉求的路径可能，以期达到学校育人自系统与社会他系统的有效衔接。

三、以制度规约与主体自觉为耦合关键

实现中国式国家治理现代化这一重大战略任务，要求国家社会方方面面的制度更加成熟更加定型、成效更加明显，进而体现出制度与治理体系强大的生命力和巨大的优越性。与此同时，在推动全面深化改革的过程中，既要在制度与体系的稳定性和延续性方面保持高度清醒，也要避免以“维稳”为托词，怠于制定人民群众急需急盼的制度。然而，制度引导并不意味着制度唯一，治理能力是制度执行能力的体现，[1] 制度功能的发挥主要还是靠执行、靠运用，这就离不开主体因素，如何将制度规约与主体自觉有效耦合，是运行多维立体治理体系的关键。

（一）以制度规约为基本手段

“正式制度是指人们有意识创造的一系列政策法规。”[2] 人们创造制度的主观意识，来源于对制度的主观需求，制度作为一种稳定的、有效的、可执行的措施，能够给人们提供便利、增加利益，这就是制度的功能意义所在。制度在治理体系中起着最基础的作用。

---

[1] 《为实现中华民族伟大复兴提供有力保证》（社论），人民日报，2019 年 11 月 1 日，第 2 版。

[2] 朱启才：《权力、制度与经济增长》，经济科学出版社，2004，第 95 页。

制度为一个关注社会秩序的国家提供行为框架，是处于其中的各类活动体运行的参考，与个人、政府、社会组织治理过程相比，制度是动态治理的静态文本，可以说，治理与制度存在紧密的关系，制度规约是现代化治理的基本手段。其一，治理实践的经验通常需要上升为制度，制度来源于人类有意识的创造，但并不是凭空臆造，这也是区分好的制度与坏的制度的根本要素，好的制度来源于客观实践经验，坏的制度往往脱离实践；其二，制度为治理提供执行参照，制度的供给水平决定了治理的水平，因此治理体系完善在前，治理能力现代化在后，制度与治理现代化从某种意义上说，不是简单的互为因果关系，而应该是循环因果关系，“善治”必须源于制度，通过适合自身的制度的集合规约发挥出治理能力；其三，制度规约并不直接等同于治理，尽管两者运行的过程时有重叠，然而前者还需要有效的治理能力才能发挥作用。总而言之，他们相互依存，相辅相成，共同构成一个统一的治理有机整体。高校思想政治教育治理现代化，首先要有体现党的教育方针的现代化制度体系，接着要有实现立德树人根本任务的现代化执行能力，而执行能力的提升归根结底还需要制度的引导，因此，将制度规约作为治理运行的原则，体现了高校育人工作发展的科学性。

能否有效运用制度规约这一基本手段，关键取决于制度供给和制度的具体形态调整是否及时准确，也就是说，好的制度必须以人们正确的意识创造出来，并且及时根据客观情形予以调整，只有对制度需求有效回应的制度，才能形成现实需要的制度体系。通常而言，高校作为人才培养高地，其相关制度的生产主体主要是政府，政府确实在很长一段时期内创造了有效的制度安排，赋予大学改革发展动力，也为现代大学制度打下了坚实的基础，有助于高校向治理现代化迈进。聚焦于高校思想政治教育治理制度体系趋于完善的诉求，政府依然是主要的制度供给主体，无论是政策还是法律法规，都需要政府以“元治理”的职责站位，主导制度生成，其中既包括制度文本，也包含制度运用的机制，只有不断丰富高校思想政治教育制度的内涵与体系，才能使制度规约这一基本手段有章可循。

值得注意的是，以制度规约作为高校思想政治教育治理运行的基本手段，需要注意区分与西方治理理论应用和实践的不同。治理理论从西方发源，主要通过弱化政府（即公共权力）权威，实现政府分权和社会自治，从而改善国家与社会冲突，建立彼此之间的合作关系，这体现资本主义国家为解决政府代理角色与社会职责契约所导致的社会矛盾作出的理论和实践模式创新，在那些国家里，治理现代化实质上是关于权力的再分配，是让社会、市场、公民等主体代替部分政府角色，发挥出更多的治理作用，以实现公共利益的最大化，因此，西方的治理制度着力于限制国家和政府的权力，并同时赋予其他治理主体相应权力；基于中国特色社会主义制度与他们的根本差异，在制度供给方面，我们既要把握普遍性，又要把握特殊性，绝不能照搬照抄西方的治理、善治理论，我们必须明确，在中国，政府不是代理人，国家利益、民族利益和人民利益在根本上是一致的，国家与人民之间也不是契约关系，而是无产阶级国家以人民为中心的关系，因此在社会主义中国，我们运行的“治理”，不是强调治理的多中心化，更不是强调社会中心主义，而是在中国共产党领导下，体现为人民服务的本质规定性，我们用来规约治理运行的制度不是权力的重新分配或让渡，而重在制度设计时就贯彻国家、社会、人民实现治理方向与治理利益的一致性。

制度是治理的指路明灯，治理的运行必须立足于事物自身特性以及所处环境，“百里不同风，千里不同俗”，因此科学制度体系的建设也应该依照事物自身发展规律，并且考虑外部作用因素。高校思想政治教育治理要有效地运用制度手段，就要把自身的制度体系融入国家治理制度体系中，一方面发挥思想政治教育积极的价值引导和凝聚作用，以思想认同力量促成治理共识的达成，树立治理权威；另一方面，也要用丰富的思想政治教育实践活动、多元主体的协同参与，为高校思想政治教育制度建设提供实践之源。

（二）以主体自觉为治理动员

制度的生命力在于执行，制度规约在治理运行中是否有效，取决于制度意识是否强化，制度权威是否树立，制度执行是否到位，全社会上下是否有尊崇制度、执行制度、维护制度的自觉意识。高校思想政治教育治理既要为国家治理现代化提供针对制度主体的自觉输出，其自身现代化也同样需要主体自觉的输入。具体来说，体现在治理主体的利益自觉、目标自觉和行动自觉，而这些自觉的前提是对根本制度的认同自觉。

只有充分的主体自觉才能形成有效的治理动员，而有效的治理动员才能最大程度上对治理体系执行到位，实现治理能力的现代化。首先，要形成以人民为中心、促进群众利益实现的利益自觉，与西方资本主义国家治理实践的本质不同，中国之治只有一个利益指向，就是人民的利益，而不存在其他利益牵扯，更不需要在多重利益间进行选择和博弈，国家治理就是为了最大程度上实现本阶级利益，这是无产阶级国家和政党人民属性的根本体现，也是政治使命的达成，治理主体的利益自觉就体现在“依靠人民、为了人民”上，具体到高校思想政治教育治理的主体利益自觉方面，体现为实现大学生的全面发展的利益自觉，为社会发展提供思想共识的利益自觉，只有具备了这样的利益自觉，才能充分动员人民群众的力量，探索出更多的思想政治教育治理领域的“枫桥模式”；其次，要形成推动中华民族伟大复兴的目标自觉，百年未有之大变局是中国之治成熟定型的重要时代背景，治理目标需要顺应历史潮流，适应社会主要矛盾变化，统揽“四个伟大”，满足人民对美好生活新期待，战胜各种风险挑战，才能在中华民族伟大复兴的关键搏击中，坚持制度不变质，实现治理现代化，因此在这样的治理目标指引下，高校思想政治教育治理体系需要高度统一各方治理主体的目标自觉，体现为要把思想政治教育的现代化目标融进国家发展民族复兴的大目标中，为治理动力提供强有力的方向支撑；最后，要形成马克思主义中国化的行动自觉，“坚持党的集中统一领导，坚持党的科学理论，保持政治稳定，确保国家始终沿着社会主义方向前进”是中国之治的显著优势，治理现代化是以制度规约的方式坚持并完善这个优势，也就是说在治理行动中，必须坚持马克思主义思想的指导，必须从组织规范和制度建构等维度对马克思主义治理理论的规律予以中国实践之力量，历史上偏离马克思主义思想指导的社会主义国家治理都走向了亡党亡国的惨痛结局，深刻的历史经验告诉我们，治理现代化必须以马克思主义本土实践为行动自觉，在科学社会主义的理论指导下，开拓中国式治理道路，对于高校思想政治教育治理来说，治理主体也要形成“学马”“讲马”“信马”“用马”的行动自觉，才能真正地在治理实践中既具有中国特色、中国风格和中国气派，同时也能在马克思主义基本理论强大生命力的支持下砺行致远。

治理主体的利益自觉、目标自觉和行动自觉共同发端于对根本制度的认同自觉——包括它所代表的最广泛的利益、最远大的目标和最全面的布局——发挥着顶层设计、全域覆盖、战略指导作用。党的领导根本制度、人民民主专政根本制度、人民代表大会根本制度、马克思主义在意识形态领域指导地位根本制度、党对人民军队的绝对领导根本制度等，在我国国家制度和国家治理体系的“四梁八柱”中起着“主梁”和“顶梁柱”作用，从根本上体现了中国特色社会主义的制度优势。只有对这些根本制度形成认同自觉，才能在治理运行中理解以根本制度为基石的治理制度体系，避免“走弯路”“走错路”。高校思想政治教育现代化治理范式转型的核心是实现制度性治理，不仅涉及思想政治教育政策法规等正式制度，还涉及社会行为守则这些“准制度”，制度的层级、种类、强制力、所调节的矛盾关系等纷繁复杂，如何从思想政治教育问题表象入手，透过现象发掘思想政治教育矛盾本质，实现治理制度的同一性，维护制度执行的一致性，需要从治理主体对根本制度的认同自觉出发，在利益自觉、目标自觉和行动自觉各方面对不同治理主体形成有效的治理动员。

（三）在思想政治教育治理中的耦合关键

高校思想政治教育治理需要将制度规约与主体自觉在治理体系中有效耦合，即治理行为与治理意识的有效统一。以制度规约为治理主体提供行动指南，又通过主体自觉确保制度体系完善。

一方面，两者在高校思想政治教育治理中具有耦合必要性。在制度型治理改革背景下，思想政治教育领域制度供给数量近年来明显递增。无论党的政策文件，还是政府行政发文，乃至法律规章，均密集地进行着新制度的制定以及旧制度的修订，这也顺应了“四个伟大”治国理政实践的推进步伐。就制度需求侧而言，高校思想政治教育治理范围变大，治理主体变多，解决问题更加复杂，学生事务更加琐碎，利益矛盾更加突出，程序要求更加严谨，等等，加之思想政治工作外部环境趋紧，如党执政兴国责任变重，经济社会发展转型，国际关系变化带来冲击挑战，等等。制度需求势必带动制度供给，与此同时，在制度供给侧上，依法治国制度体系的不断完善为这一领域的制度生产提供了制度框架，提升了“制订”能力，使制度产出更加积极主动。制度“需求”与“供给”存在“不满足—满足—不满足—再满足”的反复拉锯过程，对此，降低内耗、提高效率的最重要途径就是治理主体意识的觉醒，让好的制度通过好的意识尽快创造出来。

另一方面，两者在高校思想政治教育治理中具有耦合必然性。其耦合关键在于党的十八大以来，中国共产党领导全国各族人民坚定“文化自信”，为“文化—认知”这一耦合路径开辟可能。新制度主义认为制度包括“法令规章、规范和文化认知”[1] 三大要素，文化认知作为要素之一的意义在于，将法令规章（强势制度）、规范（弱势制度）构成的单线型制度体系加入文化认知，从而形成稳定的三角形结构，当这三大要素融合后，就能形成一个有机的结构性整体，这一整体才是现代治理体系中内涵完整的制度体系概念。在现代社会条件下，人们的认识受到多元的利益格局、文化价值观和社会角色的影响而日趋多样化、复杂化，文化自信能够以最大同心圆的方式将这些多元因素包容起来，整合成全社会的共同认知。因此在这一结构中，从文化自信延伸到制度认知，使两个原本相对独立的要件有机融合，通过文化自信，巩固社会各阶层共有共信的价值观和态度。“文化”与“认知”互相认同构成制度最深层次的“共同信念”，形成一种带有约束性的共

[1] W. R. Scott. Institutions and Organizations, California: Sage Publications, 2001.

同秩序基础，体现着参与者的思想情感和价值取向。完备的制度体系是治理主体间产生共同行动意识的逻辑前提，对于高校思想政治教育来说，文化自信本就是教育教学的重要内容，以文化凝聚共识能够激发学生的集体自觉，因此，我们一方面需要探索形成高校文化自信的育人制度，另一方面也要擅于运用制度引导将已经形成的共识进一步巩固，并且使这种巩固助益制度的继续优化和完善，进而持续推动制度规约发挥作用，这既是思想政治教育治理功能的体现，也是其自身现代化的路径选择。

四、以依法治国与从严治党为重要保障

依法治国是中国式治理改革的重要保障与必然要求，[1] 是新时代治国理政的基本方式，国家治理现代化必须将完善党的领导、人民当家作主和依法治国有机统一起来。党能否巩固执政地位、实现国兴民富，关键在于是否秉持依法执政的治国理政方式，党能否始终确保领导地位与领导能力，关键在于是否始终坚定依法治国的基本方略，法治是长久以往人民幸福安康、国家长治久安的重要保障。因此，无论是宏观治理层面，还是微观治理视域，都需要以依法治国和从严治党为重要保障。

（一）以依法治国为根基

高校思想政治教育治理现代化对国家治理有着重要意义，是国家治理现代化在高校育人工作中的融入，是推进中国式治理进程的思想政治保障，是激发大学生群体树立改革开放信心，保证

[1] 《中共中央关于全面推进依法治国若干重大问题的决定》，人民日报，2014 年 10 月 29 日，第 1 版。党的十八届四中全会提出："依法治国，是坚持和发展中国特色社会主义的本质要求和重要保障，是实现国家治理体系和治理能力现代化的必然要求。"

改革开放社会主义思想方向的发动机和稳定器。在推进全面深化改革，应对重大风险之际，需要高校思想政治教育治理发挥上层建筑的能动效能，承担高校师生以及所辐射群体的意识形态治理功能、培育“时代新人”的核心功能以及筑牢治理道德基础的牵引功能。高校思想政治教育治理是国家治理的重要组成部分，要实现前述功能作用，必须依托法治，分别在治理体系法制化和治理能力法治化两方面同时着手。

习近平总书记在对法治作用的表述中强调要发挥它的积极作用。[1] 可见，全面依法治国所发挥的法治固根本、稳预期、利长远的优势，需要创新运用到高校思想政治教育治理领域，为这项工作的改革创新保驾护航。具体来说，就是要把传统育人工作不擅长的或者利用得很少的强制约束力以外部制度压力的方式，为新型育人工作开疆拓土，将启发性和灌输性统一于新型育人关系中。

依法治国的重要保障体现在高校思想政治教育治理现代化中，首先要在总体法治框架和体系内，纳入思想政治教育制度体系考量，为形成完备的法律规范体系留有立法的依据与空间，比如说，《高等教育法》除了规范大学生思想道德品质的标准（树立爱国主义、集体主义和社会主义思想以及良好的思想品德）外，还有必要对大学生先进思想和良好品德的培养路径进行方向性规定；其次应该在法治执行过程中，探索思想政治教育制度的实施方式，为形成高效的法治实施体系提出建议，及时将高校思想政治工作改革方向与典型经验写入法律文本，以更高层级的法律效力来推动高校思想政治工作质量的提升，比如目前关于“三全育人”的试点工作需要尽快从政策意见上升到法规层面，以加强这项改革

---

[1] 习近平：《推进全面依法治国，发挥法治在国家治理体系和治理能力现代化中的积极作用》，《求是》2020 年第 22 期。

工作的制度稳定性；再次要在法治的监督中，加强对思想政治教育制度的履责考核，确保其同样具有严密的法治监督体系，发挥制度强制力和惩戒力的保障作用，比如在《教师法》中要进一步细化教师在思想道德教育引领中的职责，以及明确相关的法律责任；从次将依法治国和以德治国相结合，用法治赋予“德治”合法性，肯定道德在国家和社会治理中的作用，也肯定了思想政治教育弘扬社会主义核心价值观以及道德体系的教化作用和法定性；最后，国家治理现代化要求国家、政府、社会三位一体共同推进形成凝聚治理合力的良好法治环境，这为多元治理主体在思想政治教育治理方面“科学立法、严格执法、公正司法、全民守法”奠定了体系化保障。

（二）以从严治党为宣示

治国必先治党，治党务必从严从严治党是中国共产党这一马克思主义政党的革命性、先进性和科学性的体现。全面从严治党要求思想政治教育要把培养党员干部的理想信念放在首位，强化对中国共产党领导的政治认同的塑造，强化对执政党建设规律的研究。以全面从严治党为政治宣示，加强高校基层党组织建设，突出政党宗旨、强化政治引领、提高政治站位，是新时代党的建设带动高校思想政治教育治理的重要保障。

首先，从严治党增强了广大人民群众对中国共产党的高度信任，为高校思想政治教育治理夯实认同基础。思想政治教育对党的领导这一政治认同的正向作用，同样蕴含着其自身受这一认同的反作用的表达，也就是说扎实的政治认同亦会提升思想政治教育治理的效能，因此，从严治党践行以人民为中心的政党宗旨，在人民对马克思主义政党心理认同这一政治文化基础上，赢得了民心，相应地也为高校思想政治教育抵御西方政治价值观和西方政治制度错误思潮发挥着“固根本”的重要保障作用；其次，从严治党增强了广大人民群众对社会主义制度的高度认同，中华人民共和国的巨大成就根源在于坚持中国特色社会主义制度最本质的特征——中国共产党的领导，从严治党是社会主义制度优越性的重要组成部分，通过管党治党提升党的领导能力、执政能力、治理能力，能够彻底将社会主义制度的基本内涵体现出来，在人民高度认同社会主义制度之时，高校思想政治教育者们就能够更自信、更有说服力地高举社会主义旗帜，揭穿西方资本主义制度的虚伪性，破除对伪现代化的盲目崇拜，讲好科学“大道理”，回应现实“大问题”，把握时代“大趋势”，在“破”与“立”的过程中有效解释问题、排解矛盾；最后，从严治党增强广大人民群众对习近平新时代中国特色社会主义思想的高度认同，理论新飞跃的这十年间，新思想指导下的中国式治理结出累累硕果，人民群众从中获得了巨大的幸福感，也体会到“幸福是靠奋斗出来”的成就感，这些果实为新思想丰富了灵魂与血肉，也论证了这一最新理论体系中最首要的就是以坚持党对一切工作的领导为核心的全面从严治党重要论述，从严治党才能永葆党的政治本色和生机活力，才能体现党中央刀刃向内的改革决心，才能赢得党心民心，从严治党取得的扎实成效论证了习近平新时代中国特色社会主义思想的科学性与革命性，为高校育人内容提供了与时俱进的科学社会主义理论体系。

（三）在思想政治教育治理中方式互补

高校思想政治教育治理应将依法治国和从严治党两项重要保障在治理过程中有机结合起来，汲取两方治理的优势手段、优秀性能以及优良成效，化作自身治理现代化运行中的重要保障。

具体来说，两者在方式、执行力以及作用覆盖面上形成互补式保障。依法治国提供国家法律体系保障，有助于在高校思想政治教育治理运行中，协调法规和政策的关系，实现政策法治化转型，守好底线。而相应地，从严治党着重从党的建设，尤其是政治建设、纪律建设方面，提供党内法规体系保障，有助于思想政治教育满足高层面的政治要求；从执行力来说，两者也形成有效的互补，既从政府职权角度以法律强制力确保执行到位，也能从党组织和党员政治义务的角度以纪律约束力确保更高标准能够执行到位；从作用区间来说，一方从“权力—权利”维度发生作用，另一方则从“信仰—宗旨”维度进行干预。总而言之，两者在高校思想政治教育治理现代化进程中发挥着兼容互补的重要保障作用。

CHAPTER 05 >>

第五章 高校思想政治教育治理法治化路径

法者，天下之准绳也。法治是人类社会文明进步的重要标志。法律系统是现代社会体系中的重要组成部分，奉法者强则国强，因此法治是当今大多数国家选择的国家治理方式。实行全面依法治国以来，中国共产党带领全国各族人民不懈追求新时代的法治现代化，为实现第二个百年奋斗目标定位法治、布局法治、厉行法治。高校思想政治教育治理现代化的关键是要在高校思想政治教育领域做到“良法善治”的法治引领、法治规范和法治保障，以习近平法治思想为指导，运用法治思维和法治方式妥善应对高校思想政治教育治理所面临的难题和挑战，精进改革和创新。

第一节 以习近平法治思想为根本指导

在新的历史方位上，中国已经或正在涌动着国家发展环境、经济增长方式、城乡结构关系、社会组织形态等方面巨大而深刻的转型变迁，改革的深水区需要有更加睿智、更加精细、更加规范、更加稳健的治理结构体系予以支撑。以习近平同志为核心的党中央开拓进取，推动治理的“中国方案”❶与法治现代化相关照，向世界展示了无产阶级政党巩固统治、治理国家的“中国模式”，更形成了马克思主义法治理论中国化的最新成果——习近平法治思想。在高校育人领域，这一思想将指引思想政治教育治理走向现代化。

一、高校思想政治教育治理是适用习近平法治思想的当然领域

《关于加强和改进新形势下高校思想政治工作的意见》指出社会主义大学的性质与任务，也为加强和改进高校思想政治工作指明了意义所在，高等教育对内承担着教学科研与人才培养的任务，对外则扮演着国家智库与交流桥梁等角色，这些重要使命的达成需要通过思想政治工作来把方向、守原则、赋职责、擅传承、促融合，这些作用能否有效发挥关系到高校立德树人根本任务完成质量的好坏，更关系到能否为国家治理输送高能量的思想动力与高水平的人才队伍，因此需要将思想政治工作当作一项重大的政治任务和战略工程来抓。高校思想政治教育改革发展也面临着新的问题和矛盾，在为高校其他工作培基固本的同时，其自身的方向、原则、路径选择也需要得到科学的思想理论的指导，而习近平法治思想正是闪耀着马克思主义思想光辉并且符合中国治理实际的科学理论，其中高度凝练的“坚持在法治轨道上推进

---

❶ 公丕祥：《法治现代化的中国方案》，《江苏社会科学》2020 年第 4 期。

国家治理体系和治理能力现代化”为高校思想政治教育治理适用这一科学理论提供了主线，是高校育人事业牢固树立“四个意识”的重要保证，也是立德树人自觉融入“四个全面”战略布局的有力保障。

思想政治教育能够激发精神动力。“全人类的首要的生产力就是工人，劳动者。”❶ 建设社会主义现代化强国的根本力量源自人民，人民的创造性决定强国建设的高度，人民的积极性决定强国建设的进度，人民的主动性决定强国建设的深度，只有激发起足够的精神动力，才能充分动员人民的力量，使人民更深入地参与到国家与社会的发展之中。高校思想政治教育正是帮助大学生认识世界和提高认识能力的重要途径。在大学学习这个能力培养密集期内，尽量激发出大学生的劳动积极性、创造性、主动性，这体现了高校思想政治教育以人为本的根本出发点。提高人的思想认识，树立正确的价值观念，促进人的自由和全面发展，增强他们改造主观世界和客观世界的能力，在精神激励中通过榜样示范、交流沟通、学习实践等具体路径，激发青年大学生见贤思齐、不断进取的前进动力，使他们以主人翁的姿态投入到社会主义建设事业中去。

思想政治教育能够调适矛盾冲突。高校环境内的社会关系具有普遍性与特殊性，高校思想政治教育既要调适大学生普遍性社会关系产生的矛盾冲突，也需要调适特殊性社会关系产生的矛盾冲突。普遍性社会关系建立在所处的社会经济客观条件之上，其矛盾冲突的调适在于增强大学生的四个自信，培育和践行社会主义核心价值观，发挥思想政治教育的价值引领和动力激发功能；

---

❶ 中共中央编译局：《列宁选集》（第3卷），人民出版社，2012，第843页。

另外，要着力于特殊性社会关系产生的矛盾问题的调解，在高校这一相对独立的环境中，围绕高等教育教学管理以及大学生成长成才产生了一系列特殊的矛盾冲突，这需要思想政治教育发挥化解矛盾、协调人际关系、安抚情绪的重要调节作用，引导大学生合理表达自身诉求，协调解决个人与集体利益冲突，科学调和个性化与群体化的客观区别。

思想政治教育能够推进全面依法治国。习近平法治思想以精准练达的辩证方法论述了法治与德治的关系。“法安天下，德润人心。”“法律是成文的道德，道德是内心的法律。”“以法治承载道德理念，道德才有可靠制度支撑。”“必须以道德滋养法治精神、强化道德对法治文化的支撑作用。”以上种种重要论述都说明了依法治国与以德治国之间的逻辑关系。由此可见，在法治中国的建设中，德治决不能缺位，这既是对中国传统优秀治国理念的传承，也是当前国家社会治理的客观需求。既然法治与德治是维护社会秩序、保持社会稳定的两只手，以明大德、守公德、严私德为教育内容的高校思想政治教育，势必要依靠全面依法治国对道德教育、道德引导的支持功能，通过德育这一思想政治教育特有的方法途径，发挥道德对法治的滋养作用。

思想政治教育能够巩固马克思主义信仰定位。法治中国是对无产阶级治国方略的实践探索，是依法执政、依法行政的中国版本。法治作为治理国家的基本手段被世界多国运用，但都遵循着不同的政治理念。习近平法治思想强调，“法治当中有政治”，不同政治立场的国家势必选择不同的法治道路，与以英美为首的西方国家的政治逻辑——“维护本阶级政治统治和经济秩序以及专政，保证资本神圣不可侵犯”不同，法治中国的政治逻辑牢固树立在人民立场上，这是马克思主义人民观的延伸。高校思想政治教育正是在马克思主义思想的指导下，引导大学生形成科学而坚定的理想信仰，法治方式能够将青年人的精神“补钙”制度化、将预防“软骨病”制度化，保障高校育人事业信仰定位作用的稳定发挥。

二、高校思想政治教育治理法治化是习近平法治思想的应有之义

习近平总书记指出：“教育是提高人民综合素质、促进人的全面发展的重要途径，是民族振兴、社会进步的重要基石，是对中华民族伟大复兴具有决定性意义的事业。”[1] 教育不仅是社会民生，更是国计大业，是中华民族伟大复兴的重要组成部分。深化教育综合改革是为了调和新时代教育领域新矛盾，是为了进一步满足人民群众对优质教育的渴求，对教育公平的关注以及对教育质量的全面要求。高等教育处于国民教育结构层级的顶部，其发展水平是衡量国家教育现代化程度的重要标志，其中高校思想政治教育改革创新是提高教育事业防范化解重大风险能力、为教育现代化奠定信仰之根和思想之基的有效路径，因此，推动高校思想政治教育内涵式发展和高质量创新，推进高校思想政治教育治理体系和治理能力现代化是实现思想政治教育前述功能的必然要求。

实现高校思想政治教育治理体系和治理能力现代化的关键是改革发展，而改革发展则需要在法治框架下实现，这是习近平法治思想中“法治轨道”功能理论的应有之义。深入改革才能有发展动力，全程走在法治轨道上才能确保稳定，关键要处理好改革和法治的关系——如鸟之两翼、车之两轮——相辅相成，相伴而生。改革是破，法治是立，改革是变，法治是定，在改革中完善法治，在法治中推进改革，要坚持以习近平法治思想来指导高校

---

[1] 习近平：《做党和人民满意的好老师》，人民出版社，2014，第2页。

依法治理实践，以法治思维和法治方式提升高校思想政治教育治理的法治化水平。

（一）高校思想政治教育改革发展要在法治轨道上“讲政治”

思想政治教育的本质是“讲政治”的教育。这是由思想政治教育维护现存社会制度、维护社会稳定发展的目标所决定的。维护社会制度从思想上来说，就是维护与社会制度相适应的意识形态，维护社会稳定发展从利益上来说，就是维护统治阶级的根本利益，这两者都具有鲜明的政治性。在中国，思想政治工作就是要维护马克思主义思想在意识形态领域的指导地位，要维护无产阶级的利益，要巩固无产阶级政党——中国共产党的领导地位，“统治阶级的思想在每一时代都是占统治地位的思想”❶。可见，统治阶级的思想一旦失去统治地位，将面临政治统治被质疑甚至崩塌的危险。在高校，“讲政治”更是把握育人方向的第一要务，高等教育“必须坚持正确政治方向”❷，要发挥维护和巩固执政党意识形态的功能。高校立什么样的“德”，树什么样的“人”，显然取决于意识形态前提，由当前社会的社会性质决定。也就是说，以西方世界为代表的不同社会制度内，同样运行着讲政治的思想政治工作，如以美国“资本主义制度教育、反共产主义教育、公民权利和义务教育、国民精神教育”为核心的政治意识教育体系，以各种各样的内容、形式和方法，极强地渗透灌输资产阶级政治思想和价值观，所谓的人权、民权等只是资产阶级狭隘利益的外套。因此，坚持社会主义办学方向不是抽象的口号，而是渗透在日常的思想政治工作中，落实在对大学生进行马克思主义信仰教

---

❶ 中共中央编译局：《马克思恩格斯选集（第3卷）》，人民出版社，1995，第82页。

❷ 《把思想政治工作贯穿教育教学全过程，开创我国高等教育事业发展新局面》，《人民日报》，2016年12月9日，第1版。

育、坚持党的领导教育、人民立场教育、社会主义政治方向教育中，增加青年大学生的政治领悟力、政治判断力和政治执行力。

高校思想政治教育要“讲政治”，就要与时俱进、改革发展。社会经济不会一成不变，它随时会影响民众的思想变化，主流意识形态也会受到各种思想文化思潮的冲击，尤其国内外形势激荡复杂，去全球化、反社会主义思潮突显，高校这一思想前沿阵地，更需要因势而新，以改革创新应对新矛盾新挑战。因此，改革是高校思想政治教育治理中的主要内容，而法治化就是最重要的改革，也是“讲政治”的体现。这个法治化，绝不以西方法律思想为运行守则，也不可能渗透进资本主义法治理念，西方世界推崇的治理核心——去政府化、去中心化，运用在中国高校思想政治教育治理改革道路上是行不通的，制度是治理的载体，但不同制度的性质有着根本的区别。中国的治理制度，必然体现中国法治的精神，任何法治理论都是对法治实践形态背后政治实践和政治理论的法学抽象和法治概括，法治形态是政治实践及其样态的一种表现形式，因此，中国之治本质上是中国特色社会主义的政治实践，高校思想政治教育治理就是要以本国法治体系为遵循，坚持马克思主义国家学说和法治理论，维护广大人民群众的根本利益和社会主义核心价值观，以坚定的无产阶级专政立场，践行坚持党的领导、人民当家作主、依法治国有机统一的社会主义民主政治理论，发挥社会主义法治的本质特征和最大优势。

高校思想政治教育治理实践要“讲政治”，关键体现在运用法治思维、依靠法治方式实现治理目标。法治思维要求崇尚法治、尊重法律，以法律为准绳，以法治手段作为解决问题矛盾的首选，高校思想政治教育面临着众多利益诱惑、观念冲突、价值观淡薄等问题，导入法治思维可以为这些问题的认识、分析、处理解决提供一种以法律规范为基准的理性逻辑思考方式；“国有国法，家有家规”，人作为社会关系的集合体，人与人之间以及人与自然之间从逐步形成“习惯”直至稳定发展为“规则”，是人类社会进步的体现，法的概念是每一个社会人需要固化的，这不单应该深植于个体的生存思维中，也是维持现代政治社会稳定的重要工具。因此，倚靠法治方式有助于青年大学生牢固树立纪律和规矩意识，养成守纪律、讲规矩的行动自觉，在治理中以法治方式为主，可以让大学生充分体会全面实施依法治国的深刻意义，有助于他们深入了解法治中国的建设进程，有助于他们理解法治与德治的相互关系，巩固他们对社会主义核心价值观的道德认同以及对中国特色社会主义制度规范体系的法治认同。

（二）高校思想政治教育改革发展要在法治轨道上“出思想”

习近平总书记在中国人民大学考察时的讲话精神表明，要回答好中国之问、世界之问、人民之问、时代之问，就要依靠中国自主的知识体系构建出中国特色的哲学社会科学，才能回答好“世界怎么了”“人类向何处去”的时代之题。新时代的哲学社会科学应该着力于“出思想”，这体现了全局性、根本性、关键性的问题解决的成效，是形成真研究、真创新和真管用的科学知识体系的本质要求。高校是我国哲学社会科学“五路大军”中的重要力量，也是彰显中国道路、中国制度、中国模式优势的关键阵地，加上思想政治教育是哲学社会科学的重要组成部分，具有一脉相承的科学气质和学科价值，高校思想政治教育治理现代化就是要让这一学科产生出“方向明、主义真”的科学知识与话语体系。

高校育人工作的方向与质量必须依靠习近平新时代中国特色

社会主义思想领航把舵，它是现阶段解决中国特色社会主义建设中出现的矛盾问题最管用的科学理论，是马克思主义思想在中国实践的最新飞跃、最新成果，十三届全国人大一次会议表决通过的《中华人民共和国宪法修正案》，以国家根本法的形式确立了它在国家政治和社会生活中的指导地位，更是从法律层面赋予其指导国家治理现代化进程的权力。因此，高校思想政治教育治理在其指导下“出思想”也要受法律的规约，必须在法治轨道上推进。

高校思想政治教育“出思想”要符合中国特色社会主义制度的规定。中国由谁领导、走什么道路、坚持什么思想理论、选择什么社会制度，都在中国特色社会主义制度中有所体现，并为宪法所保障。在中国大学里，思想政治教育是传播教化无产阶级科学真理的思想性、政治性的活动，高校思想政治教育的学科发展并不是价值中立的教学研究活动，而要强调思想产出和理论产出，要使得教育对象掌握某种价值观念，最终形成正确的思想政治素质。大学生作为教育对象，是新时代现代化强国的建设者和接班人，他们内心坚定的制度自信事关中国特色社会主义的巩固和发展，事关中华民族复兴梦的实现。因此，高校思想政治教育输出或产出的思想，需要把中国特色社会主义制度摆在首位。具体来说，就是在以下方面加强制度理论研究和宣传教育：一是要围绕“党政军民学，东西南北中，党是领导一切的”[1]党的领导制度这一最本质的特征，体现出党的领导制度的决定性和全局指导性；二是要讲清人民代表大会制度是根本政治制度，也是国家政权组织形式，在中国特色社会主义政治制度中具有突出地位，要讲明我国人民民主专政的国家性质以及人民代表大会行使国家权力的

[1] 中共中央党史和文献研究院：《十九大以来重要文献选编》（上），中央文献出版社，2019，第14页。

基本流程、国家权力机关对行政机关、监察机关和审判机关、检察机关的监督关系等；三是要坚持马克思主义在意识形态领域指导地位的根本制度，要通过科学的论证来阐明马克思主义，总结人类社会发展的规律，从而帮助青年学子树立正确的“三观”；四是要明确党的领导制度是其他根本制度、基本制度和重要制度的统领，任何制度理论研究和宣传教育都不能离开中国共产党的领导，这才能发挥中国特色社会主义制度的顶层决定性、全域覆盖性、全局指导性作用。高校思想政治教育就是要让大学生坚定制度自信，这样既不会走老路、也不会走邪路，而是会紧跟中国共产党的领导，坚定不移地走中国特色社会主义道路。

高校思想政治教育“出思想”要有助于增强中国特色社会主义制度的执行力。中国特色社会主义制度是一个由根本制度、基本制度、重要制度组成四梁八柱的结构完整的体系，此外还有一些涉及国家社会人民生活方方面面的具体制度，与之共同构成中国特色社会主义制度体系的斑斓图谱。有“良法”能“善治”的本质要求，体现在好的制度体系配套强有力的执行力给予落实和保证，思想政治教育与其他学科相比，存在的一个最大特点就是它具有鲜明的价值性，是为着实现特定的价值追求而实施的实践活动。因此，中国高校思想政治教育的价值性就是要确保思想政治教育的教育形式和教育内容都服务于中国特色社会主义制度体系相关的意识形态建设需要，深入研究、阐释和宣传习近平新时代中国特色社会主义思想，从思想定力、思想动力、思想潜力各方面提高当代大学生的思想道德水平，养成对马克思主义与中国特色社会主义事业、对社会主义核心价值观和习近平新时代中国特色社会主义思想的认同，最终从总结育人规律、革新科学研究、加强学术支撑方面增强中国特色社会主义制度的执行力。

三、以习近平法治思想指导高校思想政治教育治理的发展

习近平法治思想对高校思想政治教育治理的指导伴随着习近平法治思想的形成过程，也伴随着习近平新时代教育新理念新思想新观点的形成过程，主要体现在党领导下依法治校的发展、高校法治教育融入思想政治教育的发展以及高校“思想道德与法治”课程中法治内容的发展三方面。

（一）依法治校促进高校思想政治教育治理发展

2012 年教育部根据党的十八大全面依法治国战略布局的要求，印发了《全面推进依法治校实施纲要》，开启了新时代教育法治化的新征程；2020 年教育部根据党的十九大确立的习近平新时代中国特色社会主义思想，为保证全面依法治国总目标在教育领域的实现，以推进中国式治理为契机，印发了《关于进一步加强高等学校法治工作的意见》，推动高校治理法治化更加深入。近年来，在党的领导和国家法律、政策的引导下，依法治校取得了一定成绩，并为高校思想政治教育治理发展营造了良好的治理环境与法治氛围。

首先，基本建成以大学章程为核心的自治制度体系。经过现代大学制度改革，外部行政管理逐步减少，相应地，内部自治水平和范围逐步提升与扩大，自治所依据的制度体系就是以大学章程为核心“宪法”地位的包括教学、科研、学生教育管理、教师服务管理等内容的所有校内规范性文件，这一制度体系为自治提供了职权划分和责任归属，在一定程度上具有“类法规”性质，既使大学自治时有章可循，又使高校习惯于依规治理的思维导式，改变传统听令于上级、听令于政府的管理范式，可以说，建章立制是高校法治工作的起点。其次，公法人化的组织形式为高校坚

持党的领导提供了主体保障，依法确立的高校法人主体资格是落实党委领导下的校长负责制的法律依托，这项制度确保高校贯彻党的教育方针，增强高校师生自主性和创造力，它既为扩大高校的办学自主权、拓展教师的学术自由提供了制度性的创新空间，也通过设置议事范围、议事程序、议事规则等内容，以民主集中制为基础规范办学自主权运行机制和监督机制。再次，教育法典编纂工作从学术讨论发展到实务研究领域，意味着教育法治化的程度越来越高，教育领域以事前审查和备案的方式来降低法律风险，聘请律师担任法律顾问进行法律风险的审查评估等，以法治方式防范重大风险的体制机制更加完善，法律风险防控体系逐渐形成，这些制度体系有助于推动高校对外互动交流，高校法律风险的防控完善是高校法治进步的重要体现。最后，法治教育的有序开展为依法治校提供了动力源泉和文化氛围，“把法治教育纳入国民教育体系”，高等教育是当然的法治教育重要阶段，法治教育是立德树人的重要内容之一，高校通过“思想道德与法治”课程以及第二、第三课堂完成对大学生全方位的法治教育，培育其法治素养，为高校的法治树立、法治运用、法治保障提供源源不断的智力支持，使广大青年学子养成尊重法律、遵守法律的习惯，营造良好的法治文化氛围。

由此可见，多年来依法治校在党的领导下长足发展，高校思想政治教育治理是依法治校的重要一环，同样也能搭上高校法治建设的“改革快车”。正在完善的教育制度体系能够加快高校思想政治教育治理制度创新，高校独立法人和章程制度能够最大程度激发高校学科发展以及培育时代新人的精神动力，在经过相当长一段时期法治思维、法治环境的晕染，治理法治化很容易在高校各类工作领域推广适用。

（二）高校法治教育融入思想政治教育的发展

育人不仅仅是德育，还包括法治教育，这是当前社会发展实践的需要，也是调和新时代思想政治教育新矛盾的需要。改革开放以来，尤其是近年来在依法治国、依法执政、依法行政共同推进背景下，需要迅速地在人民群众当中树立起法治意识，锻炼出法治思维，培养好用法习惯。大学生是国家、政府、社会三位一体法治建设的重要参与者，他们的法治素养显得尤其重要，然而实际情况是青年大学生存在法治意识淡薄、法治知识欠缺、法治思维薄弱等不足之处，与当前社会的发展需求还存在一定的差距，因此，高校将法治教育作为立德树人教育内容的重要组成部分，具有鲜明的时代性和实践性。

对此，习近平法治思想为高校法治教育融入思想政治教育提供了思想引导与内容支撑。依法治国要围绕“坚持建设中国特色社会主义法治体系”这个总抓手，在“规范、实施、监督、保障、党内法规”五个方面形成法治的子体系。这首先要求高校思想政治教育要避免教育定位的偏差，通过体系化教学方式以及教学内容，做好大学生法律知识的普及和法治意识的培养工作，不仅仅将法治教育停留在法律文本教学层面，而更应该将法治意识入脑入心，将法治思维、法治习惯的日常养成作为教育目标；其次要求高校思想政治教育要注重实践体验，法治除了要有懂法的人，还需要会实施法、会运用法的人，高校法治教育倘若偏重理论教育，可能会弱化实践锻炼中法治人格的养成，既不利于法治的有效实施，也不利于法治监督的自觉性培养，同时还不利于法治人才队伍的全面建设，影响法治保障体系的质量。

由此可知，同为社会治理的重要方式，法治与思想政治教育是紧密的互促关系，高校法治教育融入思想政治教育的有效性也是高校思想政治教育治理的绩效标准之一。把法治教育融入高校思想政治教育就是利用法律刚性的特点实现“规则之治”，它能够为思想政治教育有效性的实现提供稳定的社会环境，法治建设越完善，教育者和受教育者的合法权益也就越能够得到保障，对相关育人活动的正向评价越高，育人效果也会相应提升；通过构建相对一致的认知体系、价值体系加强育人工作的有效性，反之育人工作的效果对法治的“合义性”论证产生正面影响。

（三）高校“思想道德与法治”课程中法治内容的发展

在“思想道德与法治”课程教学中高质量地融入习近平法治思想，是这门课程的重大政治任务和教学任务，也是高校思想政治理论课融入历史唯物主义法治育人元素的重要体现。从《思想道德修养与法律基础》到《思想道德与法治》，“思想道德与法治”这门思想理论基础课程的教材，前后进行了 9 版修订，法律教育始终是其中的重要组成内容（其余主要是思想教育和道德教育），无论从教材题目还是从教材体例和篇章设计来看，法治相关内容都发生了较大变化，这一变化发展真实展现了国家社会法治价值观的转变，也体现了法治精神在高校思想政治教育的融入过程，还在一定程度上反映了国家法治道路对思想政治教育自身治理完善的规引。这门课程教材的最近一次修订完成于 2021 年，在内容、形式上都有了较大改变，其中最重要的是将习近平法治思想及时修订进入法治教育这块内容之中，从而体现课程在法治教育方面最新的思想性和时代性，极大促进了高校思想政治教育在法治教育方面的课程建设。

其一，将价值理性教育区别于工具理性教育。随着法律、法治概念的频现，较长时间内高校教育中纳入、强调有关“法”的教育是高等教育跟上时代发展的重要表征，但是也带来像“思想道德修养与法律基础”这样的基础课对自身法治教育的定位模糊。比如曾经以“法律概论”课面貌进行法律基础章节的编写，结果以接近法律知识索引的形式枚举了当时法律体系的主要内容，其中法律基本理论、实体法、程序法等占据主要内容，对非法学专业学生来说，技能主义过强，价值引领不足，大学生学习之后既不可能熟背法律条文，也缺少对法的实质感知，容易形成形而上的法学教育。2013 年以后，这个局面得到改善，高校普法教育主要从培养大学生社会主义法治理念、法治思维、树立法律权威三方面着力，由普及法律知识向强化法治意识转变。其二，更加突出宪法教育。2014 年国家设立宪法日，2015 年版课程教材进行了“学习宪法法律，建设法治体系”的相关内容修订，体现出由法律教育到宪法核心教育思路的转变。思想政治理论课中的法治教育不在于让学生掌握更多的法律条文，而应该让学生树立“尊法”意识，只有尊重以宪法为根本法的国家法律体系权威，只有对国家的制度伦理与法治精神有深入的领会和认同，才能谈得上“学法守法用法”。其三，习近平法治思想向教学体系高质量转化和拓展。2021 年版《思想道德与法治》教材的修订说明指出这次修订把新时代治国理政在国家战略层面与法治教育生动结合起来，[1]增加了习近平同志关于法律概念、本质、作用等方面的重要论述，尤其高度体现了习近平法治思想的实践性和实用性，对于“党大还是法大”“理解关于言论自由的法律规定”等“尖锐”问题都给予旗帜鲜明的答复与引导，使大学生通过接受法治教育真正做到

---

[1] 沈壮海：《〈思想道德与法治（2021 年版）〉修订说明和教学建议》，《思想理论教育导刊》2021 年第 9 期。文中提出“充实、反映了习近平法治思想，阐述了习近平法治思想的形成和意义、主要内容，习近平法治思想是全面依法治国的指导思想和根本遵循”。

"明是非、强判断、作表率"。

在课程建设中贯穿习近平法治思想，使思想政治理论课的教学内容、教学方式、教学载体的改革创新方向有了更明确的规范，也为教学改革提供了新的法治方法论，为高校思想政治教育治理提供了教育教学保障。

第二节　高校思想政治教育治理法治化的意义

高校思想政治教育治理法治化对于完善自身治理体系以及提升治理能力有着重要的现实意义。对治理能力来说，孰强孰弱需要通过实践进行检验，法治实践具有规范行为的理性优势，是检验治理能力的重要标准。现代化是法治化的实践目标，与此同时法治化更是现代化的必由之路，加快法治化是高校提升思想政治教育治理能力的根本方向。

一、法治实践是检验治理能力的重要标准

治理法治化是治理过程进行法治实践的体系化，这一体系化的法治实践过程，包括通过法治方式对治理体系进行构建与执行、纠偏与重塑，并随时对执行效果——治理能力进行检验。法治实践包括治理制度体系完善实践，也包括依照制度体系实施治理行为的实践，以治理结果反馈治理能力强弱，法治实践是检验领域内治理能力的重要标准。

（一）治理的法治实践是治理法治化的行为载体

治理是实践的，马克思主义国家治理理论在中国实践中生根并发展，同时应验了马克思主义在中国能"行"。原因在于这一理

论的根本精髓是科学的实践观，实践的观点是马克思主义的世界观和方法论，它将人类社会与人的物质生活资料的生产行为绑定，并分析了二者的逻辑关系——人们通过不断实践经历、发现、总结和利用社会发展规律。治理正是一种顺应社会发展规律而进行的实践活动，因此在马克思主义实践观的指导下，治理是实践的，而不应当与此相反；正是因为看到了科学理论用于“改造世界”的现实意义更大于“解释世界”，马克思主义理论才有着极强的生命力与适应力，在它的指导下，中国式治理就是一种“改造实践”，通过改造当前的规范制度、调整机制、思维方式等，以解决面临的矛盾与问题。治理不能停留在理论层面，也不可能依靠概念催动，矛盾问题无法仅仅通过解释得到缓解，人们更需要的是消除这些不利影响，这是马克思主义哲学区别于以往其他哲学的本质所在；实践还具有目的性，它以人类对社会发展的期待为目标，体现人的意识能动作用，是人们基于客观存在以及对客观规律的认识而产生的对未来美好生活的向往，这种向往是推进实践的精神实质，因此治理是人们对现有规律的审视以及对“向往”生活的目标性实践，体现了各类生活组织形态一致的价值导向与奋斗目标。

法治实践是治理的主要方式。法治实践是马克思主义哲学实践观在法治领域的运用，也是“知行统一”的实践方式。在实践思维的视域下，法治实践的价值在于它的创造性，包括实践主体的主动性和能动性，它强调的是一种基于理性认识的实践。[1] 因

---

[1] 参见王炳书：《实践理性论》，武汉大学出版社，2002，第53—54页。该书提出：“人的自由自觉活动的存在本性，内在地要求着人建构实践理性。没有实践理性，人的自由自觉活动就不可能现实地展开和完成，人也就不可能按照自己的目的和意志实际地掌握世界。实践理性正是适应人的自由自觉活动的内在要求，为着人能够按照自己的目的实际地改造世界而生成和发展的。”

此，在治理体系中，法治实践是人们理性思维的表征，它是人们为自身活动建构的规则外延，这种建构行为出自改造世界的实际需求，为的是适应人的自在活动。需要注意的是，法治实践在很长一段时间里，因其理性性质使然，其必然性受到学理更多追捧，然而事实上历史是许多客观偶然积累而成的必然，法治实践并不是一种必然性的机械演绎过程，不是从规则出发、以规则结束的死板活动，而需要关注到法治实践偶然性的重要特质，只有承认这一点，才能准确地将法治实践判断为一个充满复杂性机制的多元素交互作用的动态过程，才能准确理解法治实践在治理运行过程中的综合应对功能。法治实践是治理的理性发生和理性总结，并以其对偶然性的把握赋予治理巨大的能动力量。

治理的法治实践的最终目标是治理法治化。以法治实践来实现治理，最基础的就是以法律法规来承载一定历史阶段各类生活组织共同认同的价值体系，只有获得普遍意义上的认同，才能产生现实价值的实践主体，也就是说，实践主体只有在具备了方向统一的价值研判后，才能发生目标一致的实践活动。治理不可能是零散的、随意的、可有可无的实践活动，它是人们在现实社会中希望发生的价值内在统一的实践意向，继而通过实践活动显示人们的意识集合，这需要法治实践在过程中形塑人们的思想认知，使其在理性的、稳定的制度框架下得以维持。因此，法治实践是治理法治化的行为载体，并以最终实现法治化为人们实践活动的目标。

（二）治理法治化是法治实践的智慧升华

百年来，中国共产党在治国理政的历史性实践中，不断将马克思主义实践观有力贯彻其中，坚持相信人民依靠人民，将人民群众作为历史主体，以其物质实践活动为社会发展的根本动力，以实践观为哲学根据的历史唯物主义为中国共产党执政的无产阶级专政国家坚持和完善中国特色社会主义制度为中心的治理现代化提供了科学指南。党和国家在新时代中华民族的历史伟业中，不断对“坚持和发展什么样的中国特色社会主义、怎样坚持和发展中国特色社会主义”“建设什么样的社会主义现代化强国、怎样建设社会主义现代化强国”“建设什么样的长期执政的马克思主义政党、怎样建设长期执政的马克思主义政党”等重大课题给予了时代探究，并在习近平新时代中国特色社会主义思想中有了最新回复，“时代是出卷人，我们是答卷人，人民是阅卷人”，习近平总书记一系列原创性的治国理政新理念新思想新战略，洋溢着鲜明的实践光辉，体现了中国之治的实践领航人思考如何答好时代之卷的极高智慧。

任何实践都需要有谋划与设计，其中必然包含了对多个元素交互作用的选择判断机制，这一机制应该是富含逻辑与智慧的，能够聪明地指导实践，才能成为一种体现智慧的理论升华。在中国治理实践中，法治既是手段也是目标，法治实践贯穿治理过程，法治化则是总结法治实践经验、推进法治实践深入、引领法治实践创新的智慧升华，也可以看作是法治实践的理论形态。法治实践包含着社会规则与伦理道德维度的引导机制，是对人有益的行动，治理法治化是从法治实践升华而成的，具有实践概念的基本属性，它既有“活动性”的实践内容，也有“内在价值”的理论特性。因此，治理法治化是对习近平法治思想的形态落实，也是在法治轨道上治国理政的路径设计。

从实践上升到理论，是实践发展的必然。但是在这过程中，要意识到普遍性原理源于实践、导向实践的本质，也就是说治理法治化是为治理的法治实践而服务的，关注的是具体生活世界的法治知识。对此，我们要避免治理法治化发生停留在普遍性法律知识层面的普遍主义、教条主义、法条主义、形式主义、唯上主义问题，而要摆脱普遍主义的知识立场，以法治实践的智慧升华，保证理论知识与法治实践的本性相吻合。

（三）法治实践是检验治理能力的重要标准

实践是检验真理的唯一标准，这说明任何理论要经得起反复验证推敲，要在时代洪流中屹立不倒，关键要看能不能经得起实践的考验。在法治轨道上推进治理，意指治理工作需要符合“科学立法、严格执法、公正司法、全民守法”这一新时代中国特色社会主义法治建设方针，治理经验最终需要在法治轨道上升华为中国智慧，方能体现出我国优越的社会制度富有强盛的治理能力。一方面，法治实践是治理工作的组成部分，法治实践的有效性本身就是治理能力的重要体现，在治理过程中，无数次偶然性法治实践积累生成必然性的法治理性，夯实了治理工作的法治基石，推动治理工作合法有序进行，调和治理工作中的矛盾冲突，维护治理工作中必要的公平正义；另一方面，法治实践是依照治理智慧开展的治理行为，智慧的生成源自理性，法治内容是治理智慧中的重要组成部分，依照治理智慧进行的治理判断、治理选择、治理规划，都需要经由法治实践，才能将意识真正转化为能力。显然，法治实践在治理智慧的指导下实施，必然也是检验智慧的重要标准；值得强调的是，法治具有解决矛盾的问题导向特质，以及期待矛盾解决的结果导向特质，这是人类社会发展中法治的工具性内涵使然，创造“法”、运用“法”到善用“法”的历史演变，说明人类对“法”的功能认识以及运用的不断深入。正是基于法治能够发现问题、应对问题、解决问题的外在性，指导法治实践的理论才可以通过法治实践加以验证推敲，以其外在性的行为效果呈现内在逻辑的良莠真伪。

二、高校思想政治教育治理法治化与现代化的逻辑关联

依前面所述，法治实践是高校思想政治教育治理领域重要的行为载体，法治实践是在该治理领域将实践升华为理论并指导实践的基础，法治化是高校思想政治教育治理通过法治实践呈现的更加先进的治理形态，是一种以先进法治思维、法治智慧集成法治实践的过程。相对于法治实践来说，治理法治化强调的是系统的、协调的、稳定的法治状态。

（一）治理法治化是现代化的必由之路

全面深化改革的总目标带动了“治理现代化”这一时代命题的提出，一时间引发学界对其实现路径、方法、手段的探讨，现代化具有多维度内涵，各个学科都能从本学科理论出发加以研究。2014 年，习近平总书记在中央政法工作会议上对正在推进的治理改革赋予新的内涵，为“治理体系”的建设确立了“依法”的基本原则，也就是说，不能离开“法治”泛泛而谈，否则“国家治理体系现代化”不但没有制度依托，还有可能迷失方向。其后，习近平法治思想的核心要义再次强调了坚持法治原则的必要性，可见治理法治化是现代化的必由之路。

对高校思想政治教育治理来说亦是如此，该领域的治理现代化是国家治理现代化的组成部分，前者必然囊括于后者的治理规律之中。新时代，高校思想政治教育治理所处的社会历史条件及国内外形势巨变，社会利益格局变动引发的利益阶层重新划分，全社会普遍认同的价值观念受到冲击，与此相应的是人民群众权利意识的觉醒，此时完善治理必须从法治入手，因为法律是凝聚社会共识的最大公约数，凡治理必讲法，实行法治是任何领域治

理的第一选择，高校思想政治教育治理也应该顺应这一政治文明发展的潮流。

首先，高校思想政治教育治理法治化能跳出“活动式”治理的藩篱。高校思想政治工作给“法”的生长空间并不大，做人的工作，关注人的内心世界，使其天然地与“法”的外在行为规制特性产生冲突。思想政治工作领域，人治思维、活动思维更具有生长土壤，要么依赖管理者个体或少数集体的智慧、能力、威望短时间内加强工作联系、扩充工作资源、提高工作成效，要么依靠各式各样的活动来抓工作、搞落实，活动思维往往脱胎于人治思维，这种活动通常指向阶段性、临时性、零散性的行动组织，缺乏系统性。依赖人治思维最大的风险是工作的好坏仅决定于管理者的能力水平，而非依法治理机制，这样极易造成工作前后脱节。可持续性低、活动思维缺乏统筹也容易给工作主体、工作对象带来混乱，无法认识到活动与活动之间的思想政治工作关联，这样一来工作的实效必然大打折扣。在此情况下，高校思想政治教育治理要破除人治思维与活动思维，引入法治思维，让思想政治工作遵循社会主义法治原则，跳出“活动式”治理的藩篱。

其次，高校思想政治教育治理法治化能养成良好的法治习惯。高校思想政治工作的成效体现在意识形态领域的根本矛盾能否得到解决，思想政治教育学科的发展能否走在强国建设的发展大局之中。在依法治国理念的指导下，法治理念、法治精神、法治原则和法治方法贯穿于国家治理各个实践方面之中，国家社会法治环境逐步形成，解决问题用法、化解矛盾靠法的法治习惯也同时养成。在很长一段时间里，高校思想政治教育停留在行政手段发动模式，管理模式单一，行政权力从高校外部直指高校内部，从高校管理层面直指教育对象，使得意识形态矛盾化解用“权(力)”说话，学科发展也完全行政化。此时，高校思想政治教育治理需要通过法治化进行纠偏，强化法治方式，回归法治途径，治理并不是摒弃行政手段，而是避免“唯行政化”。

再次，只有高校思想政治教育治理法治化才能把握好改革创新的方向。全面深化改革需要在法治轨道上推进，以习近平同志为核心的党中央明确要求，改革决不能以牺牲法治的尊严、统一和权威为代价，要处理好“破”与“立”的关系问题。高校思想政治教育治理法治化一方面是对国家深化改革中法治战略地位的思想认识与贯彻，另一方面其自身要发展，同样要依靠革新，思想政治工作的改革创新也不能跳出法治框架，要严格遵守宪法法律制度的规定，这是对其改革方向的考验。

最后，高校思想政治教育治理法治化能够协调好政策与法律的适用关系。政策和法治都是社会调整的主要机制，各有发生作用的场域与优势。一种社会关系究竟由谁来调整，或者谁主谁辅，往往根据这一关系产生的社会时期以及具体性质特点来决定，但并不是一成不变的。高校思想政治教育管理曾经一度完全由政策来调整，在全面依法治国的大势下，思想政治教育关系所处的社会条件已经发生了巨大变化，政策调整的比例或地位应该随着治理需求的变化而调整，因此高校思想政治教育治理转型尤为必要，转型方向就是法治化。具体来说，要及时通过法定程序将政策上升为法律，这是高校思想政治教育治理营造良好法治环境的必要一步，与此同时还要擅于用党的政策指引相关法律的制定和实施，当政策与法律出现矛盾时，要以法治思维协调政策与法律的适用方式，并及时调整矛盾之处。

（二）治理现代化为法治化提供实践目标

法治是社会依规运行的基本方式，既占据着基础性地位，也发挥着关键性作用。法治化是现代化的基础，是现代化的表现内容之一，治理法治化与现代化共享法治的基本原则。“构建现代新型国家治理体系，实现治理能力现代化，有赖于国家各项工作的法治化、制度化、规范化和程序化。”[1] 因此，治理现代化通过法治化实现，同时也为法治化提供实践目标。相对于管理传统化而言，高校思想政治教育治理现代化需要把思想政治工作从长期固化的行政管理模式中逐步解构出来，注入现代治理精神与理念的态势之中，体现立德树人的教育张力，发挥教育对治理现代化的功效。显而易见，这是一个复杂艰巨的过程，这期间，高校思想政治教育治理法治化要朝着现代化的既定目标前行。

法治化要符合高校思想政治教育治理现代化的价值目标。立德树人是高校思想政治教育治理的终极价值，承担教育职责的高校需要在教育治理中彰显党和人民赋予的根本使命——立德树人，高校思想政治教育治理的价值不在于只搞科研、只提高经济效益，通常所说的教学、科研、社会服务三大教育功能，其基点在于培养人，人培养不好，其他功能都是空谈。高校思想政治工作在立德树人中需要发挥“领头雁”功能，以思想价值塑造为核心引领高等教育的改革，破除一直以来重科研轻教学、重技能轻育人的高校发展偏见。法治化要面向这一价值目标，将高校办学治校的制度措施融入党的教育基本方针。

法治化要体现高校思想政治教育治理现代化的效率目标。治理对管理的升级在很大程度上来源于对效率的追求，治理现代化

---

[1] 徐汉明：《推进国家与社会治理法治化》，《法学》2014 年第 11 期。

不仅是要构建多元主体共同参与的模式，更必要的是通过这一模式解决突出问题、改善薄弱环节，这种解决和改善的及时有效就是治理现代化的效率目标。近年来，高校育人工作顺应党和国家发展大局，为改革发展提供智力支持和思想基础，自身建设也随之呈现良好态势。但是我们也要清醒地认识到，尽管改革创新时而有之，但与党和人民的期待还存在一定的差距，尤其在关键环节、关键问题上还没有达到治理预期。因此，法治化要面向这一效率目标，下好思想政治教育法治化的“先手棋”，进一步推进多元治理、体制创新，为出“实招”、亮“真招”创造良好的法治环境和法治保障，使这些招数能在教育重点领域的“老问题”“硬骨头”上实现重大突破。

法治化要助力高校育人工作现代化的效果目标。治理是否达到预期效果，一方面取决于预期设计是否科学客观，法律是用来规范社会行为的最高层级的、最稳定的载体，具备科学的预示功能，任何指向社会关系调整的工作依法推进，都有助于效果目标的制定与实现；另一方面还取决于工作中是否贯彻党的教育方针，是否遵循教育规律、治理规律和现代化规律，法治化的优势在于能够牢牢把握治理过程中的制度规范变革、机制调整完善和思维方式转变一系列环节，确保它们朝着预期目标共同发力。

三、加快法治化是高校思想政治教育治理能力提升的根本方向

从法治维度看，实现思想政治教育治理体系和治理能力现代化要求思想政治教育首先要加快法治化，这是提升治理能力的根本方向，具体体现在加快高校思想政治教育治理法治化与其治理能力提升具有目标一致性、过程协同性、方式互补性。

（一）权利本位的目标一致性

马克思曾说："人始终是一切实体性东西的本质。"[1] 承认人的本质首先要从保护人的权利出发。权利本位是法的价值内核，同时也是人的全面发展的逻辑起点，权利优先是现代法治的进步，也是依法治理的人本内涵。在法治化过程中，人是法治的目标而非手段，人作为关系主体应该得到尊严的维护、权益的保障以及自由的确认。高校思想政治教育治理就是要提升思想政治教育的存在价值与功能，以满足教育主体（包括社会、阶级和组织）合理需要之效益，这些效益由现实的人所创造，并为现实的人所享有，围绕"人"的受教育效益提升，就是高校育人工作治理现代化的目标所在。由此可见，加快法治化，用依法治理的方式提升高校思想政治教育治理能力，从目标实质来说，两者在以人为本的权利本位上体现了高度一致性。

目标一致性要求高校思想政治教育治理能力提升应当将法治的权利本位思维带入教育本身。比如说，转变"唯义务论"的教学偏见。高校思想政治教育主要调整大学生的思想与行为，尤其是道德引领，具有鲜明的价值偏向，这容易导致教学者对思想政治教育的内容产生误判，以社会主义社会中集体利益与个人利益的关系简单套用，将社会主义集体观泛化解释，导致个体泯化于群体之中，这与马克思主义理论中人的全面发展观点产生冲突，我们需要认识到，权利本位并不是唯权利论，思想政治教育也并非让渡个人利益的洗脑式教育，通过法治化纠偏，思想政治教育应该关注大学生的权利实现，尤其是法治教育更应当坚持权利本位，加强大学生权利意识培养和合理利益诉求的意识，而不应该

[1] 中共中央编译局：《马克思恩格斯选集（第3卷）》，人民出版社，1995，第52页。

以道德裹挟产生“唯义务论”的教学偏离。又比如说，规范权力行使，思想政治教育相较其他领域有更强的政治属性，这也使它过多地笼罩于权力支配之下，权力是双刃剑，体现在既能以强权推进工作，也能以强权影响或支配权利的实现，高校思想政治教育长时间依靠“命令式”管理，权力倚仗痕迹明显，而法治化就是要消除权力的支配地位，扶正权利的先决地位，治理能力的提升就体现在规范权力行使，在工作的推进中做到依法行政，使得权力真正为维护权利服务。还比如说，要确保权利的正当性。权利本位具有道德属性，这决定了权利是对狭隘个人利益的制约，权利实现始终居于首要位置，如此一来，法治化能够避免以权利保护之名行利益滥用之实，使狭隘功利主义与极端利己主义无处遁形，这与高校思想政治教育治理期待不谋而合。

（二）程序公正的过程协同性

法治化是人类行为规则的现代演化，体现人们对和谐关系的期盼，思想政治教育则表达人们追求崇高品格、完善自身改造世界的愿景，前者属于政治文明，后者属于精神文明，两者相辅相成，共同作用于客观世界的改造发展。法治化与思想政治教育治理能力提升在过程上具有协同共进的特性，而这种协同共进的达成需要基于程序的公正。

程序正当是法治化的基本要求。程序是过程的体现，程序正当标准是判断过程要素是否合法的重要依据，也是过程中制约权力滥用的利器，法治化除了要形成完善的法律制度体系，还需要有合法的实施程序，程序正当是源于英美法系的古老原则，承载了法治的实体正义，也呈现出法治程序正义所蕴含的法的中立、平等、理性等价值。程序正当要求行政管理者的行政行为公开、公正与公平，能够制约权力、保障权利，因此也被大量应用于行政领域，要求行政程序合法合规。因此，在以行政权力为主导的治理过程中，无论是从法治化本身的价值追求来说，还是从治理主体行为程序规范性的要求来说，程序正当都必不可少，即使在政治性极强的思想政治教育治理范畴内亦是如此。

高校思想政治教育治理能力的提升指的是多元治理主体运用实施治理制度的能力，依法运用治理权力、依照法定程序推进治理实施，不断通过制度化方式将习以为常的流程上升为合法程序或在法律层面对积习成弊的流程进行否定，以上这些行为，伴随着法治化，也都是治理能力提升的体现。将程序正当作为法治化与治理能力提升的协同点，意在强调高校思想政治教育治理这一法治要素较少涉及的领域，需要唤醒治理主体们“重实体、轻程序”的思维定式，树立程序正当的法治观念，消除思想误区，实现程序的中立、公开，严格依照法定程序推进治理，使各方的利益调和、治理难题的破解，均能符合程序要求，以程序公正保障实体公正。

（三）公平正义的方式互补性

高校思想政治教育旨在使大学生能够认同且践行社会倡导的价值体系和行为规范，高校育人工作治理能力的提升表现在大学生思想政治素质的提高程度上。思想政治教育主要采用理论教学、实践教育、批评与自我批评等方式，无论方式如何，皆可归入柔性方式范畴，柔性方式从人的思想入手，重视主体的自我约束，对行为的规约效力是间接的。与此相反，法治化蕴含着法治思维和法治方式的刚性，以法律规范的刚性约束为主，直接作用于人的行为，而对人的思想却只能旁敲侧击。

公平正义是马克思主义对社会主义社会中人与人之间关系的基本判断，是人成为真正自由的人的前提，人只有自由了，才谈得上全面发展。马克思主义认为，公平正义是一个历史范畴，当代中国高校的公平正义，内核必然是对大学生权利利益的维护，使他们享有权利平等、机会平等、分配平等这些自由，高校思想政治教育要实现大学生的全面发展，首先要保障公平正义，而这与法治化的根本价值追求不谋而合。

提升治理能力，需要有效面对各类利益的分配与协调，需要正确处理思想政治教育自身的矛盾以及其他社会矛盾，会有选择，也会有放弃，如何找到治理平衡的最大公约数，公平正义的价值导引尤为重要。高校育人质量的提升落实在大学生公平正义意识的唤醒和大学生公平正义的享有上，公平正义意识的唤醒需要思想政治教育本身发挥柔性启发功能，而享有公平正义成果则需要法治化的刚性保障，两者以不同的方式相得益彰。

第三节　高校思想政治教育治理法治化现状与突破口

当前高校思想政治教育治理法治化还体现着较大的现实反差，需要从强化法治思维、提高法治能力、发挥法治效能方面入手，以树立“硬法”主导观念为突破口，厘清相关法律概念，实现治理工作的法治化增进。

一、高校思想政治教育治理法治化的现实反差

依法推进国家治理现代化建设的过程中，高校思想政治教育治理的法治实践不断深入，治理能力的提升需要进一步加快法治化进程。长期以来，高等教育领域可援引的专属法律仅有《教育

法》和《高等教育法》，这两部法律涉及治理规定的相关内容多数较为原则，故而高校治理的具体法治实践多数依赖民法、行政法等，高校治理法治化基础仍显薄弱。思想政治教育治理身在其中，相比于科研、人事、财务等方面来说，法治支撑尤为不足，法治化道路也更加崎岖，存在法治思维薄弱、法制化程度较低、法治效能难发挥等问题，高校思想政治教育法治化的实然状况与党和国家的应然设计之间始终存在着“剪刀差”。

（一）法治思维薄弱

党的十八大以来，中国法治建设进入高速发展期，人民群众法治意识明显提高。高校治理在国家治理改革的快车道上，依法治校意识进一步提高，但由于高等教育的发展惯性和传统管理积重难返，治理主体的法治思维还比较欠缺。中国高等教育市场化起步于20世纪90年代，相较于其他行业，市场化程度低，政府行政权力留置比例高，高校环境中政策主导的积弊直接影响法治思维的养成。即便高等教育管理模式进行了多次改革，办学自主权的扩大与落实始终受到政府权力让渡多少的影响与支配，以致高校主体无法形成自我约束、自我发展的规制理念与治理体系，影响高等学校内部治理结构的优化与调整，导致出现“权利危机”或“权利怠行”的问题。政策为先、政府为首的管理行为依赖，使得高校内盛行“行政化”的官僚主义，这一思维定式是对法治思维的否定与禁锢，导致对政府的全能崇拜。政府成为唯一的管理主体后，容易对法治思维所代表的制约与平衡产生对抗意识，对自身行为的约束与规范缺乏内在动力。一句话，政府管多了，管勤了，无论管理者还是被管理者，都容易产生路径依赖，而对更加科学有效的法治路径不能够形成思维上的共鸣。

法治思维还受制于高校民主制度的不足。一方面，“人治”思维残留，法治较之“人治”有较高的成本和较慢的成效，高校内部通常自成一体，很容易为“人治”思维提供土壤。另一方面，治理过程中要突出法治思维就要有民主参与的制度化程序化机制加以保障，与社会治理、市场治理较为成熟的基层主体参与机制相比，高校在治理中的“民主”还停留在自上而下的政策推动阶段，制度制定与变革动力更多地源于政府的意愿，遵循的是行政逻辑而非高等教育的自主逻辑。

高校思想政治教育治理中，工具理性膨胀使其法治思维的养成更为艰难，问题并非在于与法治的对抗，而更多存在于对行政制度产生工具崇拜和以技术主义为核心目标的价值观。高校思想政治教育发展高度依赖以政治目的为主导的行政科层制度，而且高校思想政治教育的治理主体通过实践的途径确认这一工具的有用性，使得对政府管理供给过度依赖，而自身缺乏治理自主的意愿。

（二）法制化程度较低

高校思想政治教育能够在根本法、基本法和一般法律文本中找到法律赋予的地位和功能。宪法以根本法的形式规定了思想政治教育的主要形式、主要内容、主要目标；[1] 教育法延续宪法对思想政治教育的根本要求，提出“立德树人”根本任务；[2] 高等教育

---

[1] 《宪法》第24条规定：“国家通过普及理想教育、道德教育、文化教育、纪律和法制教育，通过在城乡不同范围的群众中制定和执行各种守则、公约，加强社会主义精神文明的建设。国家倡导社会主义核心价值观，提倡爱祖国、爱人民、爱劳动、爱科学、爱社会主义的公德，在人民中进行爱国主义、集体主义和国际主义、共产主义的教育，进行辩证唯物主义和历史唯物主义的教育，反对资本主义的、封建主义的和其他的腐朽思想。”

[2] 《教育法》第6条规定：“教育应当坚持立德树人，对受教育者加强社会主义核心价值观教育，增强受教育者的社会责任感、创新精神和实践能力。国家在受教育者中进行爱国主义、集体主义、中国特色社会主义的教育，进行理想、道德、纪律、法治、国防和民族团结的教育。”

法从学生学习内容和思想标准角度，对大学生依法提出进行“良好的思想品德”培养的学习要求；[1] 教师法则从教师教书育人的内容方面，依法提出育人要求与育人守则。[2] 但总体来看，高校育人工作法治化程度仍然停留在起步阶段。

首先是法律专属概念缺位。从“宪法—教育法—高等教育法—教师法”的法律层级脉络与规范内容可以发现，高校思想政治教育不具有法律文本上的概念定义，也就是说没有在法律层面提出“思想政治教育”这一概念，更无“高校思想政治教育”的概念，所以目前高校育人工作的合法性只能建立在活动所包涵内容的合法性上，分别是“理想教育、道德教育、文化教育、纪律和法制教育”：宪法层面，“社会主义核心价值观教育，爱国主义、集体主义、中国特色社会主义的教育，理想、道德、纪律、法治、国防和民族团结的教育”；教育法层面，“宪法所确定的基本原则的教育和爱国主义、民族团结的教育，法制教育和思想品德（教育）”；教师法层面，不同层级的法律赋予以上各类教育合法性，是以集成“思想政治教育”的内涵合法。然而，作为一项教育中的重要组成部分，与专业教育显著不同的是，思想政治教育内涵丰富多样，所涉及的专业知识也不局限于本学科，可谓是包罗万象，是教育环节中居于专业教育之上位的教育，具有统领精神之意。因此，“思想政治教育”应该在法律文本中作为具

---

[1] 《高等教育法》第六章第 53 条第 1 款规定：“高等学校的学生应当遵守法律、法规，遵守学生行为规范和学校的各项管理制度，尊敬师长，刻苦学习，增强体质，树立爱国主义、集体主义和社会主义思想，努力学习马克思列宁主义、毛泽东思想、邓小平理论，具有良好的思想品德，掌握较高的科学文化知识和专业技能。”

[2] 《教师法》第 8 条第 3 项规定，“对学生进行宪法所确定的基本原则的教育和爱国主义、民族团结的教育，法制教育以及思想品德、文化、科学技术教育，组织、带领学生开展有益的社会活动”。

有法律意义的概念出现，而不是以零散的教育内容、教育方式分别规定，这样可以避免不同法律文本在具体规定层面存在不同，产生理解上的偏差。

其次是法律专属责任不明。随着依法治教不断深入，教育领域的责任也越来越多地纳入法治视野。相关法律责任更多地针对廉政风险和学术腐败，思想政治教育作为一项效果隐性的实践活动，如何定性、界定、认定法律责任具有较高的立法技术难度和实务操作困难。一直以来，思想政治教育都是通过其他显性责任进行追究，2014 年教育部针对高校师德建设的文件中专门就思想政治教育专属责任作了进一步明确，提出对“在教育教学活动中有违背党的路线方针政策的言行”等行为“建立健全高校教师违反师德行为的惩处机制”。这一责任导向，引导实务操作上对教育主体进行以思想政治教育“失职”为责任的追究机制，但这一导向始终未上升到法律层面，而且惩处机制也主要围绕行政处理、劳动关系解除等，较少涉及法律意义上的责任承担，[1] 因此，思想政治教育的“失职”行为仍然很难通过法律进行责任认定与追究。

再次是政策法制化进程慢。尽管规定笼统，但是现有法律文本在一定程度上是高校育人活动的制度遵循，是育人实践的规范化、法治化的基础。目前来看，高校育人工作的传统发展方式主要依靠政策推进，治理主要文本依据也是党和国家出台的专门性的政策、文件、方案、规划等，一揽子政策在推进这项立德树人事业发展的同时，尚未形成法律制度整合，政策法制化进程过慢

[1] 《教育部关于建立健全高校师德建设长效机制的意见》（教师〔2014〕10 号）提出：“依法依规分别给予警告、记过、降低专业技术职务等级、撤销专业技术职务或者行政职务、解除聘用合同或者开除，对严重违法违纪的要及时移交相关部门。”

将会导致治理过程中号召力充分而规范性不足，影响这项事业的可持续发展。与此同时，党和国家早已认识到高校思想政治教育治理需要形成合力，[1] 力量聚合过程中可能发生利益冲突、职责不清以及矛盾激化等情况，如果单纯运用“德”来劝服，或以“权”来威慑，势必不能长久，只有通过法制发挥制度的协商功能、约束功能，才能使合力机制长效化，避免不同部门各顾自己“一亩三分地”的条块式工作状态。

（三）法治效能难发挥

首先，法律法规对高校思想政治教育治理主体覆盖不全面。如果将高校思想政治教育视为大学治理的一部分，可以将其主体分为外部主体与内部主体。党和国家的政策对高校思想政治教育的主体进行了明确，比如外部主体包括社会、党政机关、社会团体、企事业单位、街道、社区、村镇、学校和大学生家庭，[2] 内部主体包括大学生思想政治教育工作队伍（含专业课教师），[3] 可见

---

[1] 《关于进一步加强和改进大学生思想政治教育的意见》（中发〔2004〕16号）强调：“要建立健全党委统一领导、党政群齐抓共管、有关部门各负其责、全社会大力支持的领导体制和工作机制，形成全党全社会共同关心支持大学生思想政治教育的强大合力。”《关于加强和改进新形势下高校思想政治工作的意见》（中发〔2017〕31号）要求：“坚持全员全过程全方位育人，把思想价值引领贯穿教育教学全过程和各环节，形成教书育人、科研育人、实践育人、管理育人、服务育人、文化育人、组织育人长效机制。”

[2] 《关于进一步加强和改进大学生思想政治教育的意见》（中发〔2004〕16号）要求“全社会都要关心大学生的健康成长……支持大学生思想政治教育工作”“党政机关、社会团体、企事业单位以及街道、社区、村镇等要主动配合做好大学生思想政治教育工作”“学校要探索建立与大学生家庭联系沟通的机制，相互配合对学生进行思想政治教育”。

[3] 教育部等八部门《关于加快构建高校思想政治工作体系的意见》（教思政〔2020〕1号）要求“大学生思想政治教育工作队伍主体是学校党政干部和共青团干部，思想政治理论课和哲学社会科学课教师，辅导员和班主任”“全面推进所有学科课程思政建设”。

在党和国家宏观政策层面，高校思想政治教育治理主体已经全面覆盖，然而在法治化过程中，尤其是在高校内部相关配套、落实与操作制度中，主要还是将政府（主管部门）、学校、教师作为法律规范中的治理主体，而部分应有的高校思想政治教育治理主体如家庭、社会、学生等出现了缺位。前述主体的缺位，既会导致他们错判自身治理角色，缺乏职责担当，又会带来全员育人现状与社会发展新要求不匹配的问题。

其次，法律法规对执行力要求不到位。高校思想政治教育治理法治化很容易流于口号，形式主义导致法治“稻草人”现象的出现，损害法律权威。在领域内的法治实践中，谈“立”的多，讲“行”的少，制度的生命力在于执行，高校育人工作的地位与作用毋庸置疑，但在治理实践中，往往将思想政治工作摆在其他业务工作之后，将制度束之高阁，使之无法发挥有效功用。此外，对执行程序、完成标准、责任监督等缺少规定，要么执行不力，要么执行过度，对法的工具属性完全机械理解，背弃了思想政治教育“管理人、服务人和教育人”的核心目标，加强执行力规范是以法治方式解决“上有政策，下有对策”问题的重要途径。

最后，法律法规赋予思想政治教育改革创新的权利不充分。高校在思想政治教育治理方面正在经历重要的转型期，从治理理念到治理形式都需要依靠改革激发发展动力，没有创新就谈不上改革。高校思想政治教育要应对发展中的新情况、新问题，全面而精准地把握当代大学生的思想特质，关键在于创新，而创新需要有良好的政策环境，更需要有稳定的法治保障。当前，党和国家出台了许多政策鼓励高校进行治理创新，如“三全育人”的综合改革试点工作，就是以点带面进行工作创新，政策一般能提供更加充分的创新资源，而创新权利的保障则需要法律法规予以跟进，改革创新过程中一定会面临许多突破常规、推翻传统的挑战，如何既确保方向正确，又维护创新积极性，是高校思想政治教育治理法治化需要关注之处。

二、高校思想政治教育治理依赖“软法”的理论靶标

起源于西方国家的“软法”治理模式在思想政治教育治理转型期发挥了规则供给侧的功能，但也在一定程度上动摇了“硬法”的主导地位，因此有必要以“软法”依赖为理论靶标，分析高校思想政治教育治理法治化增进的关键在于树立“硬法”主导观念。

（一）“软法”治理的逻辑与实质

“软法”最初出现在国际法领域，近年来随着治理法治化研究的发展，成为一种由传统管制向公共治理方式转变的进路依托。这一术语与“硬法”相对，是指无约束力或弱约束力的准法律性文件，“软法作为一种行为规则或许能达到预期目标”❶，它不是严格意义上的法律文本，约束力也可以替代为强制力或执行力。当“软法”被引进国内治理实务与法学的交叉研究之后，则更多地处于国内法分析语境内，可以指向法律多元意义上的社会规范，或者公法赋权行政主体发布的特定政策形式等。“软法”形式上是一种规范以及行为规则，但又不同于政策、道德的规范属性，有“居于一般性政策宣誓和立法之间”❷ 的性质，这种居中的属性决定“软法”的根本特征在于不具有法律约束力、强制执行力与司法适用性，但其发挥约束作用的机制在不同历史条件以及语境下

---

❶ Snyder, Soft Law and Institutional Practice in the European Community, in S. Martin (ed.), The Construction of Europe, Kluwer Academic Publishers, 1994, p. 198.

❷ Henrik Frykman, Ulrika Morth, Soft Law and Three Notions of Democracy: The Case of the EU, in Ulrika Morth (ed.), p. 156.

会表现为不同的运作形式，与此同时，在管理向治理转变的过程中，随着治理主体的多元化，软法主体也逐渐多元，在政府核心外形成一种分散化结构。

公共治理需求是运用“软法”的内在逻辑。兴起于西方国家的公共治理理论认为，国家管理失灵推动公共治理兴起，无论是“夜警国家”还是“全能国家”都是以国家为唯一合法的管理主体，用以维护公共秩序（统治阶级利益），形成国家对管理权力的垄断，冗余的科层官僚体制和国家管理的自我免责，极易带来国家对公共事务的管理失灵，在这种情况下，公众对国家管理缺乏信任，要求政府在管理中推行绩效评价、服务意识、竞争与市场机制等改革，主张开放公众参与的公共治理日渐盛行，与公共治理需求相匹配的规范“软法”得以生成。一方面，治理主体趋向多元化，规范渊源也必然趋向多元化，当价值目标从国家利益转向“国家—公共”利益时，规范反映的意志也从国家统治阶级意志转向公共意志，多元治理主体以不同利益代表的方式参与治理，并以不同主体能够提供的方式形成对治理规则的遵守，因此，传统的以国家意志为表达、以控制力为核心的法在适用中“依靠国家强制力保证实施”，相应“软法”运行逻辑中，则以公共意志为表达，以约束力为核心，依靠“公共强制或自律机制保证实施”[1]；另一方面，公共治理意在对政府管理效能低下的问题加以突破，治理方式的多元化在效率价值方面尤为特出，如传统国家管理模式中，审批、处罚等强制性行政手段往往不再是治理方式的最优选择，而更柔性、高效的治理方式不断涌现，比如市场主导、社会协同的购买服务、行业认证等，对这些方式的规约往往

---

[1] 罗豪才、宋功德：《软法亦法——公共治理呼唤软法之治》，法律出版社，2009，导言。

产生于其主导治理主体的“制度”供给——行业协会、社会组织等，而并非政府机构，于是也促生了“软法”的适用——适应多元治理主体的不同规范力，与正式执法相对应，它们往往被视作软法工具。❶

“软法”治理的实质是对人类社会复杂结构生成的调整需求适应，类似最初“习惯法”产生的过程，以渐进可变且非正式的方式发挥规范作用。“软法”往往适用于国家法律强制力暂不触及、不适合触及或触及成本过高的领域，这些领域要么产生了新兴的社会关系，要么传统的社会关系正在转型，亟须与之相配套的约束机制来推动职责的履行，确保社会关系调整过程井然有序。政府在这些关系的调整新模式中，往往不再是一种凌驾于社会之上的统治机构，❷ 其他社会组织主体资格随之上升，得以提供不以国家强制力为后盾的奖惩机制，❸ 从而在共同体内获得普遍遵从，达到治理规范力多元化，实现“软法”的适用。

（二）高校思想政治教育治理依赖“软法”的理论靶向

无论是学界在高校思想政治教育治理研究中的理论成果，还是主导治理的实务部门推出的治理举措，都具有“软法”治理偏向，这为法治导向下高校思想政治教育治理研究调动不同理论资源证成该领域需要克服“软法”治理依赖，解决法治化中“法”的性质和内涵等关系到治理体系与治理能力建构问题提供了重要的理论标靶，为展开关于高校思想政治教育治理法治化探讨开启

---

❶ 邢鸿飞、韩轶：《中国语境下的软法治理的内涵解读》，《行政法学研究》2012 年第 3 期。

❷ 哈贝马斯：《公共领域的结构转型》，曹卫东等译，学林出版社，1999，第 11 页。

❸ 姜明安：《完善软法机制，推进社会公共治理创新》，《中国法学》2010 年第 5 期。

新的视角。

“软法”治理偏向认为，高校思想政治教育治理可以依赖具有制约性质且产生实际效果的行为规则、社会规范、特定政策等形式，还有可能是更灵活的行业评级、定期考核等方式。最明显的几类“软法”偏向包括：一是通过大学章程来推动治理现代化，研究者认为它通常扮演“根本大法”和“总宪章”的角色，对大学运转中涉及的基本事务、基本权益加以规范，以之为自治参照，尤其大学章程依据《教育法》和相关法律制定，并且经过教育行政部门审批后生效，因此大学章程具有“法”的属性，它为大学治理提供制度依据，协调大学外内部各方利益，明晰相关主体权责，大学章程是大学拥有办学自主权的重要依据，也是推动治理现代化的重要规范文件；二是通过工作体系的多方合力来构建治理现代化，发挥系统内部约束优势，通过科学合理地归类、区分、设计形成相互契合、相互支持的组成部分或子系统，[1] 取长补短、最大程度发挥一体化、全贯通的体系功能；三是通过行业评价来提升治理现代化，党中央明确要求将思想政治教育评价体系的健全工作提上日程，分别从内容、指标和方法三个维度加以研究，及时将好的模式通过制度形式加以统一固化，与此同时更要提高评价结果的应用可行性和应用效率，扩大应用领域，比如纳入高校“双一流”建设、学科竞赛、人才质量的评估等；四是通过政纪监督来保障治理现代化，高校育人成效是党的建设工作、党的思想政治工作的重要成果体现，党的纪律约束、政治约束是通过党的组织条线的力量实施的有效监督，因此要将育人工作的治理

---

[1] 如教育部等八部门《关于加快构建高校思想政治工作体系的意见》中要求建立理论武装体系、学科教学体系、日常教育体系、管理服务体系、安全稳定体系、队伍建设体系、评估督导体系等在内的七个子体系。

实施切实纳入政治巡视与党纪监督检查范围，常规性地运用各级党组织班子考核与干部述职评议制度，对工作成效加以监督。

这些“软法”治理的路径依赖具有相同的特征：一是利用“软法”体系制定形式灵活的特点，能够在合作参与、共同制定的基础上充分反映多元治理主体的意志、激发治理主体的积极性、最大限度调动治理资源，这种优势的激发，很大程度上推动治理主体各自代表利益和规则话语权的最大化，有助于稳定治理机制；二是利用“软法”弱约束力的特点，赋予治理主体一定的治理责任或治理压力，与一般性政策宣誓不同，这些方式要么使治理主体产生内生约束力，要么对治理主体形成非国家强制力的外部压力，这些约束力可能表现为社会声誉、学术评价甚至资金支持等；三是利用“软法”实用主义的特点提高治理效率，这些方式更多地以结果导向为设计起点，体现了关注“有关活动在法律和政治领域中的效果，而不是该活动的渊源”[1] 这一实用价值目标。

（三）高校思想政治教育治理法治化增进——树立“硬法”主导观念

高校思想政治教育治理领域的“软法”路径依赖有其客观必然性，前面所述的几类“软法”偏向均为行政主导型方式，大学章程需要教育行政主管部门审批生效，说明大学法定自治权的获得是附条件的，判断条件是否满足的权力则属于政府，而建立工作体系和完善评价机制，从规划到实施再到结果运用，也都洋溢着浓厚的政府主义色彩，监督保障机制更是由党政机关主导运行。

---

[1] Henrik Frykman，Ulrika Morth，Soft Law and Three Notions of Democracy：The Case of the EU，in Ulrika Morth（ed.），p. 7.

行政权力主导并非治理理念的背离，它只是体现了一种从管理延续到治理的模式惯性，尤其在中国高校环境里，政府权力一直渗透于管理的方方面面，在治理转型后，发动除政府以外的治理主体贡献治理力量，也许未必是出于共同治理的考虑，而是将多元主体吸纳成为治理末梢，更有可能只是建立了私人对公共治理的有限参与。[1] 当前，高校思想政治教育治理方兴未艾，以政府主导的“软法”治理有其合理性，也能给予治理转型较强的行政推动力，并非无益。如政府可以成为多元主体之间的信任桥梁，有助于规则制定时多元主体处分让渡自己的权利，同时以政府为居间也最大限度降低了信息交互和利益博弈的成本，政府主导还可以对规则的基础性公平予以保障，避免主体间自发的活动损害公平，维护弱势主体的基本利益，政府主导还可以将行政组织拥有的庞大资源充分活用。

“软法”依赖是高校思想政治教育治理转型中的过渡，其法治化增进必须树立“硬法”主导观念。“软法”在治理中的角色若从依赖演变为主导，将使治理法治化进程发生法学消减，比如泛技术化、行政管理化、政策化、司法适用性缺乏等。例如，当前高校网络思想政治教育治理需要应对网络技术给思想政治教育本身或其治理带来的挑战，由于网络技术更迭过快，互联网行业成为参与治理的重要力量，行业规范与行业自治是“软法”治理的来源之一，然而行业往往以技术性存在对网络（问题）进行解读，而非从思想政治教育育人本质出发，这样势必会将高校思想政治教育治理拉入泛技术化的纠缠之中；另外，思想政治工作的治理

---

[1] 胡敏洁：《合作行政与现代行政法发展的新方向——读〈合作治理与新行政法〉》，《行政法学研究》2012 年第 2 期。

实践长期行政管理化和政策化，如果继续“软法”主导模式，行政权力将越来越难以受到制约、行政主体的治理积极性也难以被激发；最后，没有国家强制力保障的“软法”具有司法不适用的难题，司法程序不能介入，将使治理效能和治理监督大打折扣。

树立“硬法”主导的观念需要建立在高校思想政治教育治理的实践支持与素材填充基础上。英国法学家韦德曾指出：“司法判决是依法作出的，行政决定是依政策作出的。”[1] 在治理实践中，确立司法在高校思想政治教育治理实践中的主导性地位，是摆脱治理行政化和政策化影响的必由之路。一直以来，思想政治教育相关问题，极少进入司法环节，少数因思想政治教育不利引发纠纷的案件也是进入了其他传统审判框架内，如重要道德事件引发的民事领域司法，或者涉及国家安全的刑事领域司法，抑或涉及学生教育管理的行政领域司法等。思想政治教育“不可诉”的观念根深蒂固，这阻碍了“硬法”主导观念的树立。“不可诉”是对这一行为引发不利法律后果的狭隘认识，既然宪法、教育相关法律都对思想政治教育的内容与形式进行了规定，那么其行为后果必然是“可诉”的。因此，法治化增进除了“硬法”主导的法律制度体系完善，更在于“硬法”司法可行性的法治实践探索，法律制度完善来源于法治实践的生动素材，而法治实践最终必须通过司法环节才能形成闭环。

三、高校思想政治教育相关法律概念的厘清

高校思想政治教育治理法治化要树立“硬法”主导观念，贯彻到法治实践中，首要步骤就是完善以国家强制力为保障的“硬

---

[1] 威廉·韦德：《行政法》，徐炳等译，中国大百科全书出版社，1997，第50页。

法”主导制度体系，这一体系以宪法以及与教育相关的法律法规为最高权威，然后在法律层面明确高校思想政治教育的基本价值、主要内容、法律关系、法律责任等重要法律问题，方能形成法治化所依托的法律概念基石。“硬法”的刚性规约完善需要厘清相关法律概念，对高校思想政治教育治理体系与治理能力来说，这既是难点也是法治化的突破口。

（一）高校思想政治教育的法定概念

如前文分析，高校思想政治教育是一个学科概念、工作概念，尚未成为一个法定概念，没有任何一部法律法规对它进行界定，在法律层面明确高校思想政治教育专属概念内涵，是其法治化的起点。迄今为止，思想政治教育学科对其核心概念“思想政治教育”未形成权威共识，无论“阶级统治说”，还是“发展需要说”，都是从思想政治教育的价值内涵上开展的概念界定，而这种价值引导型的定义方式不适合法律层面的概念定义，法律是规范行为的工具，价值指向的行为方式如若不加以明确，在法律实施过程中就会产生模糊，使法律适用相当困难。目前来说，法律对思想政治教育概念的定义还停留在内容列举的方式上，未施以立法技术进行提炼与归纳，以致不同法律之间形成内容列举的差序格局。详见表5-1。

表5-1　相关法律法规对思想政治教育内容的规定

法律（简称）	内容
宪法	理想教育、道德教育、文化教育、纪律和法制教育❶

❶《宪法》第24条规定：“国家通过普及理想教育、道德教育、文化教育、纪律和法制教育，通过在城乡不同范围的群众中制定和执行各种守则、公约，加强社会主义精神文明的建设。”

续表

法律（简称）	内容
教育法	社会主义核心价值观教育，爱国主义、集体主义、中国特色社会主义的教育，理想、道德、纪律、法治、国防和民族团结教育❶
高等教育法	使受教育者成为德、智、体、美等方面全面发展的社会主义建设者和接班人；高等教育的任务是培养具有社会责任感、创新精神和实践能力的高级专门人才❷（学生）树立爱国主义、集体主义和社会主义思想，努力学习马克思列宁主义、毛泽东思想、邓小平理论，具有良好的思想品德❸
教师法	宪法所确定的基本原则的教育和爱国主义、民族团结的教育，法制教育和思想品德（教育）❹

❶《教育法》第6条规定："教育应当坚持立德树人，对受教育者加强社会主义核心价值观教育，增强受教育者的社会责任感、创新精神和实践能力。国家在受教育者中进行爱国主义、集体主义、中国特色社会主义的教育，进行理想、道德、纪律、法治、国防和民族团结的教育。"

❷《高等教育法》第3条规定："国家坚持以马克思列宁主义、毛泽东思想、邓小平理论为指导，遵循宪法确定的基本原则，发展社会主义的高等教育事业。"

该法第4条规定："高等教育必须贯彻国家的教育方针，为社会主义现代化建设服务、为人民服务，与生产劳动和社会实践相结合，使受教育者成为德、智、体、美等方面全面发展的社会主义建设者和接班人。"

该法第5条规定："高等教育的任务是培养具有社会责任感、创新精神和实践能力的高级专门人才，发展科学技术文化，促进社会主义现代化建设。"

❸《高等教育法》第53条规定："高等学校的学生应当遵守法律、法规，遵守学生行为规范和学校的各项管理制度，尊敬师长，刻苦学习，增强体质，树立爱国主义、集体主义和社会主义思想，努力学习马克思列宁主义、毛泽东思想、邓小平理论，具有良好的思想品德，掌握较高的科学文化知识和专业技能。"

❹《教师法》第8条第3款规定："对学生进行宪法所确定的基本原则的教育和爱国主义、民族团结的教育，法制教育以及思想品德、文化、科学技术教育，组织、带领学生开展有益的社会活动。"

续表

法律（简称）	内容
职业教育法	弘扬社会主义核心价值观，对受教育者进行思想政治教育和职业道德教育，培育劳模精神、劳动精神、工匠精神❶

以上法律条文中，《宪法》列举的五大类教育，与学科中思想政治教育的基本内容组成相近，其中“文化教育”可能包括思想政治教育中的文化自信教育以及思想政治教育以外的文化知识教育；《教育法》列举了三组共十项教育，在理想、道德、纪律、法治（法制）教育方面与宪法规定的内容相同，其余内容亦属于思想政治教育“理想道德”教育范畴；《教师法》以援引加列举的方式，用“宪法所确定的基本原则的教育”概括了理想教育和中国特色社会主义教育，但未将纪律教育纳入其中；《职业教育法》虽然极难得地出现了“思想政治教育”字样，但作为与“职业道德教育”并列的教育形式，显然不能囊括宪法所列举的内容，因此思想政治教育内容相对模糊；《高等教育法》最为特殊，全文未对思想政治教育内容进行列举，也未进行类似阐述，仅能从分布在高等教育指导思想、培养目标、教育任务的相关规定之中，寻到思想政治教育的内容痕迹，然而与此形成鲜明对比的却是条文中对各层次高等教育的

❶《职业教育法》第4条规定：“职业教育必须坚持中国共产党的领导，坚持社会主义办学方向，贯彻国家的教育方针，坚持立德树人、德技并修，坚持产教融合、校企合作，坚持面向市场、促进就业，坚持面向实践、强化能力，坚持面向人人、因材施教。实施职业教育应当弘扬社会主义核心价值观，对受教育者进行思想政治教育和职业道德教育，培育劳模精神、劳动精神、工匠精神，传授科学文化与专业知识，培养技术技能，进行职业指导，全面提高受教育者的素质。”

学业标准有着明确规定。[1]

宪法作为国家根本法，从国家教育权的角度出发，明确赋予国家行使教育的权力，并对教育的基本内容和目标（加强社会主义精神文明建设）给予最高法律权威的定义与保障。这是思想政治教育法定概念的最高法律援引，也为法定概念的厘清提供了基本遵循。宪法以下的法律条文，均在宪法规定的范围内结合自身法律所要调整的社会关系特点，对相关教育内容做进一步演绎或以其他形式加以体现。尽管这涉及立法技术与各个法律法规的不同侧重点，但是对于一项宪法中明确规定的教育内容，即便不在法律条文中写明“思想政治教育”概念，也需要以规范列举内容的方式，进一步明确它的法定概念。

首先，应以宪法规定的五类教育为根本分类，以加强社会主义精神文明建设目标为价值判断，下位法可以细化，但不可疏漏；其次，需要关注教育内容的排位顺序，法律条文以列举形式加以规范时，要么是并列关系，要么具有内在逻辑关系，要么具有兜底关系，《宪法》第 24 条的规定具有明显的内在逻辑关系，理想教育是引领，道德、文化教育是重点，纪律、法制教育是保障，下位法在细化过程中，不可轻易调动顺序打乱逻辑；最后，鉴于

[1] 《高等教育法》第 16 条规定：“高等学历教育分为专科教育、本科教育和研究生教育。高等学历教育应当符合下列学业标准：（一）专科教育应当使学生掌握本专业必备的基础理论、专门知识，具有从事本专业实际工作的基本技能和初步能力；（二）本科教育应当使学生比较系统地掌握本学科、专业必需的基础理论、基本知识，掌握本专业必要的基本技能、方法和相关知识，具有从事本专业实际工作和研究工作的初步能力；（三）硕士研究生教育应当使学生掌握本学科坚实的基础理论、系统的专业知识，掌握相应的技能、方法和相关知识，具有从事本专业实际工作和科学研究工作的能力。博士研究生教育应当使学生掌握本学科坚实宽广的基础理论、系统深入的专业知识、相应的技能和方法，具有独立从事本学科创造性科学研究工作和实际工作的能力。”

思想政治教育内容的多样性，可以由一部基本法律（如教育法）对其内容加以列举，列举时既要细化宪法五类教育的内容，又要以“提取公因式”的立法技术将相近类型的教育内容加以归类概括，待一部基本法律对核心法定概念通过内容列举的方式确定下来之后，其他法律法规（如高等教育法）可以运用“援引”的技术方式，在自身法条中使用，这样可以避免法条重复或冲突，减少法条内容的不明确性。

（二）高校思想政治教育法律关系的构成

“法律关系是通过法律规则界定的人与人之间的关系。”❶ 从法理上说，主体、客体和内容是法律关系的基本构成，也是法律关系的决定因子，任何一元的变化都将带来整体关系的转变。依法治校的前提是与高校有关的所有法律关系的明确化，而只有法律关系明确才能促使相关主体地位明确，才能构成权力受到约束和权利获得保障的条件。高校思想政治教育法律关系从属于教育法律关系。由一切教育活动辐射产生的教育关系网络，构成教育法律关系的实践基础，它本质上是整体社会关系的组成部分，❷ 在这一关系网络内，由教育法律法规调整所指向的则是教育法律关系，❸ 是法律对当前社会教育领域内权利义务内容的法定确认。高校思想政治教育法律关系则是国家通过高等教育法为主的教育相关法律调整的高校思想政治教育活动，进而产生的具有思想政治教育特征的权利义务关系。它是高等教育法律关系中的一部分。

---

❶ 萨维尼：《萨维尼论法律关系》，田士永译，载郑永流主编《法哲学与法社会学论丛（七）》，中国政法大学出版社，2005，第3页。

❷ 纪大海，杜萍：《教育关系论》，《教育研究》2002年第12期。

❸ 余立力：《论我国教育法律关系之构成》，《法学评论》1996年第3期。

1. 主体

随着高等教育市场化发展，高等教育由原先“政府—高校”的单一型关系，逐步转向由“政府—高校”为主、“社会—高校”为辅的外部关系与“高校—高校人员”的内部关系两者共同构成的多重复杂型关系。高校思想政治教育经过内外部关系不断交互，关系主体得以浮现与确立，为法律法规的调整对象描绘了主体资格。具体包括政府、高校、社会（家庭、企事业单位、教育领域行业协会、商业实体）等外部主体，以及教职员工、学生等内部主体。

高校思想政治教育始终是一种政府主导性教育活动，与其他教育法律关系相比，政府与学生是这一法律关系中最主要的主体。政府是国家权力的执行机构，在我国，人民赋予国家行使教育管理的权力，政府负有管理高校思想政治教育的必然职责，如宪法所规定的那样，政府根据国家政治需要、教育需要、人才需要履行思想政治教育职责，因此政府在高校思想政治教育法律关系中扮演着主导角色，承担的不仅是社会责任，更是宪法赋予其的法律责任；另外，大学生是思想政治教育活动的实施对象，是国家教育意图的承担主体，当然也是这一法律关系的主要主体，因此，各级政府与学生是高校思想政治教育法律关系的主要主体，前者基于宪法赋予的国家教育权力而确立，后者基于受教育权利而确立。

高校作为直接组织思想政治教育活动的主体，其与学生之间也同样发生教育法律关系。尽管大学自治营造了学生参与学校治理的良好氛围，但是有别于学生事务管理的法律特质，思想政治教育基于政治引领、理想树立、道德养成、法治意识等内容，获得了教育关系中的先发地位，而学生相应地占据教育关系中的附随地位，这就决定了高校思想政治教育法律关系中，高校和学生的主体地位不太可能是两个平等主体之间的契约关系，而应该倾向于管理与被管理的从属关系。

在“三全育人”高校思想政治教育改革的推动下，社会（组织）这一角色以丰富的主体形象参与到思想政治教育关系之中，有的扩大教育资源（商业实体）、有的辅助教育活动（家庭）、有的提供评价服务（行业协会），极大充实了思想政治教育关系的内涵，也为法律调整这些关系提供了生动的实践载体。可以说，这些社会（组织）发挥着越来越重要的作用，随着法律调整的细化与触及，它们也将成为高校思想政治教育法律关系的主体。

高校思想政治教育法律关系的主体存在多边性、交叉性和限定性的特征。社会结构的重构和新兴教育关系的生成，使得这一法律关系内的主体结构呈现纵横并存的多边性特征，传统“1 对 1”的单向法律关系，可能转变为“1 对 N”的双向甚至多向法律关系，这种关系转化，为法治完善带来不小的挑战；随着教育治理现代化的不断推进，以政府主导为统领的纵向法律关系不断弱化，横向法律关系比重上升也加剧了法律主体之间关系的交叉复杂；最后，思想政治教育关系的实践基础始终是兼具思想引领能力和立德树人目标的活动，因此对所有参与活动的主体有着更加严格的资格审核或准入机制，从可持续发展的角度来说，主体范畴既会随着社会需要的升级而更加宽广，同时也会基于教育的特殊性而更加严谨。

2. 内容

对于高校思想政治教育法律关系而言，其内容旨在呈现育人过程中相关法律关系主体的教育（受教育）权利和义务，基于个体性与社会性兼容于思想政治教育活动，因此它既蕴含了私法中个体为中心的教育发展权利义务，又潜在地包括大学生群体的思想状态发展权利义务，也就是具有私法与公法的双重属性，是以大学生个体全面发展为基础，以青年群体思想素质全面提升的权利义务为界定。因此，高校育人工作的法治化不仅需要保障与学生思想发展相关的个体权利义务规约，更应该保障国家管理大学生思想政治教育的权力和大学生公平接受这种教育权利，贯穿期间的是国家对思想政治教育资源的有效供给与配置的义务以及大学生接受思想政治引领的义务。

高校思想政治教育法律关系虽然从属于教育法律关系，但有其特殊性。大学生主体接受思想政治教育的权利附带更加严格的履行义务，这是其明显区别于其他受教育权的地方，也是对思想政治教育法治化趋同于教育法治化的驳斥，受教育权通常被认为是社会权，是宪法赋予公民接受教育的权利，其中很重要的内容就是学生享有在各类学校或各种教育机构学习科学文化知识以及专业训练的学习权，学习权的说法体现了学习者的主体地位，突出他们在教育过程中的主动性与自由性，因此受教育权除了具有社会权属性，还具有自由权属性，具体体现在高校大学生有权选择专业、课程、学制等，配套制度包括选课制、学分制等，但是对于思想政治教育来说，无论是教育内容还是教育目标都具有极强的阶级属性、政治属性与社会属性，私人化的自由属性比例极小，大学生主体接受思想政治教育的权利不同于普通的受教育权，它不单要接受国家的积极给付还要接受积极干预，学生不得以自由权对抗国家的合法干预，比如说思想政治教育课程体系就是国家的法定干预，体现在教学安排上就是思想政治教育课只能是必修课。因此，高校思想政治教育法治化需要对思想政治教育方面的国家合法干预明确条件、方式和程序。

另外值得一提的是，高校、社会（组织）作为主体参与这一法律关系时，学生的受教育权利义务未受影响，但它们组织的思想政治教育活动或者教育辅助性活动（如评价服务等），不能与一般文化知识教育活动相同定性，更不具有商业性、自主性的特点，应该认识到，在思想政治教育这一特殊活动中，即使其他主体参与其中，事实上享有的也是国家（政府）让渡的思想政治教育权力，它们相当于教育权的代理行使人。

3. 客体

客体是法律权利义务的载体和指向对象。高校思想政治教育法律关系的客体是思想政治教育（受教育）权利义务所指向的对象，具体来说就是国家（政府）通过学校或各种教育机构对大学生开展思想政治教育活动，以及学生接受教育提升思想素质的受教育行为。

首先，该行为对政府和学生来说都是实现利益的行为，学生接受思想政治教育引领获得思想素质和道德品质的提高，享受了文化知识和思想道德公平教育的机会，朝向人的全面发展目标前进，而政府则通过思想政治教育行为实现大学生的价值引领和思想认同，提高人力资源的思想道德水平，获得社会利益的最大化。其次，该行为能够为教育主体所控制，政府通过各个学校以及教育机构实施教育活动，大学生也能够独立自主地参加教育活动，该行为是高校思想政治教育的独立行为，并不附属于教育主体的其他行为，也就是说，思想政治教育并不是附随在文化知识教育活动中的，它是具有领导地位的独立行为，因此不是任何政府、学生的教育行为都能成为这一法律关系的客体。最后，这是具有法定约束力的行为，法律法规中对这一行为采用的是应然性规定，而非选择性规定，如在法律条文中规定高校教师承担的教育义务[1]以及大学生的行为规范要求[2]等，都体现了思政育人的法定地位。

第四节　高校思想政治教育治理法治化完善路径

在习近平法治思想的指导下，厘清与高校思想政治教育相关的法律概念，进而提出“五位一体”的高校思想政治教育治理法治化完善路径，具体包括发挥党内法规的思想引领力、运用国家法律的制度约束力、强化法治实施的治理行动力、明确评价考核的责任追诉力、促进改革创新的治理保障力。

一、发挥党内法规的思想引领力

中国共产党长期以来高度重视思想政治工作，党在各个历史阶段的政策方针对开展思想政治工作具有重要影响，近年来依规治党推进党的政策方针快速向法规转型，党内法规体系逐步完善，在此过程中，有关思想政治工作的党内法规被不断制定印发，体现了党在这项工作上的规范要求，同时也对这项工作的法治化起到了方针引领作用。

---

[1] 《高等教育法》第45条规定：“高等学校的教师及其他教育工作者享有法律规定的权利，履行法律规定的义务，忠诚于人民的教育事业。”

[2] 《高等教育法》第53条规定：“高等学校的学生应当遵守法律、法规，遵守学生行为规范和学校的各项管理制度，尊敬师长，刻苦学习，增强体质，树立爱国主义、集体主义和社会主义思想，努力学习马克思列宁主义、毛泽东思想、邓小平理论，具有良好的思想品德，掌握较高的科学文化知识和专业技能。高等学校学生的合法权益，受法律保护。”

（一）党内法规是法制完善的重要渊源

习近平法治思想创造性地提出将党内法规作为中国特色社会主义法治体系的组成部分，使其作为推进中国式治理现代化的规范渊源，这是中国特色社会主义制度的必然选择，是提高党依法治国、依法执政能力的重要保障。从法治体系五个组成部分的顺序上看，将“完善的党内法规体系”，放在其他四个体系[1]之后，并另用一个“加快形成”引导，从话语逻辑上来说，既体现了党内法规体系与另外四个法治体系在制定主体、适用范围上存在区别，还体现了将党内法规纳入法治体系的创新之意，这一创新代表着无产阶级政党治国理政的中国智慧创新，代表着依法执政、依法治国的中国模式创新，代表着中国法治道路的创新，将党内法规置于五个体系最后，还旨在强调中国共产党自我建设、自我革命、自我完善的法治导向，将这一导向贯彻到全面依法治国实践中，彰显“规”是“法”的政治立场基石。

依规治党是法治中国建设的新进路，以党章为核心的党内法规成为法制健全完善的重要渊源。首先，党内法规与国家法律具有立场的一致性，党内法规是在中国共产党的百年革命建设改革中逐步完善的，它体现了中国共产党作为无产阶级先锋队的鲜明政治立场，也体现了人民的根本意志，它并不是单纯抽象而成的“拟制”概念，相应地，在中国特色社会主义制度框架内，人民的国家绝对代表人民的根本利益，国家制定通过的法律也必然体现人民的意志，故而国家法律与党内法规在政治立场上具有根本一致性，这是习近平法治思想对政治与法治关系重大论断的逻辑推导，

---

[1] 即“加快形成完备的法律规范体系、高效的法治实施体系、严密的法治监督体系、有力的法治保障体系”。

习近平总书记指出法律表达与政治话语的关系，并进一步强调“每一条法治道路底下都有一种政治立场”[1]，因此党内法规与国家法律在本质上是一致的；其次，两者具有规范形式的趋同性，党内法规意在将法治思维贯穿于管党治党的活动中，表现为党内制度体系的建设完善，制度要有约束力，就必然要具备规范的基本属性、符合规范的基本构成要件，才能通过规范的内容结构表达出对相应行为的积极性引导或消极性惩罚的约束后果，党内法规作为“规则之治”，其约束力就是以一种可视化的规范形式呈现出来，使党组织和党员明确遵守什么、如何遵守、后果怎样，相对而言，国家法律作为一种古老的制度形式，其规范形式从体系结构、效力等级到规范结构都发展到较为稳定和成熟的阶段，党内法规在制度化过程中也进行了深度借鉴，同时正是这种借鉴与参照，使得党内法规在规范形式上与国家法律高度趋同；最后，党内法规具有法治外溢的权威性，党内法规丰富了中国特色社会主义法治体系的内涵，既将制度规范运用到党内，也通过加强党的领导实现法治实效的整体增加，尤其是党的十八大以来，党内法规立足政党内部的从严治理，加强自身与宪法以及法律法规的衔接协调，一方面将政党之治纳入法律之治，另一方面也凭借党的核心领导地位，使党内的良法善治外溢到全面依法治国的全领域、全过程、全方位。

（二）党内法规对法制完善的引领力

党内法规在实施过程中产生效力，彰显了强大的生命力和权威性。党内法规对党的内部组织与党员具有当然的规范性，同时

---

[1] 中共中央文献研究室：《习近平关于全面依法治国论述摘编》，中央文献出版社，2015，第34页。书中提出：“西方法学家也认为公法只是一种复杂的政治话语形态，公法领域内的争论只是政治争论的延伸。”

对党的外部具有法治外溢功能，其中最主要的是引领力。法律法规也具有指引和教育作用，但这与党内法规的引领力内涵不同。法律的指引作用针对的对象是行为，是通过规范内容使行为人作出或不作出某种具体行为，其指引作用需要以行为为载体，而后者的引领力主要指对政治立场、价值取向和思想认识上的引领力，同时也不局限于个体或个人，完全可以覆盖社会整体乃至公众全部，也可以渗透到国家治理领域的方方面面；另外，法律的教育作用指的是法律作为一种社会规范，能够通过法律的认可或惩戒达到对一般人的行为启示，而后者的引领力原发于政治信仰、制度认同以及共同理想产生的向善向好作用。

党内法规对法制完善的引领力主要体现在以下几点：首先是政治上的引领。马克思主义政党是注重政治先进性的组织，党内法规是党的规章制度，具有鲜明的政治属性，彰显了中国共产党自我革命、从严治党的政治品格。通过要求党组织、党员“讲规矩、讲政治”，将党内法规承载的政治义务和政治责任加以宣示，发挥这一政治宣示的政治引领作用，为法制完善锚定方向。其次是根本制度的认同。党内法规是中国特色社会主义制度优越性的体现，党的内部所形成的守规自觉性，建立在自愿服从、自我约束上，并非外在惩戒或舆论压力，根本原因就是对以上根本制度的认同辐射于整个制度体系。而这种维护制度权威的思想自觉、行动自觉能够延伸到人民群众之中，为法律制度完善提供指引，体现为法制化必须以根本制度为框架，符合制度本质，才能体现人民意志，获得人民群众的认同感。最后是形成对法制完善的高质量转化。党内法规对党的内部是高标准、严要求，在一定程度上体现了党规先行的政治态度。从党组织、党员自身做起，要对高于法律规范的规则内容自觉遵守、模范践行，一方面体现党员的先进性，另一方面也通过遵守规则而产生的良好效果来证明规则既定目标的实现，在社会经济发展到一定阶段，或法制化条件成熟后即可启动法的转化工作。

（三）发挥党内法规对高校思想政治教育法制的引领力

高校思想政治教育一直受到党的高度关注，党内法规也分别在顶层要求和具体标准上对做好这项工作进行规定。党的根本大法《中国共产党章程》在总纲中规定了党领导人民发展社会主义先进文化的要求，明确列明思想政治教育的内容与目标，[1] 另外还提出思想政治工作是党的内外都要进行的重要工作，[2] 并在同一条文中要求党的各级组织要加强党的建设，讨论和检查教育工作，注意研究党内外的思想政治状况，在党的最高法规层面形成了党的建设与教育工作以及思想政治状况的工作关联，为思想政治教育奠定了党的根本法依据；《中国共产党宣传工作条例》中明确党

[1] 《中国共产党章程》总纲规定："中国共产党领导人民发展社会主义先进文化。建设社会主义精神文明，实行依法治国和以德治国相结合，提高全民族的思想道德素质和科学文化素质，为改革开放和社会主义现代化建设提供强大的思想保证、精神动力和智力支持，建设社会主义文化强国。加强社会主义核心价值体系建设，坚持马克思主义指导思想，树立中国特色社会主义共同理想，弘扬以爱国主义为核心的民族精神和以改革创新为核心的时代精神，培育和践行社会主义核心价值观，倡导社会主义荣辱观，增强民族自尊、自信和自强精神，抵御资本主义和封建主义腐朽思想的侵蚀，扫除各种社会丑恶现象，努力使我国人民成为有理想、有道德、有文化、有纪律的人民。对党员要进行共产主义远大理想教育。大力发展教育、科学、文化事业，推动中华优秀传统文化创造性转化、创新性发展，继承革命文化，发展社会主义先进文化，提高国家文化软实力。牢牢掌握意识形态工作领导权，不断巩固马克思主义在意识形态领域的指导地位，巩固全党全国人民团结奋斗的共同思想基础。"

[2] 《中国共产党章程》第 18 条规定："党的中央、地方和基层组织，都必须重视党的建设，经常讨论和检查党的宣传工作、教育工作、组织工作、纪律检查工作、群众工作、统一战线工作等，注意研究党内外的思想政治状况。"

的宣传工作有关思想政治教育的职责内容；[1]《中国共产党普通高等学校基层组织工作条例》分别对高校思想政治工作的组织机构和党组织职责进行了规定，确定党委领导下的校长负责制，[2] 明确思想政治工作是党的建设的重要抓手以及把立德树人成效作为检验高校党的建设工作的根本标准，划定了各级党组织在高校思想政治工作中的不同职责范围，可以说是就组织建设方面如何强化高校思想政治工作制定了党内规定；《高等学校领导人员管理暂行办法》从高校领导人员政治素质、任期目标、考核评价等方面对思想政治工作提出了要求；《中国共产党党内法规制定条例》确定了上述以“党章、准则、条例、规则、规定、办法、细则”命名的文件具有党内法规效力，具有对高校思想政治工作的全面指导和引领约束作用。

与此同时，还有参照党内法规效力的各种意见、通知、纲要、方案等规范性文件，对高校思想政治工作加以指导。例如，《关于加强和改进新形势下高校思想政治工作的意见》就是党的十八大以来，党中央针对高校思想政治工作印发的最高层级文件，后续有教育部党组印发的《高校思想政治工作质量提升工程实施纲要》《关于加快构建高校思想政治工作体系的意见》《高等学校学生心理健康教育指导纲要》等规范性文件具体落实中央有关高校思想政治工作重要会议的精神，党的各级组织则更多地以通知的形式

---

[1] 《中国共产党宣传工作条例》对各级党委宣传部工作职责的规定，其中第 6 项内容为“要统筹指导社会主义核心价值观建设，组织指导思想道德建设和思想政治工作，推进群众性精神文明创建”。

[2] 《中国共产党普通高等学校基层组织工作条例》第 3 条规定：“高校实行党委领导下的校长负责制。高校党的委员会（以下简称高校党委）全面领导学校工作，支持校长按照《中华人民共和国高等教育法》的规定积极主动、独立负责地开展工作，保证教学、科研、行政管理等各项任务的完成。”

层层贯彻落实党中央各项有关高校思想政治教育工作的要求。

根据以上列举，党内法规中针对思想政治工作的规定非常明确，“思想政治教育”与“思想政治工作”都在具有较强规范力的章程、条例、办法中出现且进行了较为具体的规定，党内法规是党的意志、党的主张在党内约束性文件中的展现，是更加强效的表达方式，因此不仅在党内具有显著作用，在党外也应该发挥极强的引领力，比如党的章程中对人民的“四有”标准即转化为《宪法》规定的理想教育、道德教育、文化教育、纪律教育；《中国共产党普通高等学校基层组织工作条例》中党对高校的领导制度、高校立德树人的成效，也在《高等教育法》中予以体现。

但是目前还没有党内法规针对高校思想政治工作进行专门性规定，而是融合在面向全民的思想政治工作或宣传工作中，针对高校思想政治教育印发的规范性文件效力等级还比较低，相对来说只具有政策约束力，而无法规约束力。因此，从党内法规充分发挥对法制完善的思想引领力角度来看，关键要在党内提升对高校思想政治教育的规范力度。途径一，将《关于加强和改进新形势下高校思想政治工作的意见》这一当前最高等级政策文件，转化为党内法规体系内的高效力等级法规，如制定《高校思想政治工作条例》，重点是把全国高校思想政治工作会议召开五年以来取得的思想政治工作体制机制改革创新成果纳入，将党的各级组织对高校思想政治工作的职责写明，对大学生需要接受的思想政治教育内容进一步明确，对思想政治工作格局的打开给予法规支持；途径二，将高校思想政治工作要求在《中国共产党普通高等学校基层组织工作条例》中细化，目前条例中只提及高校党组织要加强思想政治工作以及思想政治引领，但是对具体的教育内容和工作要点并未明确，主要缘于条例本身的规范重点是组织架构和组织职责。但是思想政治工作作为高校各级党组织的重要职责，概括性规范方式未免过于笼统，有必要进一步细化。在条例中对高校思想政治工作与组织工作合并规定的好处在于：一方面思想政治工作需要坚强的组织载体予以推动落实，合并规定有利于思想政治工作通过组织工作的强化而增进效能；另一方面也能从党内法规体系的制定成本、法规结构和逻辑上避免浪费和重复。

最后，值得一提的是，思想政治工作的追责制度始终没有完善，成为说得“重要”做得“次要”的一项工作。《中国共产党问责条例》针对“党的思想建设缺失”明确规定应当予以问责，以负面表述的方式强调“党性教育”与“意识形态工作”是党的思想政治工作中的主要内容，不容有失。然而这项规定的效力止于党内，而且责任承担方式为“问责”，包括检查、通报、诫勉等具体形式，力度之“轻”往往与所造成的严重后果和长远影响较难匹配。《中共中央关于党的百年奋斗重大成就和历史经验的决议》指出“必须抓好后继有人这个根本大计”，大学生是接班人的重要生力军，大学生的思想政治教育成败是党能否后继有人的关键所在。因此，大学生的思想政治教育，一方面理应纳入党的思想建设模块中，以党的最新理论、最新思想、最新使命来教育人、凝聚人和激励人。另一方面还需要将高校育人工作中因失职、怠职可能造成的不良影响具象化，以便通过“党内问责”的形式提升高校思想政治工作的成效。

二、运用国家法律的制度约束力

上一节已阐述高校思想政治教育法治化的现实反差，并且提出法治化需以“硬法”为主导，同时对高校思想政治教育的法定概念、高校思想政治教育法律关系的内涵与构成提出设想与建议。

法治化的前提是法制化，有良法才能善治。高校思想政治教育治理法治化，要及时将政策体系向法律体系转化，还要有合理的法律制度结构安排，才能发挥国家法律的制度约束力，促进其治理法治化。

（一）从政策体系到法律体系的转变必然

政策和策略是党的生命。❶不同于西方国家，中国共产党是先建立政党，再带领人民夺取革命胜利建立中华人民共和国，政策的灵活性、时效性使得很长一段时间里，党对革命、建设和改革的领导，主要靠政策来实现，政策效能在实践中推动了国家的改革发展。作为受党和国家政策影响极大的思想政治工作，从自身发端到演进无不与政策有着千丝万缕的联系。党的十八大以来，强国建设处于新的历史方位上，社会经济发展对人民群众富有以共同理想为目标的奋斗精神和思想动力的要求更高。因此，无论是党和国家，还是社会方方面面，对高校思想政治工作的关注达到历史新高。在这种形势下，可以说高校思想政治教育处于一种政策高位推动状态，对高校思想政治教育治理有着很强的影响力和时代指向性。

高校思想政治教育政策体系先行作用和指引功能的发挥，还需要及时向法律体系转化才能获得法治保障，在全面依法治国的推进过程中，这种转化是客观必需的。习近平法治思想强调，法治具有国家治理体系中固根本的规范作用、稳预期的引导作用以及利长远的保障作用。首先，法治是最高层面的治理手段，法治的基础——法律较政策来说规范性更强，虽然政策也有政府的公权力作为约束手段，但是法律才具有最高层级的规范效力，因为

❶《毛泽东选集》（第4卷），人民出版社，1991，第1298页。

它是经过国家最高权力机关审议通过的，在我国，人民行使国家权力，法律代表着人民的根本意志，所以具有最强的规范力，任何权力都来源于法律的赋予，也需要受到法律的约束，而任何权利的保障都依赖法律的规范力，高校思想政治教育是国家通过高校这一中间主体，以思想政治教育方式向大学生灌输无产阶级思想理论的活动，国家对青年大学生思想引领的教育权力如果没有源于法律规定，就成为无源之权，同样如果没有法律约束，大学生受（思想政治教育）教育的权利也可能无法得到保障。其次，法治的意义在于国家制定良好的法律用以治理社会，实行法律就是要确定实施稳定、公开、明确的法律规范和行为准则，为社会成员提供一个合理的、稳定的、正当的预期，并且对自己的行为进行规范，作出选择，加以判断，确保有利于社会的安定有序。高校思想政治教育的目标是提升大学生群体的思想素质，以共同理想、伟大梦想团结青年大学生，这一预期目标的稳步实现，需要在法律层面明确思想政治教育活动各个参与主体的行为规范、奋斗方向，将法律规定作为各个主体朝向法定预期目标的行动指南。最后，法治还有利长远的保障作用，法律体系是中国特色社会主义制度的法律体现，以法律规范的形式凝聚民意共识，确认国家制度，维护社会秩序，以国家强制力保障根本制度有效运转实施是国家长治久安的根基。中国共产党在这样一个大国执政，就需要长期坚定不移地完善法制、厉行法治，秉持法律准绳、用好法治方式，发挥好法治的规范引领保障作用。“行百里者半九十”，思想乱了，行动必然受到影响，对高校思想政治教育来说，应对国家人口众多、民族多样、文化传统不同带来的多元价值观念的矛盾冲突时，需要运用法律这一具有明确行为规范内容和追责标准的工具，协调各方，统一思想，凝聚共识，才能在长期奋斗道路上形成信念伟力、思想定力和前进动力。

法治化是政策势能转化为法治动能的必然过程，当前高校思想政治教育相关政策于高位发力，体现了强大的政策势能。政策能否落地，能否变现，关键在于政策势能能否转化为法治动能。一方面需要将党和国家的相关政策适时转化为法律法规，把“听命令”转变为“依法律”，让制度发声，而非让“人”发声；另一方面需要运用法治思维、法治方式推动政策的执行，不可能所有政策都转化为法律，但是法治化是政策执行取得效果的保障。

（二）高校思想政治教育法律体系的制度结构

党的十九届四中全会从中国特色社会主义制度体系的角度提出了制度进化和发展的内在逻辑，高校思想政治教育从政策体系转化到法律体系是“制度之治”的观念融入，这一转化既要关照到原有政策体系的层级结构与内容组成，又要与政策精神实质相吻合，并通过法制化进一步强化。法律体系中合理的制度结构安排为达成这一关照提供了基本的形式要件，是法制体系化的基本要求。

以“纯粹法理论”著称的法学家凯尔森提出了法律制度中各个规范相互关系的重要性，为法学研究者分析法律的制度结构创新了思路。[1] 对法律制度结构安排应该明确法律不是彼此孤立的“命令”的集合，而是一个统一的体系，并且具有一致的逻辑。[2] 制度结构既有形式上的结构，也有实质上的结构。分析法学力图抽象出各种法律共同的结构安排，而凯尔森也承认这只能是形式

---

[1] 凯尔森：《法与国家的一般理论》，沈宗灵译，中国大百科全书出版社，1996，第3页。

[2] H. L. A. 哈特：《法律的概念》，张文显等译，中国大百科全书出版社，1996，第21页。

上的，往往体现在等级结构的安排上；而实质上的制度结构安排则需要一致性原则，因此同一法律体系内的全部规范应以基本法律的最终效力为准。[1] 高校思想政治教育要从政策体系向法律体系转化，发挥法律的制度约束力，正是要通过法律制度的结构安排，强化当前政策体系的价值目标，为政策执行、政策变现提供制度保障。

形式上的制度结构协助我们理顺法律体系内的等级逻辑。从便捷高效且成本较低的角度来说，现有的政策体系能够提供大致的等级参考。但值得注意的是，法律的层级、效力不是行政权力的复刻，越是低层级的法规越容易从基层政府的政策文件转化，因为只涉及具体操作层面，而越是高层级的法律则越难以实现政策直接转化，一方面由于有更加严格的立法程序，另一方面也基于法律所涉及的权利义务内容需要更加严谨的定义。据此，高校思想政治教育法律体系的形式结构完善既需要参考政策体系，更需要坚持自身的立法体例，即由涉及思想政治教育内容的基本法律为挈领，将其中规定的基本权利义务、基本原则以及概括性规定通过部门规章、地方性法规和规章的形式层层具化，以此规范这些下位法的制定，如《宪法》《教育法》《高等教育法》中的规定内容就是与学生思想政治教育相关的基本法律遵守的重要渊源。值得注意的是，随着教育法治化推进，教育法典的编撰工作已经提上日程。教育法典是教育法制化的重要载体，思想政治教育相关制度在其内部应该达到结构自洽，也就是由法典承接宪法宏观规定的思想政治教育内容，并以教育法典总则专章，或分则专篇的形式进一步细化，由此形成的等级结构有利于高校思想政治教

[1] Hans Kelsen, What is Justice?, University of California Press, 1967, p. 205.

育法律体系维持稳定并适时地进行自体更新，具体如图5－1所示。

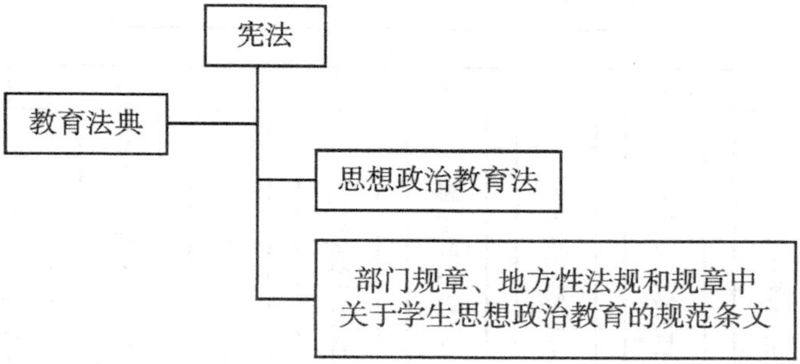

图5－1　高校思想政治教育法律等级结构

实质上的制度结构安排体现在高校思想政治教育法律制度的内在一致性上。目前与高校思想政治教育直接相关的法律几乎为零，散落在现有法律规定中的条文也因内容的概括性以及所属规定的法律效力层级不同，未有显著的冲突。然而随着法治化呼声渐涨，无论是从政策体系转化还是直接立法，都应该关注“政策”与“法律”以及“法律”与“法规”之间的一致性，以达到实质上的价值统一、功能统一、内容统一。当前中国高校思想政治教育政策体系还存在不同层级所出台的文件效力界限不清，甚至相互冲突的问题，这主要缘于行政部门往往依职权出台政策，各自职责范围要么重叠要么空白，结果造成“政策打架”的混乱局面，这是法制化首先需要厘清并解决的，通过立法梳理，将政策中职责不清、权益不明、分工混乱的状况以更加严谨规范的立法程序、技术加以改善，充分发挥法律手段的优势。因此，实质上的制度结构也应该具有统领性的规范原则与目的，其他规范应该围绕原则和目的的实现而制定。体现在高校思想政治教育法律体系的制度结构上是：以思想政治教育的价值遵循、目标、原则作为统领性内容，其他规范则在其指导下展开。如图5－2所示。

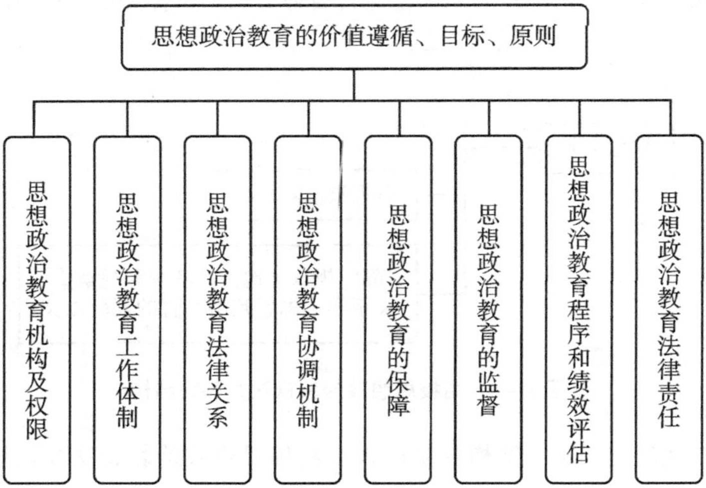

图 5－2　高校思想政治教育法律制度结构

依照以上制度结构的安排，一个内容全面、制定科学、标准合理的法律框架呼之欲出。笔者认为高校思想政治教育法律体系的方向将基本清晰，以此规范的政府责任和相关主体的权责也得以明确，能够确保以制度体系化促进教育协同化，提高思想政治教育的法律地位，最终维护大学生思想素质提升权利的实现。

（三）高校思想政治教育立法要把握教育法典编撰契机

“要善于通过法定程序使党的主张成为国家意志、形成法律。”[1] 无论是从政策转化为法律，还是直接制定法律，都需要经过法定程序，并不因为政策已经施行，就简化立法必要的环节与程序，这是法律权威得以保障的必要。因此，我们要认识到，高校思想政治教育法律体系的完善不可能一蹴而就，需要以系统的

---

[1] 中共中央文献研究室：《习近平关于全面依法治国论述摘编》，中央文献出版社，2015，第 20 页。

思维纳入教育法典的编撰过程中。

一是以制度合力形成育人合力，借教育法典的制度结构为高校思想政治教育奠定育人合力。教育法调整的对象广泛，涉及的法律关系更加复杂，学界通常认为，教育法典应分为横向法律体系和纵向法律体系，这一划分为思想政治教育育人合力的形成奠定了制度可能。具体来看，横向教育法律关系发生在国家、社会、学校、教师、学生、家长等横向教育关系主体间，教育法典针对每一个主体可以制定教育单行法，然后将高校思想政治教育规范要求纳入其中，在单行法与教育法典并行以及多部单行法相互配合支撑时，思想政治教育在不同主体间的育人合力通过制度耦合得以保障；另外，纵向教育法律体系将不同效力层级的教育法律文件有机组合在一起，形成以"教育法典—教育单行法—其他法源"为表征的法律框架，思想政治教育规范要求纵向贯穿其中，形成自上而下、上下一致的效力通道，从中央到地方的育人合力随之产生。

二是以价值位阶强化思想政治教育的法定地位。价值位阶反映着法的核心宗旨与使命追求，教育的本质是提升人的生命质量与价值，党的教育方针也说明了教育的根本任务是立德树人。长期以来，我国教育法律法规对思想政治教育的着墨显得"看似重要"，实质上却存在虚和空的问题。因此在教育法典的编撰中，"人的全面发展"价值位阶应当在篇章分类中充分呈现，通过规范教育主体在思想政治教育方面的权利、义务或者权力、责任等，强调思想政治教育的法定性。

三是以特殊的调节方式为思想政治教育依法实施提供途径。教育法律关系横跨公私法，除了直接适用传统的行政和民事调整方式之外，基于教育行为的特殊性，需要赋予其区别于传统部门法的独特调整方式——教育惩戒以合法性，这也是育人工作能够依法推进的关键所在。传统上对思想政治教育法律完善的怠慢，事实源自思想政治教育“柔性执法”的刻板印象与法律强制力执行的冲突，如果教育领域特有的调整方式能够在教育法典中被冠以合法之名，将为思想政治教育的依法实施提供更为广阔的途径。

三、强化法治实施的治理行动力

法律的生命与权威在于实施。法律的有效实施是法治中国建设的重点，也是法治实践的难点。“全面推进依法治国的重点应该是保证法律严格实施。”❶ 法律如果长时间悬置不用，就会被认为是“闲法”和“软法”，高校思想政治教育法治化还有很长的路要走，除了积极“立良法”，还要擅于“用良法”，要灵活运用已经确立的法律法规对高校思想政治教育法律关系进行调控，对法律纠纷予以排解。在改革创新时有法依法，缺法立法，执行靠法。只有在高校思想政治教育治理实践中运用法治方式、强化法治实施，才能将党内法规以及法律规范的静态约束力转化为动态行动力，推动治理的有效运行，强化法治方式的治理行动力，就是要开拓高效的思想政治教育法治实施路径。

在传统认识中，教育法律的法治实践转化率低，实施起来困难，属于法律“花瓶”，看起来很美，用途却相对单一。无论在行政执法还是在司法实践中，法律实施主体都不习惯运用教育法律来调和矛盾处理冲突，而是更多地借助民事、行政法律调节方式甚至政策手段。这与教育立法的抽象性和原则性有关，也与教育行政执法不够规范、教育司法公信力还有待提高相关。在高校思

---

❶ 中共中央文献研究室：《十八大以来重要文献选编（中）》，中央文献出版社，2016，第150页。

想政治教育法治实施方面，情况更是如此，长期以来，高校的思想政治教育主要靠政策文件推动，尽管依法治教提高了教育领域的整体法治程度，然而思想政治教育却仍处“洼地”之中。除了法制化水平低这一基础要素之外，思想政治教育合宪性审查机制缺失，思想政治教育行政执法难度大，思想政治教育司法程序难以启动，法律关系主体运用专属法律制度的激励机制不足，等等，都是制约育人工作法治实施的因素。

（一）建立高校思想政治教育合宪性审查机制

党的十九大报告首先提出了“合宪性审查”[1]要求，并将其作为加强宪法实施和监督、维护宪法权威的重要方式。在“健全法规、规章、规范性文件备案审查制度”[2]的宏观要求提出后，合宪性备案审查制度从中国国情出发逐步完善，在审查范围、纠错机制、禁止地方立法等方面细化规定，并将党内法规纳入备案审查制度中，要求形成党规国法各系统之间规范性文件备案审查衔接联动机制。

思想政治教育的法治实施从根本上源自宪法有关规定的实施，即实施《宪法》第24条的内容。[3]这是高校思想政治教育法律体系完善的根本依据，也是法治实施的根本遵循，建立高校思想政治教育合宪性审查机制的目的在于监督各类规范性文件是否符合宪法有关思想政治教育内容方式与目标的法定要求，具体可以聚

[1] 习近平：《决胜全面建成小康社会，夺取新时代中国特色社会主义伟大胜利——在中国共产党第十九次全国代表大会上的报告》，人民出版社，2017，第38页。

[2] 《中共中央关于全面深化改革若干重大问题的决定》，人民出版社，2013年，第38页。

[3] 《宪法》第24条规定：“国家通过普及理想教育、道德教育、文化教育、纪律和法制教育，通过在城乡不同范围的群众中制定和执行各种守则、公约，加强社会主义精神文明的建设。”

焦是否贯彻宪法要求以及怎样贯彻宪法要求两个审查基准层面。

其一，教育类相关规范性文件必须落实宪法关于“理想教育、道德教育、文化教育、纪律和法制教育”的要求，这是合宪性审查中的底线基准。无论规范性文件处于哪一级效力位阶，都必须体现这部分宪法精神，在高等教育法治化的完善过程中，需要围绕这五项教育内容，突出思想政治教育的宪法法定地位，在各级规范性文件中给予鲜明体现。例如，《教育法》是教育领域的统领性法律文本，也是宪法关于教育内容的直接下位法，这要求它在文本中完全贯彻宪法教育精神，同时高等教育领域内的各层级规范性文件都必须严格遵照这一基准。现实中，规范性文件往往存在对思想政治教育无明文规定或间接规定的情况，在一定程度降低了宪法的实施效果。其二，教育类相关规范性文件应该遵循宪法有关思想政治教育内容与方式的内在逻辑，这是合宪性审查中的底线基准。五项教育内容与方式是宪法明确的，具有最高层级的法律约束力，说明每部分教育都与社会主义精神文明建设息息相关，并且它们之间也存在前后制约的逻辑顺序，这要求规范性文件在合宪性审查中，既要对五项内容全面覆盖，也要遵循宪法限定的逻辑顺序。

（二）加强高校思想政治教育的依法行政体制

政府和行政机关是法治实施的重要主体，高校思想政治教育在政策高位推动的惯性下，无论是法制转型，还是法治实施，都绕不过政府这个重要主体。以法治化引领现代化建设的高校思想政治教育体系，应该从中国国情出发，从中国特色社会主义制度的本质特性出发，认识到中国政府在国家治理中并非处于一种契约关系，而是基于人民赋予的治理权力、为着人民根本利益而充当的主导性治理角色。因此，就高校思想政治教育治理的法治实施而言，加强依法行政体制是建立“政府主导型”治理模式的关键所在。

国家通过政府行使思想政治教育权力，高校思想政治教育虽然极少涉及教育纠纷，却守护着教育方向不出错、思想不走歪的底线红线。在高校思想政治教育法治运作中涉及思想政治教育内容的供给是否正确充足，思想政治教育资源配置是否合理到位，思想政治教育人才培养是否符合国家社会需求，以及思想政治教育学术研究制度是否有助于马克思主义意识形态的巩固，等等，这些都需要政府从政策决策、行政许可、行政裁决、行政检查、行政奖励等方面进行规范考量。这些行为涉及行政权力运作的方方面面，既有政府内部关系，也有政府与管理对象之间的关系，还有政府引导下的多元关系，关系种类纷繁，主体间利益复杂，要从中寻求治理平衡，就需要发挥法治所激发的治理行动力。

比如说，应该从法律层面明确政府开展思想政治教育治理的权力清单、责任清单和服务清单，划清政府主导功能与政府参与功能的效力范围，使得高校思想政治工作能够在法治实施中知重点、明底线；还需要细化教育主管部门或其他相关部门制定政策、作出决策的程序要求，既要把思想政治教育法定内容纳入决策依据，又要明确规定涉及大学生思想政治教育内容的决策需要征求高校或大学生的意见，发挥公众监督的作用；最后还可以在高校思想政治教育领域创建“法治观测点”，设立“法治观察员”，思想政治教育毕竟是一项隐性为主的工作，法治实施效果很难以普遍性现象展示，因此有必要在各个环节设置观测点和观察员，及时反馈法治实施效果。

（三）教育诉讼为思想政治教育司法实践提供可能

在实践层面上，确立司法在高校思想政治教育治理中的主导性地位，是摆脱教育行政管理化和政策化影响的必由之路。思想政治教育“不可诉”的观念根深蒂固，也一直从属于其他领域的司法程序，如何提升教育法律纠纷的可诉性，强化教育诉讼的专属化，将思想政治教育法律行为纳入“可诉”范围，是法治实施中的难点。对此，有必要通过教育诉讼程序的不断完善，如诉讼主体地位的确权、诉讼程序的独立等，以此消解司法环节对于高等教育诉讼的合法性质疑，届时高校思想政治教育司法实践想必也会开拓出新的可能。

四、明确评价考核的责任追诉力

高校思想政治教育治理法治化的重要判断标准在于是否构建了法定追究机制。追究机制中需要明确责任主体、责任内容、责任不利后果以及责任承担方式，以法治方式对治理运行进行监督，是依法提升治理能力的制度保障。

（一）责任主体

高校思想政治教育治理体系中，什么主体需要承担责任，要在责任追究机制的主体资格中加以明确。治理是对社会资源的最大动员，这决定了治理一定是以更加开放包容的模式展现出来的，治理关系中各类主体远比管理关系中的主体来得丰富多样。在高校思想政治教育传统管理关系中，政府—高校—教师—学生是最核心的主体链条，主体之间的作用基本上以单向推动为主，政府以政策方式发出命令或指令，高校落实政策要求，将命令或指令转化为教育要求，通过教师这一环节形成教学安排，最终作用于大学生思想政治学习。当治理转变发生后，社会（组织）的广泛参与，极大丰富了高校思想政治教育的治理主体类型。由此，形成了以学生为中心，政府、高校、社会（组织）和以教师为主的教育队伍紧密围绕的主体结构变化。

如图5－3所示，传统模式下主体关系呈自上而下的线性结构，宪法规定的思想政治教育权利与义务在传统模式中只能以层层传递的形式实行，政府、高校、教师、学生都是责任主体，每个主体承担的责任具有同质化特征，要重都重，要轻都轻，加上思想政治教育法律规定本身不够完善，责任主体的资格难以形成确定标准；治理模式下主体关系以学生为中心呈四周环绕型结构，宪法责任由所有主体共同承担，在这种模式里，大学生的核心属性显而易见，每个主体根据各自与“核心”的法律关系之间的作用强弱、关系远近而承担不同的责任，因此，责任主体的资格要件根据所属法律关系的内容确定，也就是说当主体置身于思想政治教育法律关系中时，他们才是责任主体，超出这一内容时，将不作为思想政治教育法律关系内的责任主体。通常情况下，党委政府、高等学校自身、思想政治教育队伍、学生本身是主要责任主体，而社会（组织）则是辅助的责任主体，这与社会（组织）在这一结构中的关系较远有关。

传统模式：　　治理模式：

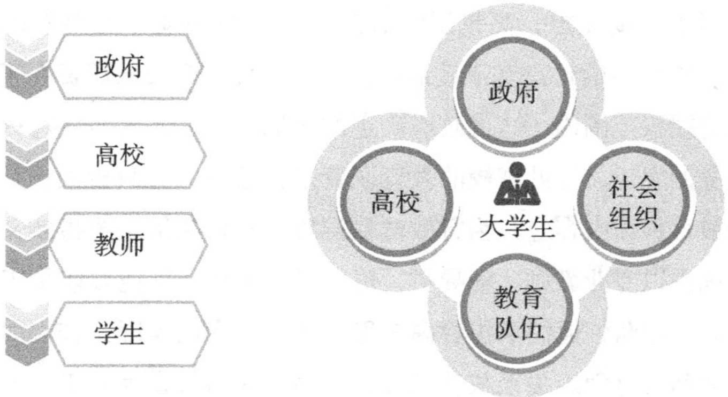

图5－3　高校思想政治教育主体对比结构

（二）责任内容

不同责任主体在法律关系中的地位不同、作用不同，决定了他们承担不同的责任内容也不同。高校思想政治教育法律关系基于国家教育权力行使与大学生受教育权利享有两条主线展开。

在高校开展思想政治教育是国家行使宪法赋予的思想政治教育权力的结果。在这组法律关系中，根据权力与职责相匹配原则，国家承担着教育实施、教育管理和教育保障的责任，各级党组织和政府机关作为国家意志的表达者，相应承担了根据党的教育方针、法律法规和所在省市有关规章所要求的思想政治工作职责对应的思想政治教育责任，基于权力来源性质，这一责任内容应归为宪法层级。

高校是政府履行教育职责的中间主体，政府通过高等教育这一路径，将育人需求与育人内容贯彻其中，高校是思想政治教育的具体组织者、实施者、参与者，在思想政治教育活动中发挥举足轻重的作用，可以说没有高校的参与就没有思想政治教育活动的实施可能。那么，实践中的显性角色是否必然决定责任内容对应更高层级的法律规范呢？事实上，可以将高校作为政府教育职责履行的受委托方，高校组织思想政治教育活动不是自发的无组织的，相反，恰恰是基于政府的授权，因此，高校的职责在于如何在政府授权范围内，达成政府确定的目标，具体体现为立德树人根本任务的完成，可见高校的教育职责来自政府的行政授权，其思想政治教育责任内容应归为行政法律层级。教育队伍主要指狭义的高校范围内以专业教师、辅导员、班主任为主体、其他教职员工为辅助的人员团队，他们承担着高校思想政治教育的实际工作，因其与高校之间具有聘用关系或劳动关系，思想政治教育为其工作职责所在，所以他们承担的责任内容是高校责任内容的附属。

大学生是思想政治教育的对象，是国家教育管理权力行使的对象，也是受教育权利的享有者，在我国受教育权具有双重属性，既有受教育的权利也有受教育的义务，对大学生来说，接受思想政治教育是应承担的法定义务，这一义务也源于宪法的规定，因此依法接受教育是大学生思想政治教育责任内容中的主要部分。

对社会（组织）来说，参与思想政治教育的历史并不短，在我国道德教育、家风教育都具有社会（组织）参与的优秀传统，思想政治教育治理法治化使社会（组织）得以以法定身份重新参与到大学生的思想政治教育体系之中。然而目前国家各级规范性文件对社会（组织）需要承担的教育责任规定相当笼统，“全社会大力支持”“全社会都要关心”看起来更多的是倡导而非责任规定。因此，目前来说，“社会团体、企事业单位以及街道、社区、村镇”这些社会（组织）承担的仅仅是思想政治教育的社会责任，而非法律责任。但“家庭”这个主体尤其特殊，因其处于高校环境外部，故而从形式上将其归类到社会主体中，然而家庭需要承担的责任内容，显然不同于其他社会主体。《中华人民共和国家庭教育促进法》前三条明确规定了家庭教育在思想政治教育中的主体资格、责任内容，[1] 尽管针对的是未成年人的教育规范，但思想政治教育是一个延续的过程，因此对大学生思想政治教育来说，

---

[1] 《家庭教育促进法》第1条规定：“为了发扬中华民族重视家庭教育的优良传统，引导全社会注重家庭、家教、家风，增进家庭幸福与社会和谐，培养德智体美劳全面发展的社会主义建设者和接班人，制定本法。”

该法第2条规定：“本法所称家庭教育，是指父母或者其他监护人为促进未成年人全面健康成长，对其实施的道德品质、身体素质、生活技能、文化修养、行为习惯等方面的培育、引导和影响。”

该法第3条规定：“家庭教育以立德树人为根本任务，培育和践行社会主义核心价值观，弘扬中华民族优秀传统文化、革命文化、社会主义先进文化，促进未成年人健康成长。”

家庭也承担着法定责任。

（三）评价考核

责任主体对责任内容的承担状况体现于思想政治教育工作的成效，这是高校思想政治教育治理的重点所在，只有对工作成效进行科学、客观、准确的评价，才能建立与责任承担相挂钩的考核机制。思想政治教育工作效果难以制定量化指标，长期以来多采用静态化、零散性的评价方式，难以系统整合来呈现高校思想政治教育工作整体水平，不利于工作成效的评价与改进。中共中央、国务院印发的《深化新时代教育评价改革总体方案》指出系统推进教育评价改革在贯彻党的教育方针、培养时代新人的任务完成中，具有引导性作用，[1] 这一方案为新时代育人工作的质量评价改革明确了方向。

健全完善高校思想政治教育评价考核机制，是一项系统性改革，学界已经进行了较为深入的讨论，比如冯刚等著的《高校思想政治教育工作质量评价》一书较为全面地归纳了我国高校思想政治教育工作的质量评价特点，提出高校思想政治教育工作质量评价五个维度的分类建议，包括教育对象接受质量评价、教育过程质量评价、教育结果质量评价、教育领导管理质量评价、教育队伍质量评价，为高校思想政治教育评价梳理了基本逻辑，并借此提出了一系列实效性建议，在此不再赘述。

---

[1] 中共中央、国务院印发的《深化新时代教育评价改革总体方案》指出："全面贯彻党的教育方针，坚持社会主义办学方向，落实立德树人根本任务，遵循教育规律，系统推进教育评价改革，发展素质教育，引导全党全社会树立科学的教育发展观、人才成长观、选人用人观，推动构建服务全民终身学习的教育体系，努力培养担当民族复兴大任的时代新人，培养德智体美劳全面发展的社会主义建设者和接班人。"

（四）责任承担

责任承担涉及法治监督效果。它是与高校思想政治教育相关的法律规定对责任主体未能完成责任内容而依法给予的责任追究。如前所述，这种基于主体所凝练的责任属于典型的角色责任，这类责任往往基于责任主体占据特定的社会角色（职位）而附随产生的为他人提供福利或为增进社会整体利益必须采用某些特定方式的义务，特定角色义务带来的责任可能是法律责任，也可能是道德责任或者其他类型的责任。[1] 进一步说，其中的法律责任可以是民事责任、刑事责任、行政责任、违宪责任中的任意一种，或者两种以上的竞合责任，在党内法规制度建设纳入法治体系后，责任还包括党内违纪责任。教育行为的公益性对应着公法权力的运用与限制，而责任主体与活动形式的多样性，则带来错综复杂的私法关系，这决定了相关责任承担的综合性和复合性，也决定了思想政治教育责任追究方式具有依附性的特质。因此，需要对思想政治教育法律责任的承担方式进行充分考量，既要构建层级清晰的责任担当方式，又要明确适用不同承担方式的法定标准，还要为适用两种以上责任承担方式规定责任竞合的条件与比例，使现有的责任承担方式能够有效覆盖失责行为及其后果。总而言之，法治监督需要针对思想政治教育责任主体设立一种规制和谴责机制，用以保障专属法律关系主体的合法权益、推动高校思想政治教育有序变革，实现可持续发展。

五、促进改革创新的治理保障力

以治理能力提升为目标的改革创新是一项系统工作，需要方

---

[1] See H. L. A. Hart, Varieties of Responsibility, Law Quarterly Review, Vol. 83, 1967, pp. 346 – 364.

方面面的参与。高校是这项工作改革创新的核心主体，思想政治教育实践活动是以大学生为中心展开的，高校要么主导组织相关教育教学活动，要么通过学生管理途径参与其他形式的思想政治教育活动（如网络思政），高校是最活跃的治理主体，它推动思想政治教育改革创新，既为各级政府完善政策、推动法制健全提供鲜活的实践素材，也为高校内部以及它所关联的社会（组织）激发创新活力提供机制构架。因此，高校思想政治教育治理法治化的关键是要将源源不断的保障力输入改革创新之中。

（一）形成有助于改革创新的政治和组织保障

2018 年全国教育大会提出的教育的“九个坚持”，教育改革创新位居其中，教育综合改革不断引向深入。现代教育与其他事业的不同之处在于，它具有很强的政治属性，列宁指出：“所谓教育‘不问政治’，教育‘不讲政治’，都是资产阶级的伪善说法。”[1]因此，中国的高等教育改革创新，需要把握住政治方向，这是支持改革突破利益藩篱，破除制约教育事业发展体制机制障碍，在中国特色社会主义方向道路上求变求新的“定盘星”。原中央全面深化改革领导小组会议指出：“无论改什么、改到哪一步，坚持党对改革的集中统一领导不能变。”坚持政治方向，要认识到“变”和“不变”的辩证统一，不能僵化思维、因循守旧，要能提出改革的具体策略措施，答时代之问，解时代之题；更要保持改革定力，坚守底线思维，不能改变改革的社会主义性质，也不能忘记中国共产党的初心使命。

一方面要进一步细化法律规定，形成“法治 + 自治”的内外双重制度保障，加强对治理的规范性要求。从外部法治环境来看，

---

[1] 中共中央编译局：《列宁全集（第 39 卷）》，人民出版社，2017，第 442 页。

高校党的领导制度需要在各层级法律法规中提出明确要求，坚持党的领导是高校思想政治教育改革创新最大的政治坚守，《高等教育法》明确规定高校应当坚持党委领导下的校长负责制，这是党领导高校的法律保障，也是高校依法坚持党的领导的制度体现，在此基础上，凡涉及高校、高等教育的下位法，即部门规章、地方性法规、地方性规章等，包括政府出台的政策性文件，均应对此要求有所体现，尤其以概括性、类型化内容为主的法律法规，都需要在领导体制方面明确这一法律要求；从内部依法自治的充分必要条件上看，按规定大学章程的制定与实施应当落实和细化这一规定，同时写明细化方案，[1] 然而在实践过程中，许多高校的章程制定为了不出错，尤其是原则性错误，对这一制度往往原文照抄，这样就失去了制定“具体实施规则、实施意见”的可能，原本的立法出发点是充分发挥大学的自治能动性，为高校党的领导制度具体实施落实提出校本化、个性化的创新方案，然而事与愿违，高校本着不创新就不出错的观念，偏离了立法本意，通常笼统规定“党委统一领导、党政分工合作、协调运行的工作机制”“将党的领导贯穿高校工作全过程各方面。掌握高校思想政治工作主导权”等内容，对关键性的“怎么领导”“怎么贯穿”却无从下手，为了改善这个情况，需要教育行政主管部门在章程审核中确认是否有细化方案以及内容是否符合法律法规的要求。

另一方面要通过党内监督机制，确保高校各级党组织、党员

---

[1] 《高等学校章程制定暂行办法》第 7 规定：“章程应当按照高等教育法的规定，载明以下内容：……（六）学校的领导体制、法定代表人，组织结构、决策机制、民主管理和监督机制，内设机构的组成、职责、管理体制……”第 9 条规定：“章程应当依照法律及其他有关规定，健全中国共产党高等学校基层委员会领导下的校长负责制的具体实施规则、实施意见，规范学校党委集体领导的议事规则、决策程序，明确支持校长独立负责地行使职权的制度规范。”

遵循党的教育路线和方针，以党的建设工作辐射引领业务工作，为改革创新提供组织保障。《关于坚持和完善普通高等学校党委领导下的校长负责制的实施意见》《中国共产党普通高等学校基层组织工作条例》等一系列党内法规，对将坚持党的全面领导载入高校章程提出要求，也对高校党委的地位和作用、党委领导下的校长负责制的目标任务加以明确，提出强化党内监督机制促进制度落实的具体途径，比如全面梳理学校党政领导班子会议制度和议事规则、严格落实党委领导下的校长负责制执行情况报告制度、严格执行“三重一大”决策制度、建立定期述责述廉制度、强化督促检查等，并把党委领导下的校长负责制贯彻落实情况作为巡视工作的重要内容，对“不作为”“乱作为”等行为视情况给予党纪处理。

（二）形成有助于改革创新的队伍和人才保障

“长期以来，高校思想政治工作队伍兢兢业业，甘于奉献，奋发有为，为高等教育事业发展作出了重要贡献。”[1] 以思政课专业教师、辅导员、班主任为主，党政团干部、其他职工为辅的思想政治工作队伍，是高校“三全育人”模式的人力支持，这支队伍要政治强、本领高、作风硬、敢担当，关键要有选拔人的机制、培养人的机制和评价工作的机制。

其一，选拔人的机制需要以优良的师德师风为统领。机制建设中理想信念、道德品质的甄别和审核是选拔的根本出发点。无论是招聘入职，还是提拔晋升，这项机制都非常必要，关系到教师队伍的纯洁性。但在实际操作中却遇到师德师风评判指标难以

---

[1] 《把思想政治工作贯穿教育教学全过程　开创我国高等教育事业发展新局面》，《人民日报》，2016 年 12 月 9 日，第 1 版。

“可视化”的困难。师德师风差的，有负面清单可以对照，但是没有负面清单规定的行为就一定是合格或优秀的吗？从立法技术和执法成本来看，法律规定教师职业的禁止性行为更具有可行性，因此，和法律“负面清单”相对应的“正面清单”实则需要高校在人才选拔机制中给予创新，相关行政部门也可以通过宣传教育途径，[1] 引领社会形成对优良师德师风的一致判断，为高校选人用人创造良好的舆论支持。

其二，培养人的机制要以提升育人能力为核心。思想政治教育质量关键要看教育队伍的育人能力，社会发展对大学生的思想素质提出新要求，需要教育队伍以提升自身能力来回应时代发展带来的新诉求。首先，要强化开展教育工作的能力，社会主义事业与时俱进，社会主义的建设者和接班人也需要与时代进步同频共振，这需要思想政治教育队伍提升在现代社会开展思想政治教育的能力，提升自身解决现实问题的能力，方能从容应对和解决经济改革社会转型过程中涌现出来的思想政治教育难题，为大学生真答疑、真解惑；其次，要提高自身对时代、对教育对象变化的适应能力，Z 世代的大学生与一线教师存在年龄差距，与政策或

---

[1] 如湖北省举行的相关活动。参考《省教育厅关于公布“争做‘四有’教师．‘十大美语，十条禁语’”征集活动遴选结果的通知》［鄂教师函（2015）16 号］，http：//www. hibe. gov. cn/content. php？ id＝13118，访问日期：2015 年 9 月 2 日．十大禁语有：“你不学可以，但不要影响其他人！”“就你事多，快点，我很忙！”“你父母是干啥的？”“没见过像你这样的学生！”“我真的受不了你了！”“我就知道，你改不了！”“你怎么越来越差了！”“不想听的可以睡觉！”“你要不想学就回去！”“我怎么一点都感觉不到你们年轻的朝气！”
十大美语为：“错了别怕，咱们再来一次！”“你是最棒的女孩！”“孩子，世界上总有一扇门为你而开！”“我相信你，你能做到的！”“过去不代表将来，相信自己一定可以！”“学生是你的孩子，也是我的孩子。”“教室是允许出错的地方。”“没有失败，只有暂时停止的成功。”“学习不怕起步晚，成才不怕起点低。”“宁可让你现在怨我一阵子，也不愿你今后恨我一辈子！”

法律的制定者更存在思想代沟，因此对于思想政治教育治理队伍来说，务必要主动走近学生、了解学生，了解智能技术、网络信息与大数据算法影响下的年轻一代的思想特质与学习习惯，跨前一步参与、引导互联网规则与伦理建构，把育人需求与时代发展结合起来；再次，要加强对意识形态引领宣传把握的能力，思想政治教育的斗争根本上是意识形态的斗争，从教育队伍自身来说，必须具备应对西方意识形态不良影响的定力，要做到“自己信”，才能引导“学生信”，进而在教学形式改革、教育实践融入、教育互动增进等方面，提升维护中国特色社会主义意识形态的能力水平。

其三，评价工作的机制要以队伍职责为依据。思想政治教育在高等教育领域发展了70多年，队伍人员的组成和结构不断丰富与变化，如何对这支队伍的工作能力、工作效果进行专业化评价，一直是思想政治教育工作体系中的完善重点。近年来，教育部先后颁布了《普通高等学校辅导员队伍建设规定》《新时代高等学校思想政治理论课教师队伍建设规定》，对这两支专职队伍的岗位职责、工作要求等作出明确规定，以期通过明晰工作职责范围，为工作成效划定评价指标。而问题在于，随着“三全育人”改革的推进，关于党政团干部、其他专业课教师、教职员工应该在思想政治工作中承担哪些职责、有何工作要求、如何考核评价等规定还比较模糊，有待进一步明确。只有对思想政治工作队伍囊括的主体全面展开职责梳理，才能使得相互间职责边界清晰，避免职责冲突或空白，以免工作中出现相互推诿的现象。

（三）形成有助于改革创新的科技和信息保障

互联网在中国的兴起和普及为21世纪初高校思想政治教育工作带来许许多多新问题，但也促进了这项工作的开展，使我们发现传统思想政治教育不适应科技发展的原因所在。科技从来不会停下发展的脚步，这需要教育者们认识到科技对人类思维模式、行为模式的重大影响力，并在思想政治教育过程中加以利用，将其转化为这项事业发展的技术保障。网络智能技术的兴起、数字信息化的加持、智能工具的普及，极大地改变了当代大学生所处的社会生活环境，无论是大学生个体思维行为的变化，还是其人际交往方式的变化，都给思想政治教育者带来更多的挑战。我们需要在高校思想政治教育治理完善过程中，建立健全依法运用科技、合法使用信息的机制，使这项促进大学生全面发展的教育事业随着科技发展的步伐，走向改革创新之路。

参考文献

（一）图书类

［1］马克思恩格斯选集（第1卷）［M］．北京：人民出版社，2020：9.

［2］马克思恩格斯选集（第3卷）［M］．北京：人民出版社，2020：330.

［3］马克思恩格斯选集（第9卷）［M］．北京：人民出版社，2020：187.

［4］共产党宣言［M］．北京：人民出版社，2018：138.

［5］列宁全集（第1卷）［M］．北京：人民出版社，1984：33.

［6］列宁全集（第2卷）［M］．北京：人民出版社，1984：443.

［7］列宁全集（第3卷）［M］．北京：人民出版社，1984：464.

［8］列宁全集（第55卷）［M］．北京：人民出版社，1990：175.

［9］毛泽东文集（第4卷）［M］．北京：人民出版社，1999：298.

[10] 毛泽东文集（第7卷）[M]. 北京：人民出版社，1999：226.

[11] 毛泽东文集（第8卷）[M]. 北京：人民出版社，1999：199.

[12] 邓小平文选（第2卷）[M]. 北京：人民出版社，1994：146.

[13] 习近平. 习近平谈治国理政（第2卷）[M]. 北京：外文出版社，2017：377.

[14] 习近平. 习近平谈治国理政（第3卷）[M]. 北京：外文出版社，2020：113.

[15] 习近平. 坚定不移沿着中国特色社会主义道路前进　为全面建成小康社会而奋斗：在中国共产党第十八次全国代表大会上的报告 [M]. 北京：人民出版社，2012：35.

[16] 习近平. 决胜全面建成小康社会，夺取新时代中国特色社会主义伟大胜利：在中国共产党第十九次全国代表大会上的报告 [M]. 北京：人民出版社，2017：38.

[17] 中共中央关于全面深化改革若干重大问题的决定 [M]. 北京：人民出版社，2013：38.

[18] 中共中央关于坚持和完善中国特色社会主义制度、推进国家治理体系和治理能力现代化若干重大问题的决定 [M]. 北京：人民出版社，2019：40.

[19] 中国共产党第十九届中央委员会第六次全体会议公报 [M]. 北京：人民出版社，2021：26.

[20] 中共中央文献研究室. 十八大以来重要文献选编（上）[M]. 北京：中央文献出版社，2014：23.

[21] 中共中央文献研究室. 十八大以来重要文献选编（中）

[M]. 北京：中央文献出版社，2016：150.

[22] 中共中央文献研究室．十九大以来重要文献选编（上）[M]. 北京：中央文献出版社，2019：14.

[23] 中共中央文献研究室．习近平关于青少年和共青团工作论述摘编 [M]. 北京：中央文献出版社，2017：37.

[24] 中共中央宣传部．习近平新时代中国特色社会主义思想学习纲要 [M]. 北京：学习出版社、人民出版社，2019：25.

[25] 中共中央宣传部，中央全面依法治国委员会办公室．习近平法治思想学习纲要 [M]. 北京：人民出版社，2021：1.

[26] 中共中央文献研究室．习近平关于全面依法治国论述摘编 [M]. 北京：中央文献出版社，2015：34.

[27] 中央档案馆．中共中央文件选集（一九三六—一九三八）第十一册 [M]. 北京：中共中央党校出版社，1991：616.

[28] 中共中央文献研究室，中央档案馆．建党以来重要文献选编（一九二一—一九四九）第一册 [M]. 北京：中央文献出版社，2011：5.

[29] 王树荫．中国共产党思想政治教育史 [M]. 2 版. 北京：高等教育出版社，2018：139.

[30] 陆庆壬．思想政治教育学原理 [M]. 北京：高等教育出版社，1991：3－5.

[31] 陈万柏，张耀灿．思想政治教育学原理 [M]. 3 版. 北京：高等教育出版社，2015：6.

[32] 郑永廷．思想政治教育学原理 [M]. 北京：高等教育出版社，2016：3.

[33] 杨威．思想政治教育发生论 [M]. 北京：中国社会科学出版社，2009：107.

［34］何东昌．中华人民共和国重要教育文献（1949—1975）［M］．海口：海南出版社，1998：859.

［35］王炳书．实践理性论［M］．武汉：武汉大学出版社，2002：53－54.

［36］罗豪才，宋功德．软法亦法：公共治理呼唤软法之治［M］．北京：法律出版社，2009：1.

［37］俞可平．治理与善治［M］．北京：社会科学文献出版社，2000：2.

［38］李合亮．思想政治教育探本：关于其源起及本质的研究［M］．北京：人民出版社，2007：186.

［39］郑永流．法哲学与法社会学论丛［M］．北京：中国政法大学出版社，2005：3.

［40］黑格尔．哲学史演讲录（一）［M］．贺麟，王太庆，译．上海：商务印书馆，1959：1.

［41］艾森斯塔德．现代化：抗拒与变迁［M］．张旅科，沈原，陈育国，等，译．北京：中国人民大学出版社，1988：6.

［42］雅斯贝尔斯．什么是教育［M］．邹进，译．上海：生活·读书·新知三联书店，1991：3.

［43］布鲁姆．走向封闭的美国精神［M］．缪青，等，译．北京：中国社会科学出版社，1994：18.

［44］H. L. A. 哈特．法律的概念［M］．北京：中国大百科全书出版社，1996：21.

［45］凯尔森．法与国家的一般理论［M］．北京：中国大百科全书出版社，1996：3.

［46］布迪厄，华康德．实践与反思：反思社会学导引［M］．李猛，李康，译．北京：中央编译出版社，1998：131－156.

[47] 威廉·韦德. 行政法 [M]. 徐炳，等，译. 北京：中国大百科全书出版社，1997：50.

[48] 哈贝马斯. 公共领域的结构转型 [M]. 曹卫东，译. 上海：学林出版社，1999：4.

（二）期刊类

[1] 余立力. 论我国教育法律关系之构成 [J]. 法学评论，1996 (3).

[2] 雷洪德. 论中国高等教育历史发展的三阶段 [J]. 黑龙江高教研究，2001 (6).

[3] 纪大海，杜萍. 教育关系论 [J]. 教育研究，2002 (12).

[4] 沈壮海. 论思想政治教育理论研究的新范式与新形态 [J]. 思想理论教育导刊，2007 (2).

[5] 姜明安. 完善软法机制，推进社会公共治理创新 [J]. 中国法学，2010 (5).

[6] 胡敏洁. 合作行政与现代行政法发展的新方向：读《合作治理与新行政法》[J]. 行政法学研究，2012 (2).

[7] 邢鸿飞，韩轶. 中国语境下的软法治理的内涵解读 [J]. 行政法学研究，2012 (3).

[8] 王非. 法治思维在高校思想政治教育工作中的核心价值和培养模式建构探析 [J]. 思想理论教育，2014 (6).

[9] 徐汉明. 推进国家与社会治理法治化 [J]. 法学，2014 (11).

[10] 邓叶芬. 关于高校网络思想政治教育法治化的思考 [J]. 思想理论教育，2015 (8).

[11] 刘雪璟.《德意志意识形态》中人学思想的价值维度

[J]. 学术探索，2015 (12).

[12] 时名早. 法治背景下高校思想政治教育体制分析 [J]. 教育理论与实践，2016 (2).

[13] 韩克芳. 论国家治理现代化过程中德治与法治的结合 [J]. 学术探索，2016 (12).

[14] 陈瑞三，杨飞雪，阚迪. 马克思人的全面发展理论对高校思想政治教育工作的启示 [J]. 辽宁大学学报（哲学社会科学版），2018 (1).

[15] 冯刚. 习近平关于大学生思想政治教育论述的理论蕴涵 [J]. 重庆大学学报（社会科学版），2018 (3).

[16] 俞可平. 中国的治理改革（1978—2018） [J]. 武汉大学学报（哲学社会科学版），2018 (3).

[17] 卢岚. 思想政治教育创新：一种社会结构的视角 [J]. 理论与改革，2018 (3).

[18] 俞可平. 国家治理的中国特色和普遍趋势 [J]. 公共管理评论，2019 (3).

[19] 公丕祥. 法治现代化的中国方案 [J]. 江苏社会科学，2020 (4).

[20] 金林南，赵文静. 思想政治教育学科知识理论体系的实践性建构 [J]. 思想理论教育，2020 (9).

[21] 陈宗章. 国家治理现代化视域下高校思想政治教育制度建设探究 [J]. 思想教育研究，2021 (1).

[22] 张志勇，赵新亮. 新时代我国教育治理体系新格局的现代化重构：基于教育权力配置的视角 [J]. 国家教育行政学院学报，2021 (2).

[23] 李合亮. “获得感”视域下高校思想政治教育实效性建

设［J］. 教学与研究，2021（7）.

［24］沈壮海.《思想道德与法治（2021 年版）》修订说明和教学建议［J］. 思想理论教育导刊，2021（9）.

［25］刘燕妮."共建共治共享"社会治理的生成逻辑和制度优势［J］. 重庆社会科学，2022（1）.

［26］魏俊斌. 治理算法：思想政治教育网络智能环境治理的政策与趋势论析［J］. 思想教育研究，2022（4）.

（三）报纸类

［1］中国共产党第十八届中央委员会第三次全体会议公报［N］. 人民日报，2013-11-13（1）.

［2］把思想政治工作贯穿教育教学全过程　开创我国高等教育事业发展新局面［N］. 人民日报，2016-12-09（1）.

［3］为实现中华民族伟大复兴提供有力保证［N］. 人民日报，2019-11-01（2）.